商业保险公司参与
医疗体制改革的路径探析

武亦文 等◎著

中国社会科学出版社

图书在版编目(CIP)数据

商业保险公司参与医疗体制改革的路径探析 / 武亦文等著 . —北京：中国社会科学出版社，2022. 2

(泰康大健康法制论丛)

ISBN 978-7-5203-9584-7

Ⅰ.①商…　Ⅱ.①武…　Ⅲ.①商业保险—医疗保险—研究—中国②医疗保健制度—体制改革—研究—中国　Ⅳ.①F842.684②R199.2

中国版本图书馆 CIP 数据核字(2022)第 016995 号

出 版 人	赵剑英	
责任编辑	梁剑琴	
责任校对	冯英爽	
责任印制	郝美娜	

出　　版	中国社会科学出版社	
社　　址	北京鼓楼西大街甲 158 号	
邮　　编	100720	
网　　址	http：//www.csspw.cn	
发 行 部	010-84083685	
门 市 部	010-84029450	
经　　销	新华书店及其他书店	

印刷装订	北京市十月印刷有限公司	
版　　次	2022 年 2 月第 1 版	
印　　次	2022 年 2 月第 1 次印刷	

开　　本	710×1000　1/16	
印　　张	16.25	
插　　页	2	
字　　数	275 千字	
定　　价	98.00 元	

序 一

中国传统政治文化视人民的康宁与安乐为治世之要务，有言谓"恩化及乎四海兮，嘉物阜而民康"；党的十九大提出把人民健康放在优先发展的战略地位，强调"全面实施健康中国战略"，建设健康中国。这既是对生命可畏、健康可贵的历史共情，亦是期盼国泰民康、山河无恙的家国宏愿。翻开历史长卷，健康作为人类生存和发展的一个基本要素，是个体与社会心同一系、守望相济的不懈追求，也是各界科学研究者孜孜求索、继往开来的永恒话题。

"健全的法律制度是现代社会文明的基石。"法治作为实现人民健康的重要路径，在践行"健康中国战略"的过程中发挥固根本、稳预期、利长远的保障作用。习近平总书记在全国卫生与健康大会上指出，要树立"大健康、大卫生"理念，拓展健康内容、工作中心和健康服务范围、类别的内涵。由此，以建构"大健康法制"为目标，在法治语境下对卫生、医疗、药品、保险、康养等领域的专项法律制度进行系统整合、归纳、分析，致力于探索大健康法制的可行路径和应有体系，应是相关领域的法律研究者之要务与本分。

围绕大健康法制研究，学界、业界已陆续迈出关键性、实质性的步伐，并取得诸多可见、可喜的成果，但碍于大健康法制领域内仍存在概念厘清、制度设计、产研协同等诸多问题之掣肘，故而尚未形成逻辑严密、层级分明、功能耦合的制度体系。这不仅影响了学术研究的推陈出新和协同并进，也阻碍了大健康产业的规则明晰与业态创新。

千里之行，始于足下。武汉大学大健康法制研究中心作为武汉大学和泰康保险集团共建的大健康法制研究平台，系国内第一家系统研究大健康法制的学术机构，在大健康法制研究领域具有里程碑式的意义。中心致力于开展有关大健康行业政策与法律的联合研究，为推动健康法治建设和推进"健康中国"战略贡献智慧与力量。基于此背景,中心与中国社会科学出版社合作出版《泰康大健康法制论丛》。本丛书涵养于武大法学的深厚底蕴和学术责任,又裨助于泰康保险的实务协助与社会公心,是新时代法学课题研究多元共建、多方参与、多点互动模式下的代表性成果,也是提升和拓宽我国当前大健康法制研究深度和广度浓墨重彩的一笔。

本丛书以兼顾现实性和前瞻性的思维,聚焦大健康领域基本法律制度的实证研究和立法工作,运用法治思维和法治方式思考、研究大健康法制的理论与实践问题,旨在形成层次分明、系统有机、功能整合的大健康法制体系。

本丛书在现有研究成果的基础上,主要对以下问题作更深入探讨:

第一,"大健康法制"之内涵解析与外延界定。如何厘清大健康与经济、社会等相关领域的关系,框定大健康法制的基本范畴,系具体指导各专门分支法律制定和实施工作之关键。本丛书通过对大健康法制基本理论的勾勒,提炼大健康法制的基本原则和建构逻辑,立足于现有法律体系基础,健全更为全面、完善、可行的大健康法律制度和机制。这是对习近平总书记在在全国卫生与健康大会上提出的"大健康、大卫生"理念之法律内涵的解读,也是对党的十九大提出的"实施健康中国战略"整体布局的法律诠释。

第二,"大健康法制"之理论构架与实现路径。本丛书结合我国大健康法制理论研究和实务现状,以大健康法制研究中心为依托,关注医疗、药品、卫生、保险、环保等各领域基本法律制度和法律关系,深入研究商业保险公司参与医疗体制改革、养老机构医养费用支付模式、中国发展长期护理保险等大健康法制领域内重要的制度建构和规则适用问题,推进我国公共卫生和健康法治体系化和科学化,为公众健康权提供根基更加坚实、手段更加充分的保障,为"健康中国 2030 规划"的相关决策及其实施提供意见和建议。

殷忧启圣,多难兴邦,新冠肺炎疫情揭露出我国健康法治体系在应对突发重公共事件时存在规则缺失和制度漏洞等不足,更启示我们在践行"健康中国战略"的历史进程中应当发挥大健康法制的重要指引和推动作用。作为疫后公共卫生系统和法制体系建设的重点问题,大健康法制研究既是我国法治建设发展进入新水平的必要阶段,也是回应人民与社会关切的必然要求。面对公共卫生和重大疫情事件给我国人民生命健康安全带来的危害，本丛书以大健康法制的整体思维和人文关怀出发，进一步探求构建规范含义明确、学科良性融合、产研互动和谐的大健康法制体系，将助力于营造法治良好、政策友好、系统完好的产业环境，响应我国国家治理体系和治理能力现代化的时代要求。

本丛书总体上由年轻的法学研究者编著而成，青年学者著书立说，或有不足，但能够秉持"紧贴中国大地，研究中国问题，贡献中国之治"的学人风范，关怀本土，沉潜当下，对大健康法制领域进行体系整合和纵深挖掘，积极为我国国家大政方针战略和法律制度的完善提供学术支撑，应予支持和鼓励，也衷请各界关心我国大健康法制建设的人士不吝赐教、批评斧正。

冯　果

2020 年 11 月 1 日于珞珈山

序　二

随着世界老龄人口占比不断增加的趋势日益明显，人类社会逐步迈向长寿时代，开始形成以低死亡率、低生育率、预期寿命持续延长、人口年龄结构趋向"柱状"、老龄人口占比高峰平台期超越1/4为特点的新均衡。在百岁人生悄然来临之际，人类的疾病图谱也发生了巨大变化，各类非传染性慢性病正成为人类长寿健康损失的主要原因，带病生存将成为普遍现象，健康产业逐渐成为推动经济发展的新动力。而为了储备未来的养老和医疗资金，个体和社会对财富的需求亦相伴而生。在此背景下，如何充分发挥制度创新、社会创新和商业创新的力量，探寻对养老、健康、财富等社会问题的解决方案，成为需要各界精诚合作、长期投入的事业。

从宏观上讲，长寿时代的解决方案需要政府、社会与企业的多元共进。在政府层面，需要健全社保体系，推动医养供给侧改革，引导长寿经济转型和个体行为转变；在社会层面，需要通过产业结构的变迁满足长寿时代的个人需求；在企业层面，则需要加速商业模式和组织转型以应对长寿时代的挑战。

当前，在长寿时代的浪潮之下，已有越来越多的中国企业投身社会民生工程建设，成长为大健康和大民生工程的核心骨干企业。为了探索应对长寿时代需求与挑战的企业解决方案，泰康保险集团在23年的商业实践中把一家传统的人寿保险公司逐步改造、转变、转型为涵盖保险、资管、医养三大核心业务的大健康生态体系。作为保险业首个在全国范围投资养老社区试点企业，泰康已完成北京、上海、广州等22个全国重点城市养老社区布局，成为全国领先的高品质连锁养老集团之一；同时，秉承医养融合理念，养老社区内配建以康复、老年医学为特色的康复医院，进一步满足长寿时代下的健康需求。

　　在对商业模式创新开展探索的过程中，我们愈发深切地体会到，国家健康法制体系的建设和完善对大健康产业发展有着不可替代的促进和保障作用。近年来，国家颁布了一系列文件鼓励和支持保险企业为社会服务领域提供长期股本融资、参与养老服务机构的建设运营、引领医养领域的改革发展。2019 年与 2020 年之交，我国迎来了卫生健康领域首部"母法"《基本医疗卫生与健康促进法》和医改"宪法性"文件《中共中央、国务院关于深化医疗保障制度改革的意见》。2020 年银保监会联合十三部委颁布的《关于促进社会服务领域商业保险发展的意见》进一步指出，允许商业保险机构有序投资设立中西医等医疗机构和康复、照护、医养结合等健康服务机构；鼓励保险资金与其他社会资本合作设立具备医养结合服务功能的养老机构，增加多样化养老服务供给等。这些文件对保险参与养老、医疗保障体系建设提供了法律政策层面的支持与保障，也坚定了泰康践行健康中国战略，持续深耕寿险产业链，打造"活力养老、高端医疗、卓越理财、终极关怀"四位一体的商业模式，构建大健康产业生态体系的决心和信心。我们坚信，随着我国健康法制建设的进一步推进，当今社会及相关产业在大健康领域的症结和痛点将得到不断消解，让我国政府、社会和企业焕发更多活力，为这场持续而深远的社会变革做出贡献。

　　作为面向大健康领域的世界 500 强企业，泰康始终秉承"服务公众、回馈社会"的理念，希望在自身实践之外，能够从更广泛的范围推动社会进步与产业发展。2019 年，泰康保险集团与武汉大学共建的武汉大学大健康法制研究中心揭牌，作为我国第一家聚焦大健康法制领域的学术研究机构，正式开启有关大健康行业政策与法律的联合研究，成为该领域发展的一项重要里程碑。

　　2020 年，中心首批研究成果陆续问世，其中就包括与中国社会科学出版社合作出版《泰康大健康法制论丛》。本丛书融合学术理论研究和产业实践调研，对医疗、健康、养老等展开了探讨，体现了社会各界对长寿时代下健康法制话题的关照，对于进一步推动我国大健康法制研究的拓展和深化大有裨益。

　　在此，谨代表泰康和中心，对各位专家学者对本领域的关注和研究表示诚挚感谢，并衷心希望各界专家积极参与进来、不吝赐教，以活跃而严谨的学术讨论，为我国大健康法制体系的完善提供坚实的理论基础，为我国在长寿时代下的国家和社会治理构建充分的法治保障，让百岁人生不惧病困、不惧时光，让人们更健康、更长寿、更富足！

陈东升

2020 年 12 月 1 日于北京

目　录

第一章

导　论

第一节　商业保险公司参与医疗体制改革的现实背景

我国的医疗体制改革是在改革开放后开始，以计划经济时期医疗体制为改革对象，延续至今的一场体制改革。改革根据指导思路的不同分为两个阶段，经历了从市场化向公益性的转变。在此过程中，商业保险公司随着自身实力的提升，逐步进入了改革设计者的视线，在改革中逐渐扮演重要角色，深度参与医疗体制各体系的改革。以下将对我国医疗体制改革的演进历程以及商业保险公司参与医疗体制改革的历程进行总结，以期分析我国医疗体制改革的正确思路以及在此思路指引下的商业保险公司在医疗体制改革中的角色定位。

一　我国医疗体制改革的演进历程

王虎峰教授提出，"我国医改大致可分为三个阶段，即 1949 年到 1978 年的计划经济时期，1978 年到 2006 年市场经济时期初期探索，2006 年开始规划新医改并于 2009 年正式实施的新一轮医改"[1]。笔者认为，对于 1949—1978 年的医疗体制政策及建设，与其将其纳入改革范畴，不如称其为我国医疗体制的构建。中华人民共和国成立后，我国在医疗卫生方面的主要任务是在新的社会环境中建立一套新的与国家性质和经济体制相适应的医疗体制。1952 年，第二届全国卫生会议确立了我国卫生工作的四项原则：面向工农兵、预防为主、团结中西医、卫生工作与群众运动相

---

[1]　参见潘锋《七十年医改攻坚路，以人为本探求世界难题——访国务院医改专家咨询委员会委员、中国人民大学王虎峰教授》，《中国医药导报》2019 年第 24 期。

结合。"在四项原则的指导下，我国在计划经济时期建立起了由国家直接举办的三级卫生服务机构体系、预防为主的公共卫生体系、覆盖城乡的医疗保障体系和国家统一调配、中西医结合的药品制度体系组成的医疗卫生体制。"① 而这一时期建立起的医疗卫生体制也形成了改革开放后伴随经济体制改革进行的医疗体制改革的基础，后续的医疗体制改革都是在计划经济时期医疗体制基础上所作的调整与完善。因此，笔者将我国医疗体制改革的起点定位于改革开放，根据改革的主要方向把我国医疗体制改革分为两个阶段。

（一）市场化阶段：1978—2005 年

1. 改革政策回顾

1979 年元旦，时任国务院卫生部副部长的钱信忠在接受媒体采访时提出："卫生部门也要按照客观经济规律办事，运用经济手段管理卫生事业。"② 钱信忠副部长的采访也因此被认为是启动我国医改的第一句话。1979 年，卫生部、财政部、国家劳动总局三部委联合发布《关于加强医院经济管理试点工作的意见》，提出实行"全额管理、定额补助，结余留用"的经费补助制度以及按劳分配的分配制度等，实现用经济方法管理医院的目标，医疗体制改革率先在医疗服务体系中展开。1980 年，国务院批转卫生部《关于允许个体医生开业行医问题的请示报告》，打破了医疗服务机构全部姓"公"的原有局面，医疗体制改革在医疗服务体系中得到了进一步深入。这一阶段的探索主要集中于医疗服务体系中，尝试将经济因素以及私人力量引入原有体制中，但尚未在宏观层面形成确切的体系化的指导理论与政策。

1985 年，国务院批转卫生部《关于卫生工作改革若干政策问题的报告》，提出"必须进行改革，放宽政策，简政放权，多方集资，开阔发展卫生事业的路子，把卫生工作搞活"的总思想，因而 1985 年被认为是我国的医改元年。1988 年，卫生部、财政部、人事部、国家物价局、国家税务局五部委联合发布《关于扩大医疗卫生服务有关问题的意见》，对于医疗服务、公共卫生服务机构以及医疗收费制度提出了多项市场化改革措

---

① 参见潘锋《七十年医改攻坚路，以人为本探求世界难题——访国务院医改专家咨询委员会委员、中国人民大学王虎峰教授》，《中国医药导报》2019 年第 24 期。

② 参见周寿祺《卫生事业"姓"什么——30 年的争鸣与实践》，2008 年 11 月 7 日，健康报网（http：//www.jkb.com.cn/thinkingDiscussion/2008/1107/127175.html）。

施。在医疗保障体系方面，各地根据自身实际情况纷纷展开对职工医疗保障制度改革的探索工作。1989 年，卫生部、财政部联合发布了《关于公费医疗管理办法的通知》，在进一步加强对公费医疗管理的同时也对自费部分作出了规定。同年，国务院批转国家体改委《关于 1989 年经济体制改革要点》，在四地展开了医疗保险制度的试点，医疗保障制度逐步由公费医疗向自费医疗转变。

　　1992 年，国务院下发卫生部《关于深化卫生改革的几点意见》，对卫生管理体制、医疗服务体系、公共卫生体系和医疗保障体系等方面均提出了改革的指导政策，开启了对于医疗体制全方位的市场化改革。1997 年，中共中央、国务院颁布《关于卫生改革与发展的决定》，一方面明确卫生事业的公益性质，即"我国卫生事业是政府实行一定福利政策的社会公益事业"；另一方面对卫生改革提出了适应社会主义市场化经济的增强卫生事业活力的改革措施。1998 年，国务院发布《关于建立城镇职工基本医疗保险制度的决定》，要求在全国范围内建立覆盖全体城镇职工的基本医疗保险制度。2002 年，中共中央、国务院发布《关于进一步加强农村卫生工作的决定》，提出建立农村卫生服务体系和农村合作医疗制度。

　　2. 阶段特点的分析

　　总结从改革开放到 2005 年之前的医疗体制改革政策，可以发现这一阶段改革的几个特点：

　　（1）医疗体制改革跟随经济体制改革，以市场化为改革手段

　　计划经济时期的医疗体制完全由政府控制，因而为了配合改革开放后经济体制的变化，医疗体制也逐步向市场化方向发展，公益性质逐步减弱。回顾具有宏观指导性质的医疗体制改革文件的发布时间及发布目的可以发现，各阶段的医疗体制改革均处于经济体制改革政策发布后的时间，1985 年为"贯彻执行党的十二届三中全会关于经济体制改革的决定"而提出了卫生工作改革，1992 年为"贯彻邓小平同志南方谈话"、回应社会主义市场经济建设而深化卫生改革，1997 年的卫生改革虽然在改革背景上不再强调与经济体制改革相适应，而专注于医疗卫生事业本身，但改革背景显示此次改革是为缓解先前经济体制改革以及与之配套的医疗体制改革的后果。因而综观这一阶段的改革政策可以发现，医疗体制改革的自发性不足，成为经济体制改革在医疗卫生层面的表现，在改革政策的制定中

未能充分体现医疗卫生事业自身的性质特点。

（2）改革的重点在于医疗服务机构的改革，后期加入了医疗保障体系改革

医疗服务机构的组织形式与运行机制与国有企业有众多相似之处，因此更容易也更有必要配合经济体制的改革进行改革，医疗体制改革最先即从医疗服务机构的改革开始，随后的改革政策中也在用大篇幅规划医疗服务机构的改革。计划经济时期城镇职工实行公费医疗，要将公费医疗改变为自费医疗触动的利益巨大，因此为平稳度过改革阶段，必须要通过不断的试点以及其他相关制度的配合，使利益相关者逐步接受改革结果，维护社会秩序的安定。此外城镇医疗保障体系与以国有企业改革为代表的经济体制改革有重大关联，在多种所有制经济共同存在、国有企业进行公司制改革的背景下，原先的公费医疗已经完全不能适应新的经济环境，因而医疗保障体系的改革是必需之举。

计划经济时期卫生工作的原则之一为"预防为主"，公共卫生服务体系的建设在计划经济时期取得了重大成就。但在这一阶段的医疗体制改革中，由于过分注重市场化与商业性，因而鲜少看到公共卫生体系的改革措施，对公共卫生服务关注度不足带来的隐患在日后的 SARS 等重大疫情中暴露无遗。

（3）改革的重点在城镇改革，农村改革起步晚

计划经济时期，农村医疗体制依赖于人民公社的合作机制，在改革开放后，随着人民公社体制的瓦解，农村合作医疗制度赖以存在的体制基础不复存在。① 在以经济建设为中心的社会环境中，农村在经济建设中的作用难以与城镇相提并论，而根据前述分析医疗体制改革本就在经济体制改革后亦步亦趋，相应地，农村地区的医疗体制改革受到的关注度更少，因而改革政策中鲜少看到农村地区的相关论述。

综上，此阶段的医疗体制改革跟随并服务于经济体制改革，以市场化和商业性为主要改革手段，忽视了公共卫生服务体系以及农村地区医疗体制的改革。国务院发展研究中心课题组在对这一阶段医疗体制的改革情况调研分析后，得出结论："改革开放以来，中国的医疗卫生体制发生了很

① 参见国务院发展研究中心课题组《中国医疗改革的评价与建议》，《经济管理文摘》2005 年第 16 期。

大变化，在某些方面也取得了进展，但暴露的问题更为严重。"①

（二）回归公益性：2005年至今

1. 改革政策回顾

2005年，时任卫生部政策法规司司长的刘新明指出："当前医疗服务市场上出现的'看病贵'、'看病难'等现象，根源在于我国医疗服务的社会公平性差、医疗资源配置效率低。要解决这两个问题，主要靠政府，而不是让医疗体制走市场化的道路。"② 在上一阶段以市场化为改革导向的医改实践被频频诟病的背景下，"新医改"的设计转由政府主导，而市场作为一种社会力量在政府的主导监督下参与服务医改，改革方向回归医疗卫生事业的公益性性质。

2006年，党的十六届六中全会通过《中共中央关于构建社会主义和谐社会若干重大问题的决定》，明确"坚持公共医疗卫生的公益性质，深化医疗卫生体制改革，强化政府责任，严格监督管理"，对公共卫生体系、医疗卫生服务体系、基本药品制度、医疗保险体系等各方面强调政府的宏观筹划与管理的职责，同时也提出了对社会力量参与医改的引导职责。2007年，党的十七大报告中再次明确指出"坚持公共医疗卫生的公益性质"。③ 医疗体制改革的改革方向由市场化向政府主导、市场参与转变，将医疗卫生公益性的发挥作为医改的改革目标。

2009年，《中共中央国务院关于深化医药卫生体制改革的意见》发布，新一轮医改正式起步。该意见对医疗体制的四大体系建设均提出了有针对性的设计，提出了"坚持公平与效率统一，政府主导与发挥市场机制作用相结合"的总体原则，回答了政府与市场在医改中的角色问题，并且回归了计划经济时期的卫生工作方针，强调"坚持公共医疗卫生的公益性质，坚持预防为主、以农村为重点、中西医并重的方针"，弥补了上一阶段改革对于公共卫生服务以及农村医疗服务的欠缺之处。

---

① 参见国务院发展研究中心课题组《中国医疗改革的评价与建议》，《经济管理文摘》2005年第16期。

② 参见奚旭初《医改方向不能是社会化》，2005年6月21日，中国法院网（https://www.chinacourt.org/article/detail/2005/06/id/167259.shtml）。

③ 参见胡锦涛《在党的十七大上的报告》，2007年10月26日，国务院新闻办公室网站（http://www.scio.gov.cn/tp/Document/332591/332591_7.htm）。

2016 年，中共中央办公厅、国务院办公厅转发了《国务院深化医药卫生体制改革领导小组关于进一步推广深化医药卫生体制改革经验的若干意见》，该意见对于之前改革尚未触及以及尚未深入的领域进行了进一步针对性的规划设计，重点强调了四大体系间互动改革机制的构建以及区域间的统筹安排，进一步发挥政府的顶层设计与监管职能，同时积极推动市场等社会力量在政府引导下服务医改。

2. 阶段特点的分析

总结 2005 年至今的医疗体制改革政策，可以发现这一阶段改革的几个特点：

（1）改革的独立性加强

上一阶段的改革以经济体制的改革为指引，跟随经济体制改革的脚步，缺乏对医疗体制自身特点的关注，医疗体制改革成为经济体制改革的配合角色。在这一阶段中，改革政策更加关注医疗卫生事业自身的特质以及医疗体制内部各体系间的协调发展。改革遵循"准确把握医药卫生发展规律和主要矛盾"的基本原则，在辨明医疗卫生服务的公益性性质的前提下积极明确政府责任、结合医疗体制各体系的特点建立公益性导向的效率激励机制，构建医疗、医保、医药"三医"联动工作机制、注重医疗体制内部的协调互动。医疗体制改革不再在经济体制改革后亦步亦趋，而是在总结改革试点经验的基础上着力构建符合医疗卫生事业自身规律特性以及我国国情的医疗体制，并进而助力我国经济社会的发展。

（2）改革强调医疗卫生服务的公益性质

对于医疗卫生服务的性质认定问题，一直存在多种观点，而不同的认识论则会形成不同的方法论。在上一阶段不再强调医疗卫生服务公益性质的认识论之下，医改政策将医疗卫生事业全面推向市场，引发了医患矛盾等众多社会问题。总结上一阶段的经验教训，这一阶段的改革首先在认识论上牢牢坚持医疗卫生服务的公益性这一基本认识，将基本医疗卫生制度的性质认定为公共产品，坚持向全民提供基本医疗卫生服务的改革理念。在党的十七大、十八大和十九大报告中，关于医疗卫生服务的标题分别为"全民健康""人民健康"和"健康中国"，强调国家负有保障人民群众获得医疗卫生服务的任务，在医改的文件中，"公益性""公平""全民"等关键字多次被提及。2019 年，新颁布的《基本医疗卫生与健康促进法》

在第 3 条第 2 款更是明确规定了"医疗卫生事业应当坚持公益性原则"。在公益性这一认识论的指导下，这一阶段的改革政策对基层医疗卫生服务、农村医疗卫生服务的发展提高关注，将人、财、物等资源重心下沉到基层，回归"预防为主"的医疗卫生工作方针、关注公共卫生服务的增量提质，扭转公立医院全面市场化的改革导向、建立以公益性为导向的公立医院考核评价体系和医务人员绩效考核机制，突出政府在领导、保障、管理和监督等方面的责任。[①]

（3）改革突出政府责任，支持市场参与

在公益性改革方向的指导下，这一阶段的医改将人人享有基本医疗卫生服务作为改革的目标，把医疗体制改革作为政府工作的重要内容，将医改任务完成情况纳入全面深化改革绩效考核和政府目标管理绩效考核，强化政府在医疗体制各体系改革中的责任与投入。

突出政府责任的承担并非排斥市场力量的参与。市场的参与不是市场无序任意的自我参与，而是市场在政府引导、扶持与监督下的有序高效参与。在这一阶段的改革中，通过对市场力量的优势以及医疗卫生事业自身的规律的准确理解，政策对市场在改革中的角色形成了合理的认识，并据此提出了对应的改革政策。基于市场的资源丰富性特征，改革支持市场力量在"满足人民群众多层次、多样化的医疗卫生需求"方面发挥优势；基于市场的效率性特征，改革支持市场力量参与医保经办服务以及继续鼓励公立医院引入激励机制，同时基于对市场可能出现过度追逐效率的认识，改革亦强调市场力量参与医保经办要在"确保基金安全和有效监管的前提下"进行、公立医院以及医务人员的绩效考核体系要以公益性为导向。这一阶段的改革将政府责任与市场参与全面结合，共同致力于医疗体制的公平与效率的提升。

市场化改革的初衷是通过市场来提高医疗卫生资源的配置效率，[②] 但两个阶段的改革结果说明市场发挥有效作用的前提是政府不能缺位，否则市场化会使医疗体制陷入过度追逐经济利益、忽视公益性基本要求的困

---

① 参见魏子柠《中国医改三个阶段的哲学浅思》，2016 年 10 月 19 日，健康界网（https：//www.cn － healthcare.com/article/20161019/content － 486434.html？ appfrom ＝ jkj&from ＝ groupmessage&isappinstalled＝0）。

② 参见颜昌武《新中国成立 70 年来医疗卫生政策的变迁及其内在逻辑》，《行政论坛》2019 年第 5 期。

境，不仅影响使人民获得医疗服务的公平性，也会因发展动力不足进一步阻碍效率的提高。因此，回顾改革开放以来的医改政策，我们需要从医改取得的成就以及出现的问题中认识到，政府应在宏观上做好顶层设计以构建一个高效运行的医疗体制，在实践层面要发挥自身在行政资源与力量方面的优势，切实履行好提供公共服务的职责。但同时我们也不能完全否定市场化改革取得的成就，将市场的力量完全排除于医改之外。计划经济时期完全由国家供给医疗卫生服务的体制已经不能与我国现在的经济体制、国情国力以及人民的需求相适应，在市场化改革阶段我国在医疗技术、服务供给等方面取得了很大的成就，这些成就是市场的竞争性与效率性作用的体现。因此，在医疗体制改革中，只强调一方作用排除另一方参与的模式是绝对不可行的，应当强化政府在顶层设计、支持鼓励及引导监督方面的责任，培育一个适宜市场与社会力量共同有序参与的良好运行机制，以实现公益性导向下的医疗体制的高效运转，实现"健康中国"的发展目标。

二　商业保险公司在医疗体制改革中的角色与地位

商业保险公司的角色是在新一阶段的医疗体制改革中才首次出现，这与我国商业保险公司的发展历程以及医疗体制改革的重点内容密切相关。1985 年，国务院颁布《保险企业管理暂行条例》，明确规定在具备相关条件之后，经央行批准，便可设立保险机构、开展保险业务，自此一些商业保险公司陆续成立。[①] 1998 年，国务院发布《关于建立城镇职工基本医疗保险制度的决定》，基本医疗保险制度开始正式全面推行，2003 年，原保监会发布《关于加快健康保险发展的指导意见》，正式提出建立适应我国国情的健康保险发展模式。通过对上述商业保险公司以及医疗体制改革历程的梳理，我们可以发现，在第一阶段医疗体制改革的过程中商业保险公司以及其经营的健康保险均处于起步与初步发展阶段，而医疗体制中的医疗保障体系建设也处于探索与初步构建阶段，因此商业保险公司在医疗体制改革中的作用尚未得到关注。随着商业保险公司自身经营能力和影响力的不断提升、健康保险产品市场的不断丰富与成熟以及医疗体制改革在各体系中的不断深入与细化，商业保险公司逐渐成为医疗体制改革中的一支

---

① 参见聂颖《改革开放 40 年中国保险业的发展回顾》，《中国保险》2018 年第 10 期。

重要市场力量，由单一领域的简单参与向各领域的深度参与转变。以下将通过对涉及商业保险公司的医疗体制改革政策的梳理，分析得出商业保险公司在医疗体制改革中应当扮演的角色与发挥的作用，对商业保险公司的后续参与提供宏观指引。

（一）政策回顾

2009 年，《中共中央　国务院关于深化医药卫生体制改革的意见》提出"积极发展商业健康保险"，一为鼓励商业保险公司开发健康保险产品，二为探索商业保险公司经办医疗保障管理服务。这是商业保险公司首次出现在医疗体制改革文件中。在据此文件及"十二五"规划纲要编制的《"十二五"期间深化医药卫生体制改革规划暨实施方案》中继续提出"积极发展商业健康保险"，但在具体的规划中提出了鼓励商业保险公司开发除基本医保之外的其他健康保险产品，此外还提出了要加强对商业健康保险的监管。2013 年，国务院印发《关于促进健康服务业发展的若干意见》，对于商业健康保险的发展提出了新的发展规划，提出发展健康管理型保险产品以及多种形式的医疗执业保险，并第一次提出了商业保险公司发展多样化的健康保险服务，对商业保险公司与其他各种机构在医疗卫生领域的合作提出了设计规划。

2014 年，国务院印发《关于加快发展现代保险服务业的若干意见》，对于健康保险在多层次社会保障体系的构建以及社会治理体系的完善方面指明了具体的发展方向，提出运用商业保险机制创新医疗卫生服务提供方式以及化解医患矛盾纠纷的新思路。同年国务院办公厅在贯彻落实上述文件的基础上发布《关于加快发展商业健康保险的若干意见》，该文件在上述文件的基础上对商业保险公司扩大健康保险产品的供给、参与医疗保障体系的完善、提升自身管理服务水平以及国家对商业健康保险各方面的支持等领域内容进一步细化深入，提出促进商业健康保险在深化医疗卫生体制改革中"生力军"作用的发挥。

2016 年，中共中央办公厅、国务院办公厅转发了《国务院深化医药卫生体制改革领导小组关于进一步推广深化医药卫生体制改革经验的若干意见》，明确规定商业保险公司参与基本医保经办服务。同年中共中央、国务院印发《"健康中国 2030"规划纲要》，纲要专节规定"积极发展商业健康保险"，提出商业保险公司与其他机构合作、发展健康管理组织等新型组织形式的新思路，并对商业健康保险的发展提出了各方面的支持以及制定了发展目标。同年的《"十三五"深化医药卫生体制改革规划》强调了商业保险公司在精算技术、专业服务和风险管理等方面的优势。

2020年3月，中共中央、国务院发布《关于深化医疗保障制度改革的意见》，对我国医疗保障体系的内容作出了明确规定，再次明确指出商业健康保险是我国医疗保障体系的重要部分。

（二）　对商业保险公司角色的分析

通过对上述文件的梳理可以发现商业保险公司在医疗体制改革中的角色从补充者成为生力军以及国家治理体系的重要参与者，其功能从在单一的医疗保障体系中弥补政府力量的不足到深入医疗体制内部主动参与众多领域改革以及联通各体系的协调发展。

商业保险公司最初只是作为医疗体制中医疗保障体系的补充角色出现在改革政策中，其功能定位于满足人民的多样化、多层次的医疗保障需求以及弥补国家经办基本医保暴露的不足。在满足人民的医疗保障需求方面，改革政策也没有具体指明商业保险公司健康产品开发的方向，仅笼统要求商业保险公司适应不同需要开发产品以及简化理赔程序、提高保险服务治理，缺乏针对性与指引性，由此可以发现即使医疗体制改革将商业保险公司纳入其中，商业保险公司在初始阶段也并未获得有效的关注。

但经过实践中商业保险公司在医疗健康领域内的探索，以及理论上对于市场力量以及作为市场力量一支的商业保险公司在医疗体制改革中的作用的深入研究，后续出台的改革文件不断提高对商业保险公司的关注度，相关的政策更具针对性地细化，商业保险公司参与的领域不断扩展并最终成为各体系的联通力量之一。商业保险公司不仅与政府的基本医疗保险合力构建医疗保障体系，还参与到医疗卫生服务资源的供给以及体系的构建中，并与医疗、体检、护理等机构合作将医疗体制的四大体系联通、构建健康管理组织，促进改革在各体系的创新与深入。商业保险公司的作用已不再局限于医疗保险领域，而是通过其具备的风险管理与社会治理功能在医疗体制的各个领域创新性发挥。

2014年，国务院办公厅发布的《关于加快发展商业健康保险的若干意见》中对商业保险公司的角色与功能做了高评价的阐述："在深化医药卫生体制改革、发展健康服务业、促进经济提质增效升级中发挥'生力军'作用。"通过以上的分析我们认识到，商业保险公司绝不是医疗体制改革的配角和边缘人，而是改革的主力军，是推动改革进一步深化与创新的新鲜力量，是医疗卫生服务及医疗保障服务的连接者。当然商业保险公司作为市场力量的一部分，要想实现对医疗体制改革的深度参与还需要政府的支持与监督，需要政府提供各类优惠政策以及构建适宜商业保险公司发展的社会氛围，还需要政府在参与方向的指引以及对参与过程的监督。

第二节　商业保险公司参与医疗体制改革的理论基础：合作治理理论

在现代社会治理模式中，从社会力量参与治理的程度角度观察有三种治理模式：参与治理、社会自治和合作治理。在现阶段的社会条件下，合作治理在矫正政府中心主义的基础上，超越公众作为政府过程参与者的行为模式，通过政府与社会自治型组织的合作分担治理责任，形成灵活多元的公共利益实现途径。① 2019 年 10 月党的十九届四中全会作出了《中共中央关于坚持和完善中国特色社会主义制度推进国家治理体系和治理能力现代化若干重大问题的决定》，要求坚持和完善共建共治共享的社会治理制度、建设人人有责、人人尽责、人人享有的社会治理共同体。合作治理理论能够成为商业保险公司参与医疗体制改革的理论基础，商业保险公司与政府作为平等的两支力量，根据自身的特点及优势，共同致力于实现构建符合我国国情的公平高效的医疗体制这一目标，即为合作治理在医疗体制改革中的应用。以下将通过对合作治理理论基本内涵的阐释，分析其在医疗体制改革中的具体应用。

一　合作治理理论的基本内涵

合作治理是在政府失灵与市场失灵不断出现的背景下，为了更有效地解决社会问题而产生的一种新型治理战略。与传统的治理模式相比，合作治理具有以下法律特征：②

（一）以治理主体法律地位的平等为基础

社会治理实践显示，在参与治理的过程中，权利的地位与作用完全取

---

① 参见张康之《论参与治理、社会自治与合作治理》，《行政论坛》2008 年第 6 期。

② 参见何锦强、孙武军《合作治理阈下的农村治安保险制度优化研究》，《保险研究》2016 年第 11 期。

决于权力的安排，即使存在完备的参与制度，若与权力意志不吻合也会受到权力的冷落与排斥，通过法律强制官僚组织尊重权利和接受参与，无法改变其排斥权利的本性。① 因此在合作治理中，要想维持合作关系必须首先保证合作双方在法律上处于平等地位，否则又会回到政府权力主导的权利参与治理关系中，导致与权力意志不符的权利无法有效发挥其价值。平等的法律地位意味着治理主体间以平等的身份与地位共同参与公共事务的决策与管理，重塑治理网络结构，使其从单中心化的蛛网状结构向去中心化的蜂巢状结构转变。②

（二）以治理主体权力（利）义务的妥善配置为手段

合作治理不是传统的"中心—边缘"结构下的分工协作，而是通过对治理主体性质及优势的分析，构建相互信任、资源共享、平等协商的合作治理行动者系统。③ 在合作治理的过程中，一方面政府继续履行其治理职责，为其他治理主体的成长和工作创造良好的氛围和条件，同时基于其在宏观设计、行政力量等方面的权威性优势，政府对于各其他治理主体有协调、引领与推动的任务，确保合作治理向着有利于公共利益的方向发展；④ 另一方面其他治理主体运用其专业和效率优势填补政府力量在一些领域的不足，并促进政府服务与治理能力的提升，充足合作治理持续发展的力量，不断提升合作治理的质量。由政府履行引导管理职责并非是对治理主体平等性的破坏，这只是政府根据其性质功能参与合作治理的体现，政府在指导管理过程中不能凌驾于其他治理主体之上，政府指导和管理所依据的法律政策是治理主体间平等协商的产物、需获得治理主体的共识。

（三）以各方利益衡平的价值理念为宗旨

合作治理作为一种治理战略，其最终要实现的目标必定是公共利益的最大化，但这并不妨碍合作治理过程中私利益得到实现，而且也正是允许

① 参见张康之《对"参与治理"理论的质疑》，《吉林大学社会科学学报》2007 年第 1 期。

② 参见柳亦博《论合作治理的生成：从控制、竞争到合作》，《天津社会科学》2015 年第 3 期。

③ 参见柳亦博《论合作治理的生成：从控制、竞争到合作》，《天津社会科学》2015 年第 3 期。

④ 参见何锦强、孙武军《合作治理阈下的农村治安保险制度优化研究》，《保险研究》2016 年第 11 期。

私益的实现才有其他治理主体出现的可能，毕竟"公共利益是很难成为公众参与行政的动力，只有特殊利益才可能成为公众参与的动力"①。其他社会治理力量参与合作治理的本质动力是寻求私益的实现，只是此时的私益与公共利益并不存在冲突，它们统一于合作治理的实践中。如若在合作治理的过程中私益与公共利益或某私益与他私益发生冲突，即需要协调平衡各治理主体间的利益，维持合作治理的持续进行。

管理的基础是资源，资源的分散化与权力的多元化相辅相成。随着市场经济的深入发展，社会事务的管理会出现超出政府的能力、同时也不能完全交由社会力量自治的治理困境，此时即需要构建新的社会秩序，② 合作治理作为一种多个平等治理主体根据自身性质及能力配置资源以期寻求共识的治理战略即成为现代社会治理模式的合理选择。

二　合作治理理论在医疗体制改革中的应用

"作为一种新兴的社会治理模式，合作治理为应对特定公共治理难题和处理合作者关系提供了一种范式"，通过政府与市场和社会其他力量的良性互动和协同创新，优化治理环境。③《"健康中国 2030"规划纲要》提出，建设健康中国应当"坚持政府主导，发挥市场机制作用"，以及"坚持政府主导与调动社会、个人的积极性相结合，推动人人参与、人人尽力、人人享有"。上一节对改革历程的总结已经证明，医疗体制的改革需要多方力量共同参与，不是政府或者市场单一组织可以解决的治理问题，因此有充足的必要性将合作治理的社会治理模式引入医疗体制改革的实践中。鉴于本书主要探讨商业保险公司在医疗体制改革中的作用价值，因此下文仅以商业保险公司为治理主体，分析合作治理在医疗体制改革中的应用可能性及价值。

（一）商业保险公司的治理功能

传统的保险法研究范式主要关注保险人与被保险人间的双边关系，探讨保险人与被保险人间订立的保险合同产生的权利义务关系以及为了保护

---

① 参见张康之《对"参与治理"理论的质疑》，《吉林大学社会科学学报》2007 年第 1 期。

② 参见侯琦、魏子扬《合作治理——中国社会管理的发展方向》，《中共中央党校学报》2012 年第 1 期。

③ 参见何锦强、孙武军《合作治理阈下的农村治安保险制度优化研究》，《保险研究》2016 年第 11 期。

被保险人群体而产生的对保险人的监管制度。① 但事实上保险的作用不止于个别私主体间的风险分散，其可以通过从保险合同订立前直至理赔后的风险控制措施，重塑该保险涉足领域的发展理念与方式，在实现保险人私益的同时促进公共利益的实现，成为合作治理的治理主体。

有学者提出，政府行为不受市场力量的约束，只受专业力量的关注和政治程序的规范，同时他们没有完全根据绩效决定报酬，因而可能缺乏足够的激励措施。② 与政府缺乏足够激励相反，保险人为了控制承保风险、减少理赔量，有极大动力去控制被保险人的行为以减少保险事故的发生。以商业保险公司探索发展管理式医疗为例，在商业保险公司经营商业健康险产品时，保险人在承保前需要严格审核被保险人的身体状况并建档记录，保险期间内为了减少保险事故的发生，保险人具有开展健康管理服务的内在动力，会积极监测被保险人的身体状况、主动组织针对被保险人的健康体检与疾病筛查以及开展疾病预防与健康管理的宣讲活动，"保险人将成为客户的监督机构，而不是服务提供商"③。而商业保险公司提供的这些健康管理服务虽然出发点是为了自己的经营利益，但却在客观上推动了我国管理式医疗的发展进程，与政府一起作为治理主体参与到医疗体制改革的合作治理中。

（二）合作治理理论的应用

商业保险公司具有治理功能，但在解决医疗体制改革的难题中，只有商业保险公司的独立参与显然是不可能的。保险人在规范行为与防范风险的过程中，一方面在保险人与被保险人的垂直管理体系中可能因追逐自身利益而滥用治理权利，另一方面在被保险人的横向关系中可能会为实现多数被保险人的利益而牺牲少数被保险人的利益。④ 因此，保险的社会治理功能需要在与政府力量的合作中得到有效发挥，而治理主体间的平等、互

---

① 参见何启豪《国家治理现代化背景下的保险法理论新范式——以保险人作为私人监管者为中心的考察》，《现代法学》2019 年第 4 期。

② See Omri Ben-Shahar and Kyle D. Logue, "Outsourcing Regulation: How Insurance Reduce Moral Hazard", *Michigan Law Review*, Vol. 111, No. 2, April 2012, pp. 198-199.

③ See Paul K. Freeman and Howard Kunreuther, *Managing Environmental Risk Through Insurance*, Springer Netherlands, 1997, p. 102.

④ 参见钱红亮《保险社会治理功能的法学分析——以保险的社会连带性为中心》，《湖北警官学院学报》2019 年第 4 期。

利关系也正是合作管理的应有之义。

　　以商业保险公司参与社会医疗保险经办管理为例，政府委托商业保险公司经办医保，实质上是引入市场化的手段来介入医疗保障体系的改革，形成社商合作、多元主体治理的局面。在商业保险公司参与社会医疗保险管理的过程中，政府与市场的定位不能混淆，应当明确分工、各司其职。政府应在基本医疗保险的管理工作中占据主导地位，重点保障社会医疗保险的公平性及可及性，同时也要为商业保险公司的参与留出空间，以平等协作而不是行政指令的方式与商业保险公司合作。而商业保险公司应积极配合政府工作，与政府建立合作伙伴关系，负责一些专业化的医保基金管理工作，发挥补充政府部门经办管理能力的作用。政府与商业保险公司共同推动社会医疗保险领域下合作治理的良性运作。

　　综上，在合作治理中，政府与其他治理主体是基于共同目标和利益的"伙伴式关系"，而非传统的支配与被支配关系，他们在法律地位平等的基础上发挥各自优势，并通过协商、合作解决社会问题。[①] 在商业保险公司参与医疗体制改革的具体应用中，合作治理要求商业保险公司与政府共同协商构建合作运行的机制。具体而言，政府根据自身的公共性质以及具有的行政力量优势、商业保险公司根据其具备的专业性以及效率优势，合理配置资源以及安排权利（力）义务关系，二者作为治理主体共同致力于提升医疗体制的运行效率与质量，以及实现建设健康中国的公共利益。而在公共利益实现的过程中商业保险公司减少理赔获得利润的私益也得到了实现，合作治理在利益衡平的运行中得到了健康持续发展。

　　以下本书将在合作治理理论的指导下，分别对商业保险公司在一些重要医疗体制改革领域中的作用发挥进行分析，包括医疗服务质量的提高与多层次医疗保障体系的构建，以期为商业保险公司深入参与医疗体制改革提供有效建议。

---

　　① 参见田闻笛《城市规划过程中的公众参与：逻辑、经验与路径优化——以社会治理现代化为视角》，《社会主义研究》2019 年第 1 期。

第二章

商业保险公司作为管理分散医疗风险的
中坚主体

第一节　医疗责任保险的价值

医疗风险是指在整个医疗服务过程中，由于各种不确定性因素，致使患者死亡、伤残以及躯体组织、生理功能和心理健康受损，并给医院、行业、社会等组织带来利益损失和各种负面影响的可能性。[①] 医疗风险属于医疗技术发展过程中不可避免的伴随效应，不应由单个主体来承受，而应借助社会化风险分担机制进行风险管理。而商业保险公司的本业即是开发保险产品，分散风险，管控风险，提供保障。在医疗服务体系的改革中，通过医疗责任保险（以下简称"医责险"）的投保，医疗风险在全社会得到分散，既有利于患者利益的保障，也有利于激励医疗机构及医务人员提升诊疗质量，促进医疗卫生事业的健康发展。2014 年，国家卫生计生委发布《关于加强医疗责任保险工作的意见》，对医责险在构建和谐医患关系中的价值做了阐释。除此之外，医责险对于医疗服务质量的提高乃至医疗卫生事业的进步均有重要价值，本节将对医责险的综合价值分别展开阐述。

一　有效维护医患双方合法权益，构建和谐医患关系

责任保险的设立目的即是为分散被保险人的责任风险，保护被保险人的财产免受他人的索赔，包括被保险人现有的有形资产以及其未

[①]　参见陈校云、孙纽云、林琳等《我国医疗风险的研究要素和范畴》，《中国循证医学杂志》2011 年第 5 期。

来的收入。① 医责险也是如此，诊疗行为具有高度的专业性与高风险性，医务人员在诊疗活动中不可避免地会发生过失诊疗行为。而医责险的投保则可以为医务人员创造一个良好的执业氛围，使其在诊疗过程中可以只聚焦于疾病的诊治，而不必担心诊治之外的执业风险问题，并且使医疗机构专心于医疗风险的防范与医疗技术的进步，减少医患纠纷对医疗机构正常运营的影响。

与此同时，医责险的实施对于患方也多有裨益。首先，其是对医疗机构赔偿能力的一项保障。《中华人民共和国民法典〈侵权责任编〉》（以下简称《民法典侵权责任编》）的救济只是给受害人提供了一种救济措施，并不能保障其一定能够获得应有赔偿，例如医疗机构丧失偿付能力的情形。而现代责任保险则能够发挥保护受害第三人的作用，给受害人一种安全感，并为其未来获得赔偿提供了更大的确定性，② 可以保障受害人获得切实的补偿。正如学者所言："责任保险会直接产生一个有偿付能力的潜在被告。"③ 因此医责险的存在可以使患者方获得最大程度的赔偿保障，切实保护受害患者方的合法权益。其次，医责险对于患者更重要的价值在于，其能够通过分散医生的风险而帮助医方排除杂念、尽己所能采用风险性较大但可能更为有效的诊疗手段挽救患者生命。医患关系本应是和谐的同伴关系，医生是站在最前沿与疾病做斗争的人，医患双方所希望实现的目标本应是相同的。但当医务人员陷入承担赔偿责任的担忧中时，最终受损害的其实是患方，因为患方将因此无法得到应有的诊治，而只能在治愈概率无甚改变的情况下，通过保守疗法徒然增加医疗费用的支出而已。因此从长远角度观察，医责险在分散医方风险的同时，对患方治愈疾病的目标也多有助益。

---

① See Wanda Ronka-Chmielowiec, Anna Jędrzychowska and Ewa Poprawska, "The Sufficiency of the Minimum Amounts in Compulsory Liability Insurance", *Wiadomości Ubezpieczeniowe*, No. 4, 2015, pp. 80-81.

② See Wanda Ronka-Chmielowiec, Anna Jędrzychowska and Ewa Poprawska, "The Sufficiency of the Minimum Amounts in Compulsory Liability Insurance", *Wiadomości Ubezpieczeniowe*, No. 4, 2015, p. 81.

③ See Stephen C. Yeazell, "Re-financing Civil Litigation", *DePaul Law Review*, Vol. 51, No. 2, 2001, p. 189.

二 防范化解医患矛盾，维护正常医疗秩序

医患纠纷发生的重要原因在于医患双方信息资源不对等造成的不信任。即使有卫生主管部门介入，由于公立医院与主管部门同具政府属性，患者方也会对主管部门的公正客观性产生质疑，因此在医患矛盾的解决中一个重要的措施即为引入中立第三方。

2010 年，司法部、卫生部、保监会联合发布《关于加强医疗纠纷人民调解工作的意见》，提出"保监部门要鼓励、支持和引导保险公司积极依托医疗纠纷人民调解机制，处理涉及医疗责任保险的有关保险赔案"，共同助力"形成医疗纠纷人民调解和保险理赔互为补充、互相促进的良好局面"。商业保险公司参与医疗纠纷的调解工作，可以增强调解的专业性与客观性，同时商业保险公司雄厚的财力基础也可消减受害人对于无法获得赔偿的担心。

医责险将医疗机构从医患纠纷中解脱出来，把医患矛盾转换为受害人与保险人间经济赔偿的谈判，使医疗纠纷从医院内转移到医院外，减少患者与医疗机构的直接对抗，从而有助于维护正常的医疗秩序。在理赔过程中，受害人可以根据其享有的第三人直接请求权直接向保险人提出赔偿请求，而不必参与烦琐漫长的索赔程序，因而有助于稳定受害患者的激动情绪、防范化解医患矛盾。医责险将诊疗过程中存在的正常医疗风险通过风险量化的方式展现在医患以及社会公众面前，使公众认识到医疗风险的存在。医责险的存在不是为了惩罚某个群体，而是以保险为媒介加强医患的沟通理解，改善整体的医疗服务环境。[①]

三 提升医疗风险管理水平，健全医疗行业风险管理体系

保险具有治理功能，本书第一章第二节对此已做论述，保险的作用不止于个别私主体间的风险分散，而且可以通过承保前的核保过程、费率条款、承保期间的风险评估与排查以及保险事故发生后的介入理赔等措施，将损害行为的成本内部化，激励领域内被保险人保持谨慎、严控风险、降

---

① See Liang B. A and Ren L. L, "Medical Liability Insurance and Damage Caps: Getting beyond Band Aids to Substantive Systems Treatment to Improve Quality and Safety in Healthcare", *American Journal of Law & Medicine*, Vol. 30, No. 4, 2004, p. 501.

低损害费用，① 重塑保险所承保领域的事业的发展理念与方式。正如对责任的恐惧应该激励潜在的不法行为人采取适当的预防措施一样，对责任的恐惧也应该激励保险人鼓励其被保险人采取预防措施。② 此外风险分散机制可以降低医疗机构经营成本，但于患者而言，无论是否存在转移或分散已发生的损害负担的转移机制，其都要遭受身体和精神上的损害，除非伤害的频率和严重程度降低，否则患者依然面临损害的风险。③ 因此医责险对医疗机构医疗风险管理与控制的价值于患者而言更为重要。

在医责险的运行过程中，承保前，保险人通过核保阶段对被保险人的诊疗技术水平、医疗事故防范机制以及整体的诊疗服务水平进行详细调查，据此保险人可以根据被保险人的风险程度收取相应保费，激励被保险人控制风险。承保期间，保险人可以与卫生主管部门共享信息与资源，严格监控被保险人的风险程度，对于风险程度不正常增加的被保险人通过增收保费甚至是终止保险合同的方式督促其控制风险。商业保险公司与卫生主管部门形成医疗卫生服务监管共同体，以医责险为媒介，引导督促医疗机构提高医疗风险防范意识、加强内部管理、规范医务人员医疗行为，实现提升医疗服务质量、预防和减少医疗事故发生的目标，并最终提升医疗卫生行业的风险管理水平与发展质量。

此外，基层医疗卫生机构通过投保医责险，可以激励其医疗风险管理水平，同时提升公众对基层医疗卫生机构的信任度，有助于理顺医疗卫生行业内各级医疗卫生机构的工作关系，从而为分级诊疗的推行提供稳定的基础力量。

有学者曾指出，责任保险通过排除被保险人的实际责任威胁，显然对侵权法实现威慑的能力提出了质疑。④ 如果赔偿正义是侵权法的目标，那么责任保险是非常可取的。而要想保持侵权责任法的预防与威慑价值，责

---

① See Nelson L. J, Morrisey M. A and Becker D. J, "Medical Liability and Health Care Reform", *Health Matrix*, Vol. 21, No. 2, 2011, pp. 449-453.

② See Omri Ben-Shahar and Kyle D. Logue, "Outsourcing Regulation: How Insurance Reduce Moral Hazard", *Michigan Law Review*, Vol. 111, No. 2, April 2012, pp. 210-212.

③ See Myron F. Steves Jr. , "A Proposal to Improve the Cost to Benefit Relationships in the Medical Professional Liability Insurance System", *Duke Law Journal*, Vol. 1975, No. 6, 1976, pp. 1306-1308.

④ See Gary T. Schwartzt, "Ethics and the Economics of Tort Liability Insurance", *Cornell Law Review*, Vol. 75, No. 2, January 1990, p. 313.

任保险的风险管理与控制即为重要工具，因此责任保险的存在与矫正正义价值并不相悖。

四　促进医疗技术的提高，增加社会福利

医责险的社会治理功能除了体现在提升医疗行业的风险管理水平外，还表现为在一定程度上为医疗机构采用冒险式新诊疗技术提供了赔偿能力保障，鼓励新技术新方法的运用以促进医学的进步，增加社会福利。与防御式医疗相比，冒险医疗需要的医疗技术更高、其中蕴含的风险更大，实施冒险医疗相应的注意义务也更高，相应地发生医疗损害的可能性也更大。而通过医责险的投保，则可以在一定程度上减少医疗机构采用冒险医疗的后顾之忧、激励其以患者利益为首要考量因素，促进冒险式医疗在实际运用中的不断完善进步，增进后续的患者以及整个社会的福祉。

第二节　医疗责任保险的开展方式

医责险的开展方式主要包括保险形式的选择以及保险组织模式的选择问题，或强制或自愿的保险形式，或商业保险或互助性保险或政策性社会保险的保险组织模式均会对医责险的运行机制与效果发挥产生不同程度的影响。本节将以最大限度地促进医责险价值发挥为方向，以医疗风险特性为基础，探究医责险的合理高效开展方式。

一　保险形式选择：强制保险

我国从 20 世纪 80 年代末开始在部分地区开展医责险的推广工作，但医责险发展迟缓，其作用并未得到有效发挥。[①] 为了推动医责险的开展，有关部门陆续通过行政文件引导医疗机构投保，并不断加强推行力度，对各级别医院提出不同程度的参保目标要求，从而使医责险的强制性不断增加。但依据最新出台的《基本医疗卫生与健康促进法》第 47 条，国家目前只是鼓励医疗机构参加医责险，在立法上并未提出强制性要求。[②] 笔者

---

① 参见张瑞纲、余想《我国医疗责任保险制度建设研究》，《西南金融》2019 年第 5 期。

② 参见《基本医疗卫生与健康促进法》第 47 条规定："国家完善医疗风险分担机制，鼓励医疗机构参加医疗责任保险或者建立医疗风险基金，鼓励患者参加医疗意外保险。"

认为，我国的医责险应当采取强制保险形式，但其强制化亦存在一定限度。

（一）强制化的依据

1. 必要性

根据国家卫健委统计，截至 2018 年 8 月，全国有 11 万余家医疗机构参保医责险，[①] 而统计数据显示，截至 2018 年 8 月底，全国医疗卫生机构数达 100.0 万个，其中基层医疗卫生机构94.6 万个。[②] 通过数据对比可以发现，在行政强制部分医院参保的背景下，其他未被强制参保的大量基层医疗机构并不会主动投保，难以形成保险市场。而基层医疗机构并不会因为其接诊的是常见病等普通病症就可避免医疗损害的发生，反而由于其在技术能力、专业人员配备以及医疗行为规范性方面的欠缺，更容易发生医疗损害。另外，由于患者方对普通病症发生损害的容忍度和接受度更低，因此一旦发生损害，医患矛盾也更易于趋向激化。由此，为了实现整个行业医疗风险控制水平的提升，并促进医疗服务质量的提高，强制投保医责险是必然之举。

2. 合理性

强制责任保险的基本出发点是对潜在受害人的救济，深层次的目的却是为避免危险活动、危险领域对社会造成损害的社会性救济措施。[③] 医疗行为与每个人都密切相关，其产生的风险是一种普遍的社会风险，医疗事故中受害人的赔偿不只关乎其个人利益的实现，而是影响到群体利益。减少医疗损害的发生、提升医疗机构的诊疗规范性、缓解紧张的医患关系符合公共利益，因此医责险的强制化是在医疗卫生领域促进公共利益实现的重要措施。

强制医疗机构投保，并非是对其私益的限制，而是在实现公益的路径中对其私益的增加。由于诊疗活动具有高度专业性与医师主导性，且关切

---

① 参见朱艳霞《全国已有 11 万余家医疗机构参加了医责险》，2018 年 9 月 8 日，中国银行保险报网（http：//xw. sinoins. com/2018-09/08/content_ 271050. htm）。

② 参见《2018 年 8 月底全国医疗卫生机构数》，2018 年 11 月 19 日，国家卫生健康委统计信息中心（http：//www. nhc. gov. cn/mohwsbwstjxxzx/s7967/201811/e1c2f8699eb848f6b9908c4bfcab6be5. shtml）。

③ 参见姜南《公益与私益的融合——以强制责任保险法律制度为核心》，《河北经贸大学学报》2016 年第 4 期。

民众最基本的生命权与健康权，因而医疗机构与医务人员负有高度的注意义务。强制投保医责险，虽然表面上对医疗机构造成经济负担，但实际上其所交纳的保费只是其存在的医疗风险的金钱表现而已，并非额外负担。强制投保医责险，对医疗机构的缔约自由产生了限制，但强制投保带来的对医疗机构诊疗行为的规范、风险控制水平的提高，以及医患关系的缓和、和谐信任医疗环境的形成等积极影响，均会提高医疗机构的工作效率、缓解其面对的赔付压力，并最终提升医疗机构的信任度，塑造医疗机构良好的社会形象。

（二）强制化的限度

强制责任保险虽然以强制为手段，但它不同于国家政策，因而，该制度中的国家强制只是通过私法来执行的国家强制。[①] 医责险依旧是一种商业经营行为，因此对于强制性内容必须有一定的限度，既坚持保障公共利益的实现为经营原则，同时也应允许监管者根据医疗机构的实际情况制定差别标准，根据医疗机构的风险情况进行动态调整。

根据后文"费率厘定"部分的内容，医责险在基础费率的基础上，根据被保险医疗机构提供的医疗服务的风险性、医务人员的专业性等因素设置不同的风险系数、实行差别费率，同时在上一年费率的基础上，根据被保险人上一保险期间的保险事故发生的概率及造成的损害程度实行奖惩费率制度。保险人在承保与续保时，全面评估被保险人的各项影响因素后，得出一个与各被保险人风险状况相当的保险费率，在强制性的基础上体现各被保险人的风险个性。

还有学者建议，在普遍强制性的基础上，建立医责险的退出机制，以体现强制化的必要限度性。对于管理能力符合标准，有内部风险基金且抗风险能力足以应对医疗纠纷的医疗机构，经过申请，报卫生行政部门备案的，可以选择退出。[②] 笔者认为退出机制确应建立，但退出的标准应重点关注医疗机构的风险控制能力，而非抗风险能力。后文会论述到，对于一些大型医疗机构，其本身具有雄厚的资金实力，医责险分散医疗风险的作用于其并不重要。但之所以要强制其投保，是希望借由医责险引入保险人

---

① 参见温世扬、姚赛《责任保险保险事故理论的反思与重构》，《保险研究》2012 年第 8 期。

② 参见衡敬之《403 例涉医责险医疗损害赔偿案件回顾性分析及完善医责险问题探讨》，《中国医疗管理科学》2019 年第 5 期。

这一监督主体，督促其提升风险控制能力，增强管理与执业的规范化，从源头减少医疗损害的发生。因此为了体现医责险强制化的限度，应当建立医疗机构的退出机制，但退出的标准应当以往年其发生医疗损害的数量及规模程度、风险防范机制、整体的医务人员执业水平以及医疗机构的管理能力等方面确定严格细致的标准。同时申请退出医责险的医疗机构应当报卫生主管部门以及保险主管部门共同批准，因为保险主管部门对于风险的量化及预测等更具专业性，只有经两部门共同批准后，才可选择不投保医责险。

（三）强制化的手段

我国目前在推进医责险的进程中主要采用行政手段而并非法律手段，通过国务院及相关部门发布政策文件强制部分医院投保，而非通过法律意义上的强制责任保险制度实现医责险的强制化。[①] 2014 年，国家卫生计生委、司法部、财政部、中国保监会、国家中医药管理局联合印发《关于加强医疗责任保险工作的意见》，要求全国三级公立医院参保率应当达到 100%，该意见事实上即强制要求三级公立医院投保医责险。根据《保险法》第 11 条第 2 款的规定，[②] 强制保险的类型只能由法律或行政法规予以确定。因此为了使医责险的强制化具备法律基础，也为了构建完整的医责险制度，笔者建议未来对医疗强制责任保险的内容使用行政法规或法律予以规定。

二　保险组织模式选择：商业保险

医责险的组织模式是指采用何种机制、由什么主体提供医责险，从全世界范围来看，主要有商业保险模式、互助性保险模式、政策性社会保险模式三种主要的组织模式。[③] 为构建完善的医责险制度，应结合我国保险业的发展程度及医疗损害责任的特点，选择合理的医责险组织模式。

---

① 参见陈诺《医疗责任保险的困境破解和路径选择》，《中国保险》2019 年第 6 期。

② 参见《保险法》第 11 条第 2 款规定："除法律、行政法规规定必须保险的外，保险合同自愿订立。"

③ 参见王端《医疗责任保险组织模式比较研究》，《现代商业》2019 年第 7 期。

（一）医疗责任保险的主要组织模式

1. 商业保险模式

商业保险模式作为医责险组织模式的一种，是指商业保险公司承保医责险，在发生保险合同约定的保险事故后，商业保险公司支付保险赔偿金。在世界范围的保险市场上，股份制的商业保险公司是保险业内首选的组织形式。统计数据显示，在 20 世纪 90 年代中期的美国，有 4000 多家股份有限制保险公司，不仅数量占据全美保险市场极大比例，保费收入也达到了全部非寿险收入的 60% 以上。[①] 我国目前的保险公司类型稍显单一，股份制商业保险公司的数量最多。股份制的商业保险公司之所以成为保险组织模式的首选，是因为股份制的特点适合从事保险经营。首先，股份有限公司的开放性有利于保险公司不断吸纳社会投资、增强公司财力。保险公司的规模越大、资本越丰厚，其面对风险时承担责任的能力就越强。其次，股份保险公司组织结构完善、运作规范健全、管理严密，作为保险承保机构，在经营过程中能够很好地向投保人提供服务，是一个合格的服务者。最后，股份制的商业保险公司能够实现自身风险的分散，公司的经营风险可以随着股份被分成等额小份而分散给众多掌握股份的股东。[②]

2. 互助性保险模式

互助性保险模式是指由相互保险组织经营提供医责险。相互保险组织是指由参与保险的主体自己设立的、旨在为保单持有人提供低成本保险产品的非营利性保险组织，其形式可以是相互保险公司，也可以是非公司组织。加入相互保险组织的投保人是以会员的身份，同时也是组织的所有者，由其筹集保险费来建立保障基金。在国外的保险市场上，由相互保险组织提供保险产品是一种非常常见的情形。法国相互保险业发达，在2015 年相互保险占法国保险市场份额 49.7%，占全球相互保险市场份额11%。而在日本，保险市场也较为发达，采用相互保险形式的保险公司数量曾达整体半数以上。[③] 在医责险领域，出于分散医疗风险的目的，医疗机构或医务人员共同设立相互保险组织，例如美国的医疗责任相互保险公

① 参见贾爱玲《环境责任保险制度研究》，中国环境科学出版社 2010 年版，第 203 页。

② 参见贾爱玲《环境责任保险制度研究》，中国环境科学出版社 2010 年版，第 204 页。

③ 参见陶吉新、柴清华、杜兆欣《从国外经验看我国相互保险面临的障碍与应对策略》，《中国经贸导刊》2019 年第 3 期。

司、英国的医师维权联合会及医师保护协会等组织。① 与商业保险公司相比，相互保险组织具有其独特优势。首先，相互保险组织能更有效地控制投保人的道德风险行为。在相互保险组织中，投保人既是客户，亦是组织的所有人。作为利益共同体的成员，投保人没有进行保险欺诈行为的动机。其次，相互保险组织不以营利为目的，能够减少投保人的投保成本。由于设立相互保险组织旨在以更低成本的保险来为客户分散风险，则投保门槛较低，投保人只需缴纳较少的保费即可加入。最后，相互保险组织更适合经营客户同质性较高、专业性较强、客户与保险提供者信息严重不对称的业务。在一些特定行业，面对的风险也较为特殊，由相互保险组织来经营保险进行风险分散，更容易实现因地制宜、科学管理。② 共同设立相互保险组织的医疗机构或医务人员，对诊疗护理行为更加熟悉，在风险控制方面具有专业优势，也没有为保险欺诈行为骗取保费的动机。

3. 政策性社会保险模式

政策性社会保险模式是指将医责险纳入社会保障制度范畴，以政府雄厚的经济实力及强大的公信力为依托、受政府的实际控制和监督。在许多国家，医疗侵权事故对患者造成的人身损害与机动车事故损害一样，被纳入意外损害社会保险体系中，在意外事故发生后通过社会保障制度等社会安全体制来填补受害人遭受的损害。实践中，新西兰 1973 年施行的《意外事故补偿法》（*Accident Compensation Act*）就是一个典型的例子。该法规定：车祸、医疗、劳动等意外事故造成受害人死亡、身体损伤的，无论该事故的发生是否出于他人的过失，受害人皆可请求赔偿，且禁止受害人就死亡和身体伤害依侵权行为规范请求损害赔偿。③ 在新西兰，医疗意外事故给患者造成人身损害后，向受害人支付的损害赔偿金并非来自医疗机构，而是由政府财政提供支持，事实上由新西兰的全体纳税人共同承担。还有北欧的一些国家也采取社会保险模式，社会保险体系全面覆盖人身意外损害赔偿，例如瑞典、芬兰等国家。在社会保险模式下，医责险以政府雄厚的经济实力为依托，这是商业保险公司经营的商业保险无法比拟的。同时医疗责任社会保险还具有节约诉讼资源、加快医疗纠纷解决、缓解医

① 参见王端《医疗责任保险组织模式比较研究》，《现代商业》2019 年第 7 期。

② 参见沈健、杜娟《相互保险组织与股份保险公司效率比较：国外文献综述》，《南方金融》2017 年第 2 期。

③ 参见周珂、杨子蛟《论环境侵权损害填补综合协调机制》，《法学评论》2003 年第 6 期。

患矛盾的作用。

（二）我国医疗责任保险组织模式的应然选择

考虑到目前我国医责险的发展状况以及我国的基本国情，同时结合医责险高风险性、高度专业性的特点，我国医责险的组织模式应当选择商业保险模式。

首先，互助性保险模式在我国医责险领域并不适用。不同于英美等发达国家，我国相互保险的发展稍显落后，事实上直到 2015 年，在我国原保监会发布的《相互保险组织监管试行办法》中，"相互保险"这一概念才被明确定义。目前我国正式的相互保险组织形式只有相互保险公司与相互保险社两种，其中相互保险公司只有一家以农险业务为主营业务的阳光农业相互保险公司。① 并且，相互保险组织可能存在筹集资金、监管等方面的问题。传统的相互保险组织是由以会员身份加入的投保人共同设立的，汇集保险费为保障基金，存在资金权属不清、无法进行股权融资的缺陷。相互保险组织的监管也存在短板。② 更重要的是，由医疗机构或医务人员共同设立的相互保险组织提供医责险，缺少如商业保险公司此类的第三方介入医患纠纷的解决，不利于发挥医责险防范及化解医患矛盾的作用。其次，我国医责险也不应采用社会保险模式。一个国家的社会保障制度的健全程度和发展水平往往深受该国经济发展程度的影响，目前世界上社会保障制度较为完善的国家基本上都是经济发达国家。③ 我国作为一个发展中国家，社会保障制度还不够完善，无法覆盖更广泛的领域。若将医责险纳入社会保险范畴，一方面可能因医疗事故的频繁发生导致政府最终需要支付高额的保险赔偿金，加重政府的财政负担；另一方面会影响保险市场的竞争，不利于调动商业保险公司创新发展的积极性。

我国医责险的组织模式应当选择商业保险模式，由商业保险公司承保。第一，由商业保险公司经营医责险更符合我国保险业的发展状况，能够充分利用现有的保险公司资源。目前，我国各家商业保险公司拥有分布广泛的营业网点、专业娴熟的从业人员、丰富的承保经验。这些保险公司的资源能够为医责险的发展提供坚实的基础。第二，商业保险公司作为医方与患方之间的第三人介入，能够督促医疗机构规范医务人员的诊疗行

---

① 参见马香一《我国相互保险的实践探索与发展》，《中国保险》2019 年第 6 期。

② 参见马香一《我国相互保险的实践探索与发展》，《中国保险》2019 年第 6 期。

③ 参见周珂、杨子蛟《论环境侵权损害填补综合协调机制》，《法学评论》2003 年第 6 期。

为、提升风险管理水平，发挥监督医疗卫生服务的作用。第三，商业保险公司可以利用再保险、共同保险等风险再分散机制实现自我风险控制，维持自身的赔付能力，稳定经营医责险。

第三节　医疗责任保险的具体内容设计

医责险作为一种独立的责任保险，从投保阶段的主体选择到承保阶段保险内容的确定以及在整个保险过程中的风险控制与分散，均需根据医疗风险的特性、我国医疗服务环境的特点以及我国商业保险公司的能力作出兼具责任保险共性与医责险个性的具体内容设计。本节将对医责险中重要的制度内容分别作出阐释，与前述两节内容共同建构我国的医责险制度框架。

一　投保主体

2014 年，国家卫生计生委、司法部、财政部、中国保监会、国家中医药管理局联合印发《关于加强医疗责任保险工作的意见》，要求 2015年年底前全国三级公立医院参保率应当达到 100%、二级公立医院参保率应当达到 90% 以上，各地推进政府办基层医疗机构积极参保，积极鼓励、引导非公立医疗机构参保。该意见明确了我国医责险的投保主体是医疗机构而非医务人员，同时根据医疗机构的性质以及资质等级对强制投保主体的范围进行了划分。此种划分方式与推行医责险的难易程度相关，一定程度上体现了医疗机构的风险程度，具有现实意义。但随着医责险的深入发展，为更好地发挥医责险在分散与控制风险方面的作用，对于投保主体范围的确定应当严格与其风险程度相关联。此外医疗机构的医责险与医师个人的执业保险间的关系，也有待进一步的明晰。

（一）各级医疗机构都应纳入投保主体

根据《医疗机构管理条例》规定，医疗机构是指从事疾病诊断、治疗活动的医院、卫生院、疗养院、门诊部、诊所、卫生所（室）以及急救站等机构。根据《医院分级管理办法》规定，对医院分级管理的依据是医院的功能、任务、设施条件、技术建设、医疗服务质量和科学管理的综合水平，据此医院分为三个等级，分别提供相应的医疗服务。

伴随着分级诊疗制度的不断推进，基层首诊、就近就医等分级诊疗理念得到强化，基层医疗卫生机构将承担更多的诊疗任务，其蕴含的医疗风险不容忽视。

根据《医院分级管理办法》的规定，一级医院主要提供预防、医疗、保健、康复服务等医疗服务，主要是基层医院、卫生院。在分级诊疗制度中，一级医院以及基层医疗卫生机构要实现作为医疗机构"初级"的"健康守门人"功能，负责常见病、多发病及慢性病等基础性疾病的防治、诊疗。① 虽然基层医疗卫生机构所承担的医疗服务危险性较低、技术性要求较低，但这并不代表不会发生医疗损害。而且一旦发生医疗损害，由于患者及其家属对于事故后果显然不会形成相当的预见性，以及基层医疗卫生机构在赔偿能力上的欠缺，医患矛盾更容易激化。在中国裁判文书网中以医疗损害责任纠纷为案由搜索以一级医院或基层医疗卫生机构为当事人的案件，可以发现其在妇幼保健②、急诊处理③、常见病诊疗④等医疗服务过程中均有产生医疗损害的可能性。一方面，一级医院以及基层医疗卫生机构是面向最广大居民、与居民关系最密切的医疗机构，负责居民的日常医疗需求，居民对其安全性的要求也相应较高，而对医疗损害的接受度更低；另一方面，基层医疗卫生机构提供医疗服务的数量较多而技术水平、人员能力不足，风险管理水平较低，赔偿能力也较低。因此有必要将一级医院以及基层医疗卫生机构纳入投保主体范围，督促其规范诊疗行为、严控医疗风险，提升基层医疗机构的医疗服务水平、增强居民对基层医疗机构的信任度。

此外，一些实力雄厚的医疗机构认为自身具备足够的赔偿与纠纷处理能力，在自愿投保背景下并不愿意投保医责险，有学者也支持此种看法，认为大医院赔偿能力充足、人员的内在风险小于中小型医院，因此应当强

---

① 参见张彦生、王虎峰《基于分级诊疗的公立医院功能定位探究》，《中国卫生经济》2017 年第 9 期。

② 参见双峰县妇幼保健计划生育服务中心与彭珍良医疗损害责任纠纷案，湖南省娄底市中级人民法院〔2019〕湘 13 民终 1718 号民事判决书。

③ 参见盖州市沙岗镇屯村包连庆卫生室与郑宝库医疗损害责任纠纷案，辽宁省营口市中级人民法院〔2019〕辽 08 民终 2304 号民事判决书。

④ 参见林口沈阳煤业（集团）青山有限责任公司青山煤矿职工医院与邵庆波医疗损害责任纠纷案，黑龙江省牡丹江市中级人民法院〔2019〕黑 10 民终 1048 号民事判决书。

制投保的并非大中型医院。[①] 笔者认为，此种观点只考虑了强制责任保险分散损失与保护受害人的功能，而忽视了其具备的社会治理功能。根据前述对医责险价值的分析，医责险的重要功能之一即是通过将保险人引入医疗行为监管及风险控制体系中，督促激励被保险人规范医疗行为、减少医疗损害的发生，从源头消减医患矛盾产生的环境，因而有必要强制医疗机构投保医责险。当然我们也应认识到，对于大中型医疗机构而言，购买医责险的动力来自保险人能够促进医患纠纷的解决，使医院可以从纠纷中尽快脱身，恢复正常的医疗秩序。而一些医院不愿意投保医责险也正是因为，一方面其需交纳的保费与赔偿额接近，另一方面保险人理赔不积极，使得医院依然陷于矛盾纠纷之中，不能实现投保医责险的目的。[②] 根据前述对医责险价值的分析，医责险本应对投保医疗机构产生维护利益和秩序的作用，不应成为医疗机构的负担。因此在医责险的后续发展中，应当加强对保险人的和解、抗辩义务的规定，使医责险可以确实起到将医患纠纷转移至医疗机构之外的功能。

笔者认为，不管医疗机构的级别和性质如何，在其从事医疗服务的过程中均存在不同程度的医疗风险。级别高的医疗机构需要应对复杂疑难的疾病所带来的医疗风险，级别低的医疗机构则需要应对超出其风险管理能力的长期患病患者及突发状况带来的医疗风险，私立医疗机构赔偿能力和规范程度的波动同样具有医疗风险。这些医疗风险均存在引发医疗损害赔偿责任、形成医患纠纷的隐患。特别是在常见病引发的医疗损害中，由于对损害结果很难具有预见性，患者方可能更难接受损害结果而医疗机构的赔偿能力也可能更为不足。因此各级各类医疗机构均有投保医责险的必要性，只是应当通过差别费率制度，确保不同的医疗机构根据其承担的医疗服务责任、技术水平、医疗行为的规范程度等因素，交纳与其存在的医疗风险程度相当的保费，以实现促进行业整体风险管理水平提升、构建和谐医患关系的目标。

（二）医务人员负担保费的问题

在国外的一些国家，医疗机构实行的是医生负责制，医生作为负责

---

①　参见谭湘渝、许谨良《我国实行强制医疗责任保险的基本问题研究》，《保险研究》2008 年第 6 期。

②　参见张晓利《医责险：小型机构或成突破口》，《中国医院院长》2017 年第 14 期。

人，组织医疗团队，对其自己及整个医疗团队的医务行为承担法律责任，因而医责险当然由医务人员购买。[①] 但我国在医疗损害责任领域仍然实行的是医疗机构替代责任的责任承担模式，[②] 且医疗机构居于管理人之角色，对于医疗设施之设置与维护、医疗人员之选任与监督、职务与责任分工、不同科别与部门之协调联络等负组织管理之责，医疗过错之发生，甚多来自医院组织本身的瑕疵。[③] 因此医疗机构作为责任的直接承担主体是当然的投保主体，而医务人员是否以及如何承担保费即存在争议之处。

诊疗行为具有极强的专业性与独立性，医疗机构在诊疗行为中发挥的是组织管理之责，而对于实际诊疗方案的选择以及实行，实际是由医师本人或其团队决定，医疗机构并没有实质发言权，其只能通过外化的指标对医务人员进行形式上的考核。[④] 由此我们认识到，医务人员自身对于医疗损害的发生具有较强的控制力，其作出的诊疗行为是引发医疗损害的直接原因之一。因此有相当之必要将医务人员纳入医责险的体系中，通过令其承担一定比例的保费，将其诊疗行为存在的风险内化，督促其规范个人的诊疗行为，提升诊疗水平。

令医务人员承担保费，有两种形式：一是在医疗机构投保的医责险中，根据个人的执业领域以及过往的损害发生情况等因素承担一定比例的保费；二是个人投保独立的执业保险。笔者认为，第二种模式更为可采。在此种模式下，保险人可以更准确地评估其执业风险，同时也更符合多点执业背景下医务人员的独立性与流动性特征，更符合保险精细化的发展方向。深圳在医师执业责任保险领域做出了有益的探索，设置了四种责任限额的保险方案以满足不同执业方式医师的选择，在费率计算上引入了执业范围调整因子以及医师职称调整因子。这种操作提升了医师执业保险的精

---

① 参见吕群蓉、蔡川子《论医疗责任保险保费的承担主体》，《福州大学学报》（哲学社会科学版）2013 年第 3 期。

② 参见《民法典》第 1218 条规定："患者在诊疗活动中受到损害，医疗机构或者其医务人员有过错的，由医疗机构承担赔偿责任。"

③ 参见陈聪富《医疗机构法人组织与责任》，载陈学德主编《医疗纠纷处理之法制与实证》，元照出版公司 2015 年版，第 223 页。

④ 参见王欢《医改背景下中国医师责任保险之形塑》，《牡丹江师范学院学报》（哲学社会科学版）2015 年第 5 期。

确化，更有利于保险的推广。^① 关于医师执业保险的内容后文将予以简要论述。

当然如果采用个人投保执业保险的模式，除医师执业保险外，还应当同时建立护士执业保险以构建完整的医务人员个人执业保险，从而与医疗机构的医责险共同组成医疗领域的责任保险，精确评估每个个体的风险，针对性地发挥责任保险促进被保险人管控风险的功能。

（三）国家应当参与保费的负担

医责险的投保与承保，关系着患者利益的保障、诊疗质量的提升与医疗卫生事业的长期健康发展等各方面利益，而这每一领域的发展均属于国家应当承担的义务之一。《基本医疗卫生与健康促进法》规定，国家保护公民的健康权。^② 因此国家负担一定比例的医责险保费，是优化诊疗环境、保障公民健康的实施方式之一，是履行国家义务的表现。

不管是营利性医疗机构还是非营利性医疗机构，其都承担着保障人民健康的社会责任，医疗机构及其医务人员是人民健康的守卫者，医疗机构为了承担社会责任还要再付出分散此种责任带来的风险的全部代价，于情于理均缺乏合理性。人性的不可靠性导致了我们社会系统中的错误，因此错误是人类为实现社会目标而采取行动的复杂系统的重要组成部分。^③ 在复杂的诊疗活动中，医务人员出现过失在所难免，医学也在对各类医疗过失的克服中不断提升可靠性与治愈性。作为最终受益的社会全体，有义务将此种医疗风险在社会中分担，而国家财政取之于民，自然也应用之于民，国家承担一定比例的保费事实上是医疗风险社会化分担的应有之义。美国医学会（AMA）的一项调查报告显示，由于不断增长的医责险保费，24% 的高风险专科医生已经停止提供服务。^④ 若完全由医疗机构负担保费，则极有可能出现医疗机构的高风险科室的关闭或缩减以及高风险医护

---

① 参见深圳卫计委《医生"个人险"来了！每年最高获赔 400 万元》，2018 年 3 月 24 日，医脉网（http://news.medlive.cn/all/info-news/show-140549_ 97. html）。

② 参见《基本医疗卫生与健康促进法》第 4 条第 1 款规定："国家和社会尊重、保护公民的健康权。"

③ See James Reason, *Human Error*, Cambridge：Cambridge University Press, 1990, p. 26.

④ See U. S. General Accounting Office, *Medical Malpractice-Implications of Rising Premiums on Access to Health Care*, 2003, Washington, DC：U. S. Government Printing Office, Gao - 03 - 836, p. 20.

人员的流失，最终受影响的还是患者。

从医责险的现实发展状况而言，医疗机构的医疗事故报告制度尚未建立，保险人对于医疗机构日常诊疗行为的监督体系也未建立，保险人对于医疗机构更精确详细的风险评估机制同样未有效建立。因而当前保险公司开发承保医责险均面临极大困难，与承保风险大且不易评估与监测相适应地，其收取的保费也会更高。所以，从促进医责险推广的现实角度观察，国家也应承担一定比例的保费，以在保障保险人经营利益的同时减少医疗机构的负担，有效推动医责险的投保与承保。

二　保险责任范围

保险责任范围是保险的核心内容，它决定着保险人保险给付义务的承担与否，反映了该保险所保障的特定风险范围，体现着该保险存在的价值与功能。笔者认为，医责险的保险责任范围应是被保险医疗机构及其医务人员在诊疗护理过程中，因过失执业行为导致患者人身权益受损，而应当承担的损害赔偿责任以及由此产生的必要法律费用。

（一）限于过失执业行为造成的损害

责任保险的保险事故是被保险人依法应对第三人承担赔偿责任。根据《民法典》第1218条规定，[①] 医疗损害责任是过错责任，即只有在医疗机构或其医务人员存在过错时，才有可能产生侵权责任。医疗过错仅指侵权人具有过失心态，而不包括故意心态，如若侵权人故意给患者造成损害，则不应属于医疗损害责任，而构成一般侵权责任。[②]

对于行为人过失心态的判断，鉴于医疗损害责任是一种专业责任，通常认为医疗机构或其医务人员是否违反注意义务是判断其是否具有过失的标准。而由于诊疗行为面向不特定的社会公众以及实施诊疗行为的主体应当具有相应的一致的执业资格，因此此种注意义务具有高度客观化的特点。[③] 不论其实际水平如何，只要违反了一般情形下的客观标准的注意义务，即认为其具有过失。当然不同级别、类别的医疗机构以及医务人员有不同的注意义务客观标准，如主任医师应当比普通医师具备更高的注意义

---

① 参见《民法典》第1218条规定："患者在诊疗活动中受到损害，医疗机构或者其医务人员有过错的，由医疗机构承担赔偿责任。"

② 参见程啸《侵权责任法》，法律出版社2015年版，第559页。

③ 参见程啸《侵权责任法》，法律出版社2015年版，第559页。

务，精神疾病类医疗机构与普通医疗机构相比应当在患者的监护方面具备
更高的注意义务等。而此种客观化的注意义务通常通过医疗卫生管理法
律、行政法规、部门规章和诊疗护理规范、常规等对于医疗机构以及医务
人员注意义务的规定，或者医疗机构及其医务人员应尽的告知、保密等法
定义务，或者管理规范和管理职责，以及部分上升为注意义务的医疗道德
表现出来。① 只要医疗机构或其医务人员违反了上述规范义务，就应当认
定其对损害结果的发生具有过失心态。

如损害非由被保险人的过错造成，而是由于诊疗过程中产生的不能由
被保险人所控制的风险造成，则此类损害与被保险人的执业行为缺乏因果
关系，其没有赔偿责任需承担，因而保险人也无须承担保险责任，此时应
当由医疗意外保险对此种损害予以承保。关于医疗意外保险的内容后文将
予以简要论述。

（二）限于医疗损害责任

医责险的功能在于分散医疗机构在诊疗护理过程中产生的赔偿责任风
险，督促医疗机构提升风险管理水平，促进医疗卫生事业的健康发展。因
此并非所有在医疗机构中发生的损害都可纳入医责险的保险责任范围，损
害的发生必须与医疗机构或其医务人员的执业行为相关，医疗机构应当承
担的是医疗损害责任而非其他类型的责任。

医疗损害责任，是指在诊疗活动中发生的与医疗机构或其医务人员的
执业行为相关的损害赔偿责任，其重点在于具有诊疗的专业性特征。在诊
疗活动的认定中，美容整形是一种具有争议性的活动，《关于审理医疗损
害责任纠纷案件适用法律若干问题的解释》将医疗美容活动纳入了医疗损
害责任的范围。② 通过对医疗美容与普通生活美容的定义进行区分，③ 我

---

① 参见杨立新《医疗损害责任构成要件的具体判断》，《法律适用》2012 年第 4 期。

② 参见《关于审理医疗损害责任纠纷案件适用法律若干问题的解释》第 1 条第 2 款规定：
"患者以在美容医疗机构或者开设医疗美容科室的医疗机构实施的医疗美容活动中受到人身或者
财产损害为由提起的侵权纠纷案件，适用本解释。"

③ 医疗美容的定义参见《医疗美容管理办法》第 2 条第 1 款规定："本办法所称医疗美容，
是指运用手术、药物、医疗器械以及其他具有创伤性或者侵入性的医学技术方法对人的容貌和人
体各部位形态进行的修复与再塑。"生活美容的定义参见《美容美发业管理暂行办法》第 2 条第
2 款规定："本办法所称美容，是指运用手法技术、器械设备并借助化妆、美容护肤等产品，为
消费者提供人体表面无创伤性、非侵入性的皮肤清洁、皮肤保养、化妆修饰等服务的经营性
行为。"

们可以发现立法倾向于通过以美容的手段是否具有创伤性或侵入性为标准，将具有创伤性或侵入性的医疗美容纳入诊疗活动。而实践中有保险公司则根据美容的目的为标准判断是否属于诊疗活动，将"维持生命或避免永久性伤残必需进行的"美容整形活动纳入保险责任范围，而将纯粹美容或整形的活动排除在保险责任之外。① 笔者认为，根据美容手段的特征区分更具合理性，如前所述，诊疗活动最大的特征在于其具有的医学专业性，正是由于此种专业性的存在，医疗损害责任才会从其他侵权责任中独立出来成为一种特殊的侵权责任类型。医疗美容具有创伤性或侵入性，对患者人身权益的侵害危险性较大，因此其实施主体需具备特殊资格。而实施美容整形的目的究竟为何，与其是否属于诊疗活动并不相关。即使是为了普通的外表美丽的需求，只要进行了具有创伤性或侵入性的美容手段，就仍然具有极强的医学专业性以及受到损害的危险性，应与一般医疗行为受到同等保护。

医疗机构除作为卫生机构承担治病救人的责任外，它还是一个公共场所，有安全保障义务的承担问题。② 但根据上文分析，医责险的存在是为了分散医疗机构及其医务人员的执业风险，医责险应是一种职业责任保险。而医疗机构的安全保障义务则是其作为一个公共场所所承担的安全保障风险，与医疗机构的专业特性无关，因而不应属于医责险的保险责任范围。因此，诸如在医疗机构内发生的钱财被盗、地滑摔伤、踩踏受伤等事故中，由于医疗机构违反的是安全保障义务，并非执行诊疗活动，因而此类损害均非医责险的保险责任范围，应由医疗机构根据实际情况直接向受害人承担赔偿责任，医责险保险人不承担保险责任。

医疗损害责任由医疗机构对外承担，但事实上其包括两种类型的责任：一是其并非行为主体的对其医务人员的替代责任，二是其作为行为主

---

① 参见《中国平安财产保险股份有限公司平安医疗责任保险（B 款）》第 5 条："出现下列任一情形时，保险人不负责赔偿：（四）被保险人对患者实施以美容或整形为目的的外科手术或治疗，除非这种手术或治疗是在患者因意外事故受伤后为维持生命或避免永久性伤残必需进行的。"

② 参见《民法典》第 1198 条规定："宾馆、商场、银行、车站、机场、体育场馆、娱乐场所等经营场所、公共场所的经营者、管理者或者群众性活动的组织者，未尽到安全保障义务，造成他人损害的，应当承担侵权责任。因第三人的行为造成他人损害的，由第三人承担侵权责任；经营者、管理者或者组织者未尽到安全保障义务的，承担相应的补充责任。经营者、管理者或者组织者承担补充责任后，可以向第三人追偿。"

体需承担的组织管理责任，这两种责任属于诊疗过程中发生的与诊疗行为相关的责任类型。后者易与安全保障责任相混淆，以下试举一例对两者的区别予以说明。手术过程中突然停电，备用线路由于电工渎职而未及时接通，最终致使患者因衰竭而死亡。① 有学者认为，此案例应当归属于医疗机构安全保障义务违反的范围里，因为电工是直接责任主体，其渎职的行为并非诊疗活动，因而不能构成医疗损害责任。② 笔者认为，此种观点欠缺合理性。虽然电工控制电源的工作原则上非属诊疗行为，但当其与医务人员的诊疗行为结合时，其辅助行为即具有了诊疗的直接辅助性质，融入了诊疗活动中。事故的发生与医疗机构的组织管理职责相关，医疗机构负有保障诊疗活动在适宜环境进行的义务，电力的保障根据其保障的内容不同分属不同义务范围，普通电力的保障，如楼道、电梯间等电力属于普通的安全保障义务，但手术中的手术室的电力保障则属于体现医疗机构专业性的特殊保障，应当纳入医疗损害责任中的组织管理责任。

（三）损害范围包括侵害患者人身权益造成的所有损害

在通过上述要件对侵害患者人身权益的情况加以限制后，仍需考虑的一点是在上述情形对患者人身权益造成的各类损害中，是否所有损害类型均属于保险责任范围。在医疗损害责任中，行为人侵害患者人身权益所需承担的损害赔偿义务有两大类，分别是财产损害赔偿和非财产损害赔偿（即精神损害赔偿）。③

在财产损害赔偿中，由于各类赔偿项目均具有详细的计算规则，其具有可保性没有争议。对于非财产损害，部分医责险保单将精神损害赔偿纳入责任免除条款中，保险人对此不予赔偿。④ 支持将精神损害赔偿纳入除外责任的学者认为，精神损害的无形性决定了其赔偿标准的不固定性，此外其赔偿数额有可能是巨额的，因而保险人可能难以预估损失规模、承保

---

① 参见王喜军、杨秀朝《医疗事故处理条例实例说》，湖南人民出版社 2003 年版，第6 页。

② 参见于海旭《论医疗机构的安全保障义务》，《北京化工大学学报》（社会科学版）2013 年第 4 期。

③ 参见程啸《侵权责任法》，法律出版社 2015 年版，第 678 页。

④ 参见《中国平安财产保险股份有限公司平安医疗责任保险（B 款）》第 7 条第 4 项规定："下列损失、费用和责任，保险人不负责赔偿：（四）精神损害赔偿。"

压力大。[1] 程啸教授在关于精神损害赔偿的功能论述中指出，"精神损害赔偿同财产损害赔偿一样，都是建立在补偿的思想之上"[2]，其补偿的是受害人因损害事故遭受的心理痛苦。而在司法实践中，各地法院亦多对精神损害赔偿的数额与限额作出了规定。因此，从理论上讲，精神损害赔偿具有与财产损害赔偿相似的补偿思想基础，从实践上讲，精神损害赔偿在实际赔偿数额的计算中具有相当的确定性，保险人可以通过梳理、总结法院的判决来计算保险费率，并不存在保险人难以预估损失规模、承保压力大的问题。故此精神损害赔偿的可保性在理论中与实践中均能得到支持，应将其纳入保险责任范围之内。

　　此外，实务中医责险保单多将赔偿责任所产生的法律费用纳入保险责任范围，[3] 有利于鼓励被保险人通过法律手段解决纠纷以及保险人介入纠纷解决过程，减少被保险人与患者或其家属的妥协式"私了"，促进纠纷的真正解决以及健康医患关系的形成。

三　费率厘定

(一) 费率厘定的基本原则

1. 充分性原则

充分性原则要求保险人根据费率所收取的保费，需足以支付保险金的赔付及合理的营业费用、税收，核心即为保障保险人拥有足够的保险金给付能力。[4] 此外基于对保险人"适度盈利"经营理念的认可，费率厘定过程中同时还应允许保险人获得适度的预期利润，以激励保险人积极承保，扩大医责险的市场空间。在美国医责险的发展过程中曾出现保险人收取的保费过低不能保证其持续经营的危机，大型保险公司退出医责险市场，致

---

　　① 参见邓嘉詠《论环境污染强制责任保险的赔偿范围——以〈环境污染强制责任保险管理办法（征求意见稿）〉为视角》，《中南林业科技大学学报》（社会科学版）2018 年第 1 期。

　　② 参见程啸《侵权责任法》，法律出版社 2015 年版，第 713 页。

　　③ 参见《中国人民财产保险股份有限公司医疗责任保险条款》第 4 条规定："保险责任范围内的事故发生后，事先经保险人书面同意的法律费用，包括事故鉴定费、查勘费、取证费、仲裁或诉讼费、案件受理费、律师费等，保险人在约定的限额内也负责赔偿。"《中国平安财产保险股份有限公司平安医疗责任保险（B 款）》第 4 条："保险事故发生后，被保险人因保险事故而被提起仲裁或者诉讼的，对应由被保险人支付的仲裁或诉讼费用以及事先经保险人书面同意支付的其他必要的、合理的费用（以下简称'法律费用'），保险人按照本保险合同约定也负责赔偿。"

　　④ 参见贾爱玲《环境责任保险制度研究》，中国环境科学出版社 2010 年版，第 251 页。

使医责险的提供和获得更加困难与昂贵。① 我国在费率厘定的过程中要充分吸取他国教训，严格贯彻费率厘定的充分性原则，保证医责险市场的供给充足与活力维持。

2. 公平性原则

公平性原则要求保险费率的厘定需与被保险人的医疗风险相一致，高风险、高保费，低风险、低保费，相同风险的被保险人的费率相同，不同风险的被保险人的费率存在差别。公平性原则的核心即为保障风险与保费的对价平衡，并最终维持整个风险共同体的收支相等。

3. 激励性原则

激励性原则要求保险人可以通过费率的厘定达到激励被保险人控制风险的目标。医责险设立的目的从长远角度观察，是提升医疗风险管理水平、健全医疗行业风险管理体系以促进医疗卫生事业的健康发展。因而保险费率的厘定应注意对被保险人提高诊疗技术、增强规范诊疗意识以及健全管理制度的激励，对未发生医疗损害或损害程度较小的被保险人实行优惠费率，对管理制度完善的医疗机构在基准费率的基础上减少风险系数等。

（二）费率厘定的具体方式

1. 固定费率

强制责任保险的费率是一种法定费率，实行统一的保险条款、基础保险费率及其调节系数。固定费率的作用在于，"以法令规定保险费率，以利政策目的之达成，并减少不必要之价格竞争，以期经营者能更加专注于服务品质的提升"②。若某一强制责任保险合同由于特殊性需要超出统一的费率范围，则保险人须上报卫生主管部门和银保监会核准。由两部门共同核准可以对于被保险人是否具诊疗特殊性，以及此种特殊性是否足以影响固定费率，做出既符合医疗科学又符合保险科学的判断，以严控突破固定费率的行为，体现强制责任保险的法定性特征。同时，允许此种突破行为存在，也体现了医责险强制化具有的合理限度。

---

① See U. S. General Accounting Office, *Medical Malpractice Insurance: Multiple Factors Have Contributed to Increased Premium Rates*, 2003, Washington, DC: U. S. Government Printing Office, Gao-03-702, p. 31.

② 参见江朝国《社会保险、商业保险在福利社会中的角色——以健康安全及老年经济安全为中心》，《月旦法学杂志》2010年第4期。

2. 差别费率

差别费率，是指保险人对不同的保险标的制定不同标准的保险费率，是保证费率公平合理原则得到落实和保险业务经营稳定的前提条件。[①] 保险事实上是对事件发生概率的一种打赌，风险较大的押注要求保险人支付的概率较高，因而保险人需要收取较高的保险费以使其能够支付预期的额外支出。[②] 实行差别费率即考量被保险人的哪些情况会影响其风险程度，并因此作为费率厘定的考量因素。

在医责险中，差别费率的考量因素主要分为两类：医疗机构应承担的医疗服务责任以及医疗机构的运行情况。在分级诊疗政策不断推进的背景下，计算费率时应根据各级各类医疗机构应当承担的诊疗任务的风险程度、过失医疗损害的平均发生率以及平均损害程度，设置相应的风险调节系数。而在同一级别的医疗机构中，不同医疗机构在规模、技术水平、规章制度等各方面的差异，同样会影响各机构医疗损害的发生概率及损害程度的不同。在对医疗机构的个体运行情况考察中，实务中通常将医务人员数、床位数、手术数等因素设置为调节系数。笔者建议，未来在精算技术提高的基础上，可以引入医疗机构的风险管理与事故管理情况为考量因素设置相应调节系数。综合以上各项影响因素，在基准费率的基础上根据相应的风险调节系数调整实际费率，有助于计算出最符合被保险人所具医疗风险的保险费率。

3. 奖惩费率

参考交强险的奖惩费率制度，[③] 在医责险中也应建立相似的奖惩费率制度，以发挥保险费率这一经济杠杆的调节功能。奖惩费率制度不仅可以

---

① 参见宋国华主编《保险大辞典》，辽宁人民出版社 1989 年版，第 55 页。

② See Tom Baker and Rick Swedloff, "Regulation by Liability Insurance: From Auto to Lawyers Professional Liability", *UCLA Law Review*, Vol. 60, No. 6, 2013, pp. 1414-1416.

③ 参见《机动车交通事故责任强制保险条例》第 8 条规定："被保险机动车没有发生道路交通安全违法行为和道路交通事故的，保险公司应当在下一年度降低其保险费率。在此后的年度内，被保险机动车仍然没有发生道路交通安全违法行为和道路交通事故的，保险公司应当继续降低其保险费率，直至最低标准。被保险机动车发生道路交通安全违法行为或者道路交通事故的，保险公司应当在下一年度提高其保险费率。多次发生道路交通安全违法行为、道路交通事故，或者发生重大道路交通事故的，保险公司应当加大提高其保险费率的幅度。在道路交通事故中被保险人没有过错的，不提高其保险费率。降低或者提高保险费率的标准，由国务院保险监督管理机构会同国务院公安部门制定。"

鼓励医疗机构及其医务人员采取有效措施预防保险事故的发生，还可有效防止道德危险的发生，避免医责险对被保险人产生制造或放任保险事故发生的内在诱因。在医责险奖惩费率的设计中，可以以医疗机构在上一保险期间内发生医疗损害的次数、原因与损害规模为依据，分别设置相应的风险调节系数，在后续的承保或续保中据此对费率进行相应调整。

综上，固定费率是只按保险标的种类、险别收取基本保险费的保险费率，[①] 其固定性体现在基础费率以及风险调节系数的设置法定方面，并不意味着每一投保人费率的永久固定以及不同投保人费率的统一一致。差别费率根据影响实际承保风险的各项因素所对应的固定风险调节系数，在基础费率之上对实际费率予以细化，更好地体现了费率与承保风险的相当性。奖惩费率则体现了费率的浮动性，在固定费率规定的基础费率以及差别费率对投保人医疗风险评估的基础之上，根据投保人在上一保险期间内的诊疗与损害发生情形予以费率的奖惩。三者结合，使投保人的保险费率在时间纵向上呈现为基础费率固定性之上的差别性与浮动性，如此可以更精确地反映投保人的风险等级以更好地发挥保险费率的经济杠杆作用，有效激励投保人控制医疗风险。

四　第三人的直接请求权

依据责任保险理论，第三人的直接请求权又称法定请求权，源自强制责任保险法的规定，是指"责任保险第三人依照法律规定直接请求保险人给付保险赔偿金的权利"[②]。在医责险中，第三人的直接请求权是指在诊疗治理过程中遭受人身损害的患者依法享有的直接向保险人请求给付保险赔偿金的权利。如上文所述，医责险具有维护医患双方合法权益、防范及化解医患矛盾等价值，在医责险制度下赋予受害第三人直接请求权，能够助益于医责险制度价值的实现。

（一）医疗责任保险中第三人直接请求权的作用

在医责险中由受害第三人行使直接请求权，能够发挥其多方面的作用，有利于维持保险人、被保险人及受害人三方之间的利益平衡。

首先，赋予遭受人身侵害的患者直接请求权，能够全面、切实地维护

---

①　参见宋国华主编《保险大辞典》，辽宁人民出版社1989年版，第95页。

②　参见邹海林《保险法》，社会科学文献出版社2017年版，第412页。

其合法权益,使其及时获得相应的赔偿,稳定受害患者的激动情绪。郑玉波先生对医责险中的第三人直接请求权有过这样的评价:"因之欲加强对患者之保护,非赋予患者直接诉权不可。"[1] "意大利在计划进行的医责险改革中,就包括为了有效保障医疗损害责任中受害人的利益,拟允许受害人有权对保险人直接提出赔偿请求。"[2] 在医疗损害事故发生后,若患者对保险人享有直接请求权,则不必等待医疗机构的赔偿,转换弱势的被动地位为主动;同时也可以免去保险金从保险人到医疗机构、再支付给患者的多道烦冗程序,实现对受损患者快速、直接的赔偿。

其次,患者直接与保险人交涉、请求其支付保险赔偿金,能够对医疗机构的责任风险进行全面分散,充分实现医责险分散风险的设立目的。在医疗机构对受害患者应负担的赔偿责任、赔偿额明确之后,若患者可以直接向保险人请求支付保险赔偿金,医疗机构便不需再辗转于保险人与受害第三人之间、尽早从纠纷中脱身。如此既能够减轻医疗机构解决医疗纠纷的压力,又能尽量避免与受害患者发生矛盾冲突,从而减少医患纠纷对医疗机构正常运营的影响,解决医疗机构的后顾之忧。

最后,设定第三人直接请求权亦有利于保障保险人的利益。当第三人向被保险人索赔时,被保险人是选择抗辩,还是选择通过与第三人和解来解决损害赔偿事宜,将直接影响保险人的赔偿责任。[3] 因而,为了保障保险人的利益,一些国家或地区赋予了保险人直接面对第三人的权利。我国立法虽无此类规定,但在保险实务中,保险人通常都会在保险合同中特别约定保留其参加第三人索赔诉讼的权利,[4] 即索赔参与权。如果直接赋予第三人直接请求权,保险人即能够与第三人直接进行交涉,获得对被保险人抗辩第三人或与该第三人和解的立场进行干涉、控制的机会,[5] 从而在一定程度上保障保险人的合法利益。

---

① 郑玉波:《民商法问题研究》(二),三民书局 1980 年版,第 198 页。

② See Claudia DiMarzo, "Medical Malpractice: The Italian Experience", *Chicago-Kent Law Review*, Vol. 87, No. 1, 2011, p. 77.

③ 参见邹海林《保险法》,社会科学文献出版社 2017 年版,第 423 页。

④ 参见陈建晖、易艳娟《试论我国责任保险第三人代位请求权——新〈保险法〉第 65 条之管窥》,《金融与经济》2009 年第 7 期。

⑤ 参见邹海林《保险法》,社会科学文献出版社 2017 年版,第 423 页。

（二）医疗责任保险中第三人之直接请求权的实现路径

1. 第三人直接请求权的权利主体范围

依据责任保险原理，医责险中的第三人是指保险合同之当事人和关系人以外的，在诊疗治理过程中因生命、身体、健康权益被侵害而遭受损害的，对被保险人享有损害赔偿请求权的人。遭受损害的患者本人有权向医疗机构索要损害赔偿，则第三人直接请求权的权利主体即为遭受损害的患者本人。此外，依据《民法典》第 1181 条之规定，在被侵权人死亡的情况下，死亡被侵权人的近亲属、为其支付医疗费或丧葬费等合理费用的人均为侵权责任请求权的主体。因此，在患者因医疗机构的医疗过失行为死亡后，患者的近亲属以及其他为其支付合理费用的人也可以行使第三人之直接请求权。总而言之，医责险中，第三人直接请求权的权利行使主体应包括受害患者本人、死亡受害患者之近亲属，以及为死亡受害患者支付医疗费、丧葬费等合理费用的人。

2. 第三人直接请求权的行使条件

在我国 2009 年修订后出台的《保险法》中，第 65 条第 2 款后半段增加了"被保险人怠于请求的，第三者有权就其应获赔偿部分直接向保险请求赔偿保险金"的规定。学界从不同角度对该条规定进行了解读，对《保险法》赋予了第三者在一定条件下对保险人的直接请求权达成一致。① 若对该条规定进行文义解释，可知第三人直接请求权的两大行使要件包括"被保险人对第三者应负的赔偿责任确定"和"被保险人怠于请求"。对于这两大行使要件，学者们产生了分歧，"被保险人对第三者应负的赔偿责任确定"的标准究竟为何、是否应当保留"被保险人怠于请求"这一要件，都是需要进一步探讨的问题。首先，在医责险中，"被保险人对第三者应负的赔偿责任确定"这一要件的认定标准应当适当放松。为提高效率、快速赔偿受害患者遭受的损害、及时解决医疗损害责任纠纷，在医疗侵权事故发生后，无须经过司法程序的确认，只要医患双方协商一致即可认定为赔偿责任已经确定。事实上，对该条件的适当放松在《最高人民法院关于适用〈中华人民共和国保险法〉若干问题的解释

---

① 参见陈建晖、易艳娟《试论我国责任保险第三人代位请求权——新〈保险法〉第 65 条之管窥》，《金融与经济》2009 年第 7 期；姜南《论责任保险的第三人利益属性——解析新〈保险法〉第六十五条》，《保险研究》2009 年第 12 期；陈飞《论我国责任保险立法的完善——以新〈保险法〉第 65 条为中心》，《法律科学》（西北政法大学学报）2011 年第 5 期。

（四）》第 14 条第 1 款的规定中就有所体现，该条文对被保险人和第三人确定保险赔偿额的三种方式进行了规定，其中一种为通过协商的方式。其次，"被保险人怠于请求"这一要件不利于切实保障患者的合法权益，还可能加剧医患矛盾，在医责险中应当被废除。对此可以参考我国台湾地区对医责险中第三人直接请求权的规定，其并未将"被保险人怠于请求"设定为第三人直接请求权的行使条件。[①]

3. 保险人的抗辩事由

赋予受害第三人直接请求权有利于维护医患双方的合法权益，但对受害人之利益的保护应当适度，避免保险人与受害第三人利益失衡，违背公平原则。赋予保险人提出抗辩的权利，有利于防止第三人滥用直接请求权。而保险人之抗辩权的行使事由，应当为其针对第三人支付保险赔偿金的请求提出的、证明第三人的赔偿请求不成立或不完全成立的事实。[②] 依据传统责任保险的理论，保险人对第三人应当享有双重抗辩事由：第一重为保险人得以其对抗被保险人的事由产生抗辩，第二重为保险人得以被保险人对抗第三人的事由产生抗辩。[③] 然而在医责险的背景之下，如果允许保险人享有第一重抗辩事由，则保险人能够以被保险人的违反如实告知义务等行为给责任保险合同带来效力上的瑕疵为由对第三人的请求进行抗辩，导致第三人合法的直接请求权的行使受到被保险人之行为的影响，显然不利于促进医疗纠纷的快速解决、维护正常的医疗秩序。因此，在医责险中，当第三人行使直接请求权，保险人仅能以第二重的抗辩事由来对抗第三人，即被保险人对抗第三人的事由，而不能以其与被保险人之间的抗辩事由来对抗第三人。同时，为保护保险人的合法利益，如果责任保险合同的效力有瑕疵，则医责险的保险人可以在向第三人支付保险赔偿金后，再向违反合同义务的被保险人追偿。[④]

---

① 参见徐喜荣《论医疗责任保险中第三人之直接请求权》，《中国卫生法制》2017 年第 1 期。

② 参见贾爱玲《环境责任保险制度研究》，中国环境科学出版社 2010 年版，第 178 页。

③ 参见贾爱玲《环境责任保险制度研究》，中国环境科学出版社 2010 年版，第 179 页。

④ 参见徐喜荣《论医疗责任保险中第三人之直接请求权》，《中国卫生法制》2017 年第 1 期。

五 保险人的风险控制与分散机制

在美国医疗责任保险的发展过程中曾爆发三次危机，保险人出现了负担能力的危机致使部分保险公司退出医责险市场，其中危机爆发的原因之一即为医疗损害赔偿和诉讼费用激增。[①] 因此保险人的风险控制与分散机制在医责险制度的构建中极为重要，是保障保险人持续健康运营的重要基础。

（一）风险评估与排查

在医责险的世界里，不言而喻，病人的伤害导致索赔，索赔损害赔偿导致更高的保险费用，更高的保险费用导致更高的保险保费。由此，如果医疗损害减少，索赔将减少，索赔减少导致保险人成本降低，保险人成本降低将导致保险费用降低并且更加稳定。[②] 因此，控制医疗过程中的风险是保障医责险市场稳定且富有活力的根本措施之一。此外前已多次论及，医责险的设立目的不只是分散医疗机构的医疗风险以及缓解紧张的医患关系，从长远角度观察，其设立的终极目标是将保险人引入诊疗行为监督体系，构建监管诊疗行为的利益共同体，以最终促进医疗服务行业规范诊疗行为、控制医疗风险。保险人对风险的评估与排查，即是在被保险人借由保险转移其责任的背景下，激励被保险人保持应有谨慎并提升风险管理水平的必要措施。

保险市场的有效运作，取决于保险人收集有关投保人的准确信息的能力。[③] 我国目前的医疗机构多为公立性质，特别是一些实力雄厚的大型医疗机构，其本身并不需要保险公司为其分散风险。因而医疗机构在与商业保险公司的关系中处于强势地位，双方的信息不对称明显，保险人在承保前的评估风险阶段即难以获取准确信息，遑论保险期间的风险排查。因此笔者建议，为了消减双方的信息不对称，更好地发挥医责险的功能，双方

① See Robert P. Hartwig and Claire Wilkinson, "Medical Malpractice Insurance", *Insurance Issues Series*, Vol. 1, No. 1, 2003, pp. 4–5.

② See Liang B. A. and Ren L. L., "Medical Liability Insurance and Damage Caps: Getting beyond Band Aids to Substantive Systems Treatment to Improve Quality and Safety in Healthcare", *American Journal of Law & Medicine*, Vol. 30, No. 4, 2004, pp. 501–509.

③ See Omri Ben-Shahar and Kyle D. Logue, "Outsourcing Regulation: How Insurance Reduce Moral Hazard", *Michigan Law Review*, Vol. 111, No. 2, April 2012, p. 203.

的主管部门应当自上而下建立合作机制，通过政策引导以及平台建立为保险公司参与监督医疗机构的工作提供支持。

在此方面可以借鉴环保领域的实践。在环保领域，2013年，环境保护部会同国家发展改革委、人民银行、银监会联合制定了《企业环境信用评价办法（试行）》，该办法旨在引导社会力量参与环境监督，督促企业持续改进环境行为，推进环境信用体系建设。办法规定组织实施企业环境信用评价的环保部门，应当将评价结果通报保险监管机构，机构可以结合自己的工作职责在自己的管理领域内充分利用评价结果，并向环保部门反馈评价结果的运用情况。借助该机制，保险人可以通过分析投保人往年的环境信用评级，为保险费率的计算提供准确数据，提高费率计算的精准性。就医疗领域而言，卫生主管部门也有必要参考生态环境主管部门的信息获取及评价机制，同医疗保障部门、人民银行、银保监会等多部门合作共建医疗机构医疗信用体系，记录医疗机构的过往医疗损害发生情况以及医疗机构及其医务人员的风险信息，并建立相应的激励惩戒机制。此外，还可以吸收商业保险公司的专业人员参与信息的获取及整理评价工作，提升评价的专业性与实践适用性，同时更有效地将风险信息运用到保险实务中的风险评估中，提高风险评估的效率与精确性。

单个保险人的力量难以与大型公立医院抗衡，因此保险业协会以及保险主管部门应当发挥组织联合的作用，提升保险行业整体的话语权，切实履行对医疗机构诊疗行为的监督。为使保险人对医疗机构的监督有法可依，笔者建议卫生主管部门会同银保监会等相关部门出台规定，将保险人融入其对各级各类医疗机构的监管工作中，赋予保险人参与风险监督工作的法律依据。如在医保基金监管领域，商业保险公司参与医保部门对医疗机构的飞行检查，发挥人员、专业以及技术优势，协助医保部门打击欺诈骗保活动，有效提升了医保基金的支付效率。最新颁布的《健康保险管理办法》也提出了保险公司在医疗保险的经营过程中，以被保险人为通道参与医疗行为监督的新要求，以提升医疗费用和医疗风险的管控。[①] 参考医保基金监管的实践，保险人将其专业、技术与人才优势融入主管部门

[①] 参见《健康保险管理办法》第58条第2款规定："保险公司经营医疗保险，应当按照有关政策文件规定，监督被保险人医疗行为的真实性和合法性，加强医疗费用支出合理性和必要性管理。" 第59条规定："保险公司应当积极发挥健康保险费率调节机制对医疗费用和风险管控的作用，降低不合理的医疗费用支出。"

的监管工作中，对卫生监管工作而言，可提升监管的效率与质量，减少权力寻租、懒政怠政的不良现象；于保险人的风险控制而言，只有实现对被保险医疗机构医疗风险的精准监测与控制，才可避免道德危险的发生，医责险才可持续健康运行。

此外鉴于保险人能够收集大量关于索赔和伤害的数据，其在确定减少损失风险的最佳方法方面可能比被保险人更有优势。[①]参考美国实践，CRICO 是哈佛医院成立的自保公司，其有一个积极的损失预防业务，通过对医疗事故索赔进行临床分析，以数据为手段减少医疗错误，为患者以及医疗机构提供安全的医疗环境。[②] 保险公司不仅有必要也有能力积极参与医疗风险的管理与控制。

（二）风险再分散机制

由于医疗技术发展具有局限性，医务人员在诊疗活动中无法避免自身的过失诊疗行为，导致医疗侵权事故的发生风险难以被完全排除。因此，需要借助医责险发挥风险转移、风险分散的功能，使医疗机构免于独自承受诊疗活动的高风险。而保险人愿意接受被移转的风险来换取保险费，部分原因是保险人有能力利用大数法则来分散风险，另一部分原因是保险人有机会进入再保险市场或利用其他风险再分散机制。[③]

保险人的风险再分散机制主要包括再保险与共同保险。再保险又称分保险，是指"保险人以其承担的保险责任的一部分或全部为保险标的，向其他保险人转保而订立的保险合同"[④]。原保险人通过签订再保险合同将其要承担的风险再次分散给再保险公司，再保险公司为获取部分保险费而在事故发生后协助支付部分保险赔偿金。在这一过程中，保险的风险移转功能得以再次发挥，风险的分散面也随之扩大。同时，保险公司与再保险公司签订再保险合同，能够保护自己免受众多或重大的赔偿责任带来的公司财务冲击，维持自身的赔付能力。

[①] See Omri Ben‐Shahar and Kyle D. Logue, "Outsourcing Regulation: How Insurance Reduce Moral Hazard", *Michigan Law Review*, Vol. 111, No. 2, April 2012, pp. 203‐205.

[②] See About CRICO, https://www.rmf.harvard.edu/About‐CRICO (last visited June 5, 2020).

[③] See Omri Ben‐Shahar and Kyle D. Logue, "Outsourcing Regulation: How Insurance Reduce Moral Hazard", *Michigan Law Review*, Vol. 111, No. 2, April 2012, pp. 205‐208.

[④] 参见邹海林《责任保险论》，法律出版社 1999 年版，第 348 页。

　　共同保险是指"投保人与两个以上的保险人针对同一保险标的、为同时承保同一危险而缔结保险合同的一种保险"。在保险事故发生后，各共同保险人按照承保金额的比例来承担保险责任。① 一般而言，共同保险有两种具体的操作方式：各保险人成立联保集团或签订共保协议。成立联保集团即多个保险公司组成联合主体，签订共保协议是指共同承保同一风险的数家保险公司通过签订协议来确定各成员承保的比例以及彼此之间的权利义务，在事故发生后由各个参与的保险人按照事先约定的比例向被保险人承担保险责任。相较而言，再保险机制是对承保的风险进行纵向分散，而共同保险是在各保险公司之间实现风险的横向分散。

　　医责险以医方在提供医疗服务的过程中对患者造成人身损害而应当承担的赔偿责任为保险标的。而在医疗机构提供医疗服务的过程中，充满各种不确定的因素，医务人员的过失诊疗行为给患者造成人身损害的风险难以控制。并且，目前我国医疗机构参保的比例不高，医责险资金池较小，保险的大数法则功能难以发挥。为避免发生医疗侵权事故后要赔付的高额赔偿金给承保医责险的保险人带来沉重的负担，应充分发挥再保险、共同保险等风险再分散机制的功能，鼓励保险机构积极承保医责险以维持保险人的赔付能力。然而，目前我国再保险、共同保险市场的发展明显不足，而且也缺少相关法律规范对参与主体的权利义务进行细化规定。风险再分散机制在医责险领域的适用，有利于医责险的长远发展，因此应当对相关立法进行完善。

第四节　医疗责任保险与其他医疗相关保险对医疗风险分散体系的协同共建

　　通过对医责险具体内容的设计可以发现，单纯依靠医责险一种保险产品难以完全覆盖医疗服务领域可能发生的各种医疗风险，也不能精确地发挥保险对所有风险责任人的激励作用。因此，有必要以医责险为中心，连同其他各类保险一起，共同构建精准全面的医疗风险分散体系，减少患者权益受损的情况与程度，激励医疗机构及其医务人员提升控制风险的水

_____

① 参见邹海林《责任保险论》，法律出版社1999年版，第349页。

平，促进医疗卫生行业的长远健康发展。笔者在本节将对医责险与医师执业责任保险、医疗意外保险、健康保险、医疗人员意外伤害保险的关系分别作出阐释，以期构建保险产品对于医疗卫生领域完整有效的风险分散体系。

一　医疗责任保险与医师执业责任保险

医师执业责任保险的保险事故是被保险医师在诊疗活动中由于过失导致患者人身损害依法应当承担的赔偿责任。与医疗责任保险相比，医师执业责任保险的被保险人是作为个体的医师，而医疗责任保险的被保险人是医疗机构及其医务人员。

（一）医师执业责任保险适用于内部追偿

根据侵权责任法原理，雇主对外代替雇员承担侵权责任，但这并不意味着雇员不需承担责任，雇主完全可以依据内部规定对雇员追偿，因此雇员个人需要根据其过错程度在雇员与雇主的内部关系中承担相应责任。在投保医责险的背景下，医疗机构对外的赔偿责任由医责险承担，出于控制风险、防止道德风险等目的，保险人通常不会全额赔偿，则保险给付之外的赔偿责任由医疗机构自身负担后，会根据内部规章按比例向存在过错的个人追偿，医师执业责任保险即在此种情形下发生作用。

《民法典》第 1218 条与《侵权责任法》第 54 条相比，有一字之变动，将存在过错的主体由"医疗机构及其医务人员"变为"医疗机构或者其医务人员"。采用"或者"的表达，即说明在医疗损害责任中，医疗机构并非只是替代责任的承担者，其也会成为自己责任的承担者，即医疗机构自身有组织管理责任需要承担。《深圳经济特区医疗条例》第 54 条规定，鉴定机构作出的医疗损害鉴定意见应当载明医疗机构管理责任和医师执业责任划分。[①] 此规定也是将医疗机构责任与医师个人责任予以区分，更精准地划分每一主体的责任范围，也更有利于发挥侵权责任法的预防损害功能。通过明确医师个人与医疗机构的责任比例，明晰个人责任的

---

① 参见《深圳经济特区医疗条例》第 54 条规定："鉴定机构作出的医疗损害鉴定意见应当载明下列内容：（一）医疗执业行为是否有过错及过错的情形；（二）医疗过错与损害结果之间是否存在因果关系及医疗过错对损害结果的影响程度；（三）医疗机构管理责任和医师执业责任划分；（四）其他需要载明的内容。鉴定机构的鉴定意见不符合前款要求的，应当予以补充或者重新制作。"

承担范围，不仅为医师个人的执业责任保险提供了存在基础，也使责任保险得以更有效地发挥其风险控制作用。

（二）医师执业责任保险在多点执业的适用

2014 年，国家卫生计生委、国家发展改革委、人力资源和社会保障部、国家中医药管理局和中国保监会联合印发《关于印发推进和规范医师多点执业的若干意见的通知》，提出支持医疗机构和医师个人购买医责险等医疗执业保险，由医疗机构与医师约定医疗损害责任的承担方式。此规定强调医师个人购买医责险以及约定责任承担方式，似乎有多点执业医师独立对外承担个人责任的含义。笔者认为此种理解并不合理，由医师与医疗机构约定的责任承担只是其内部约定，并不能产生对抗受害人的效力。对于受害人而言，为其诊疗的医师是否为多点执业的医师与其诊疗行为并无关联，其也没有权利选择主治医师，也并不能因为医师执业方式的不同而影响其获得赔偿的能力。因此在多点执业造成的医疗损害中，依然应当由当事医疗机构承担替代责任，而后医疗机构可以按照约定或过错程度与原因力大小向医师追偿。

在多点执业背景下，医师具有较强流动性。实务中医责险保单将被保险人的范围控制为医疗机构及其医务人员，对于"及其"的认定可能存在争议，因而对于多点执业的医师是否属于被保险人范围存在不同的理解。根据以上责任承担方式，多点执业与普通执业所造成损害的责任承担并无不同，因此仍应由医疗机构对外承担责任，由医疗机构的医责险对外承担保险责任，而后医疗机构按照内部约定向多点执业医师追责时，由后者个人购买的医师执业保险承担保险责任。

（三）医师执业责任保险适用于个人行医的医师

为了增加医疗服务的供给、解决"看病难"的问题，国家出台政策支持社会办医："简化个体行医准入审批程序，鼓励符合条件的医师开办个体诊所，就地就近为基层群众服务。"① 个体诊所是我国基层医疗服务体系的重要组成部分，承担着常见病、慢性病诊治等关涉居民健康的重要任务，与居民的基本健康保障关系密切。

个体行医的医师独立开展诊疗活动，自然独立承担医疗损害责任，因

---

① 参见《国务院办公厅关于推进分级诊疗制度建设的指导意见》（2015 年 9 月 11 日发布）："二、以强基层为重点完善分级诊疗服务体系：（三）大力提高基层医疗卫生服务能力。"

而适用于医师个人的医师执业责任保险是个体诊所最适宜的责任险种。且由于个人的责任承担能力要远低于机构的责任承担能力，以及个体诊所与基层医疗机构类似，均关涉最广大人民的基本健康，一旦发生医疗损害影响甚巨。因此个人行医的医师更应当购买执业责任保险增强其责任承担能力，降低受害患者无法得到足额赔偿的风险，同时将保险人引入个体诊所的诊疗监管中，也有利于提升个体诊所的风险控制能力。

二　医疗责任保险与医疗意外保险

（一）医疗责任保险与医疗意外保险的区别

医疗意外是医责险的免责事由之一，医疗意外造成的损失应当落入医疗意外保险的承保范围。医责险与医疗意外保险在承保范围处存在区别，因而其被保险人也不一样。医责险是第三方保险，其被保险人是医疗机构，而医疗意外保险是第一方保险，其被保险人是患者自身。

医疗意外包括由于疾病本身、患者体质以及技术条件限制等原因，而发生的难以预料、难以防范、难以避免的不良后果，以及在危急情况下为了挽救生命垂危的患者所采取的紧急救治措施造成的不良后果。[①] 此种医疗意外应是在医疗过程中发生的、由医疗行为引发的且被保险人无法预料的损害后果。若损害后果由被保险人自身原因造成，则医疗行为与结果间不存在因果关系，不属于医疗意外；若某种医疗行为属于实验医疗行为，可能引发的后果已为被保险人所知悉且已表示同意，则表明被保险人已认可此种风险，对其而言此种风险已不属于意外的范畴。

（二）医疗意外保险的保费分担

关于其投保主体，患者方是当然投保主体，因为医疗意外不属于医疗机构应承担的责任，患者遭受的损害原则上只能由其自身承担，因此患者有足够动力投保医疗意外保险将此种风险转移由保险人承担。

但是我们也应认识到，医疗意外从某种程度上说是推动医学技术进步的因素之一，通过对已发生医疗意外的分析解决，能够促进医疗事业的不断发展，使得后来的患者与社会整体获得利益。[②] 因此从促进医学进步的

---

① 参见吕群蓉《医疗责任保险制度法律基础与制度构建》，中国政法大学出版社 2014 年版，第 107 页。

② 参见武咏、武学林《试论建立医疗意外保险制度——由一起医疗纠纷无过错赔偿案件引发的思考》，《中国卫生事业管理》2003 年第 9 期。

角度观察，社会全体成员及其后代作为潜在受益者，应当对遭受医疗意外的患者个体进行补偿、帮助其分散损失，因而国家应承担医疗意外保险一定比例的保费，即国家应当对患者投保医疗意外保险提供一定比例的补贴，以降低患者实际需交纳的保费，或将医疗意外保险的投保费用纳入医保支付范围内等。

关于医疗机构是否应作为保费负担主体，笔者认为在我国现行医疗损害责任仍然是过错责任模式的背景下，由医疗意外造成的损害本就不应当由医疗机构承担责任，其自然也没有理由去承担保费。只是在现实背景下，部分医疗机构为了息事宁人、尽快恢复诊疗秩序，而不得已向患者提供一定数量的赔付。此种现象本就是不合理的怪象，实际上助长了"医闹"的不良之风，长此以往将造成患者对医疗机构的扭曲印象，认为医疗机构的补偿是在掩盖其过错的诊疗行为，医疗机构有义务对患者予以赔偿。因此，医疗机构不应被作为与己无关的医疗意外保险的保费承担主体，应当严格厘清医疗意外与医疗责任的界限。2008 年，卫生部办公厅下发《关于医疗机构不得宣传、推销和代售麻醉意外险等保险产品的通知》，要求"各级各类医疗机构及其医务人员不得通过医疗服务宣传、推销和代售保险产品，不得接受保险产品经营单位为推销产品而给予的馈赠"。笔者认为，该规定存有值得商榷之处。医疗机构推销、代售保险的行为由于不符合其角色定位，受到禁止无可厚非，但对于医疗意外保险的宣传则并无必要受到禁止，更好的做法应当是对宣传的方式及内容予以正确引导。规定出台的背景是有部分医疗机构宣传、甚至强制要求患者购买医疗意外保险，[①] 在社会上造成了不良影响。但是重新思考医疗机构在医疗意外损害中的角色，由保险人单独在医疗机构内宣传的话，一方面可能会影响医疗机构的正常工作秩序，另一方面其不容易得到患者的信任，且可能存在故意夸大诊疗风险以蒙骗患者购买的现象。因此有必要由医疗机构及其医务人员对相关的保险政策向患者予以介绍，但为了维护正常的医疗秩序，应当禁止医疗机构从宣传、推销和代售中获取利益，防止产生新的医患矛盾。患者是否购买医疗保险完全由其与保险人间的交流决定，医疗机构只是作为中立方向其阐明诊疗的具体措施及风险。

---

① 参见偶见《保险人不应失语——从阜外医院"强制"患者投保案看正确理解保险自愿原则》，《中国保险》2005 年第 11 期。

（三）医疗意外保险在医患关系改善方面的价值

医疗意外保险的价值除分散患者风险外，还在于引入了一个新的主体以减少医患之间的信息差异，促进医患关系的改善。医患矛盾产生的原因之一即为医患间的信息、专业等方面的不对等，患者不能完全理解诊疗措施的内容及蕴含的风险，导致一旦发生医疗损害，患者会首先倾向于认为是医疗机构采取的诊疗措施不妥当，致使纠纷产生。实践中，泰康在线开发了由患者购买的单台手术风险保障险种，患者购买后，由保险人或其合作的专业机构完成患者教育，增加与患者术前、术后的沟通，让患者增加对该疾病及风险的认知，实质上减少了医疗机构的工作压力，提升了医疗机构的服务质量。[1] 随着保险人风险评估技术的不断提高以及患者分散风险意识的增加，在医疗意外保险的后续发展中，承保风险将不只限于手术意外，还可以扩展至患者住院治疗的全部期间以及诊疗措施，保险人将根据病种、治疗期间以及医疗机构及其主治团队的诊疗与风险控制能力等因素精算保费，因而可以为患者提供更为全面的医疗意外保障。保险人或其合作的专业机构成为主治团队之外的另一为患者提供信息、解释风险的专业主体，补充患者对疾病及风险的认知，缩小医患双方在专业信息上的差距，同时也将医务人员从重复的阐释中解脱出来，提升诊疗服务的质量与效率。

三　医疗责任保险与健康保险

平衡医疗监督和对医疗损害的限制，对于维护高质量医疗保健的标准和确保医生不会仅仅因为害怕诉讼而作出决定是重要的。[2] 医责险的建立初衷之一虽然是分散医疗机构及其医务人员的风险，减少医疗纠纷及损害赔偿对正常诊疗行为的影响，使其可以专注于诊疗活动，但我们也应意识到，由于保费受被保险人实施的诊疗行为数量、危险程度以及发生过的医疗损害的次数及程度等因素影响，被保险人为了减少需要交纳的保费还是会有一定程度地选择防御性医疗的趋向。以美国医责险实践为例，为了降

---

[1]　参见张楠《泰康在线推出医疗责任险为多点执业"保驾护航"，但到底应该由谁买单?》，2017年12月8日，搜狐网（https：//www.sohu.com/a/209221445_397362）。

[2]　See Brian V. Nahed, Maya A. Bab, Timothy R. Smith and Robert F. Heary, "Malpractice Liability and Defensive Medicine: A National Survey of Neurosurgeons", *PLOS ONE*, Vol. 7, No. 6, 2012, e39237.

低医疗损害事故发生率从而减少医责险费用的支出，美国妇产科学院（ACOG）称，1/10 的妇产科医生和几家医院被迫停止接生婴儿。①

防御性医疗是指，当医生进行检查、诊疗等活动或者回避高风险的病人或诊疗时，主要（但不一定仅仅）是为了减少自身的医疗事故责任，而非主要关注诊疗效果，此时医生所实施的医疗措施即被认为是防御性医疗措施。当医生做额外的检查或者诊疗主要是为了减少医疗事故的责任时，他们进行的是积极的防御性医疗；当他们避开某些病人或诊疗方案时，他们就是在进行消极的防御性医疗。② 积极的防御性医疗可能会增加医疗保健成本，因为它包括要求额外的诊断测试或执行额外的诊断程序等，以减少医务人员被控玩忽职守的风险；而消极的防御性医疗则减少了患者的治疗机会，因为医疗机构会避免诊治某些类型的病人，拒绝执行某些诊疗方案，或者完全放弃诊疗等。③ 防御性医疗不利于患者利益的实现，可能会增加患者不必要的花费，还可能会使高风险患者不能得到应有的治疗，同时对整个行业的技术进步也产生阻碍效果。

防御性医疗在美国十分普遍，为此美国理论界提出了建立健康保险企业责任制的解决思路，由向患者提供医疗保险的健康保险人代替一般商业保险公司承担医生的医疗事故责任，即由同一机构统筹风险和资金分配。④ 在此种模式下，医疗机构实施防御性医疗行为，则医责险的保险责任风险减低，保险人在医责险的赔付额上会减少，但与防御性医疗伴随的是医疗费用的增加，则保险人在健康险的支付额上会增加。由此，保险人为了实现两类保险总体上的盈利，必须对医疗机构的防御性医疗加以监督。

---

① See Philip K. Howard, "Why medical malpractice is off limits", *Wall ST. J.*, Sept. 29, 2009, at A25.

② See U. S. Congress, Office of Technology Assessment, *Defensive Medicine and Medical Malpractice*, July 1994, Washington, DC: U. S. Government Printing Office, OTA-H-6O2, p. 13.

③ See David M. Studdert, Michelle M. Mello, William M. Sage, Catherine M. DesRoches, Jordon. Peugh, Kinga. Zapert and Troyen A. Brennan, "Defensive Medicine among High-risk Specialist Physicians in a Volatile Malpractice Environment", *The Journal of the American Medical Association*, Vol. 293, No. 21, 2005, pp. 2609-2617.

④ 参见吕群蓉《美国医疗责任保险制度困境的破解之道及其启示》，《法商研究》2014 年第 3 期。

当然，要想实现对防御性诊疗的控制，同样需要保险人依前文风险评估与排查所述，享有对被保险医疗机构的监督权利，否则保险人只能被动接受被保险医疗机构的诊疗方案选择。还需注意一点，根据《健康保险管理办法》第2条规定，① 医责险并非健康保险范畴，而是与普通责任保险一样属于财产保险的类别。因此，根据保险分业经营的规定，② 经营财产险的保险公司只能经营短期健康保险。而笔者在后文会论及，长期健康保险是未来健康险的发展方向，更符合健康险的内涵，有利于保险人介入被保险人的健康保持，通过实施健康管理达到目的。由此在未来长期健康险为发展方向的背景下，我们只能退而求其次由同一保险集团承保。

四　医疗责任保险与医务人员意外伤害保险

医责险是医疗机构投保的第三方保险，保险责任范围是医疗机构应承担的医疗损害责任，从源头减少医疗损害的发生，转移医疗损害责任的承担，事实上是对医疗机构及其医务人员的一种保护。对医务人员加强保障的另一种途径是，医疗机构为其医务人员投保第一方保险：意外伤害保险。医责险与意外伤害保险一起为医务人员提供全面的保护，尽量减少损害的发生，或者在损害已经发生后，尽量减少损害的影响，从而减少医务人员的后顾之忧，促使其安心工作，促进医疗事业的健康发展。

医务人员意外伤害保险主要保护医务人员在执业中遇到的两类风险，一是普通的意外伤害，最常见的情形即在医患纠纷中被病人或其家属伤害；二是职业暴露，即在进行医疗卫生活动中，包括医务人员的临床治疗活动、护士的护理活动以及检验人员相应的实验操作等医务活动，接触有毒、有害物质，或传染病病原体，从而直接或间接地引起对其自身健康安全造成危害的情形。③ 医务人员在执业中遭受意外伤害，虽然可以由工

---

①　参见《健康保险管理办法》第2条规定："本办法所称健康保险，是指由保险公司对被保险人因健康原因或者医疗行为的发生给付保险金的保险，主要包括医疗保险、疾病保险、失能收入损失保险、护理保险以及医疗意外保险等。"

②　参见《保险法》第95条第2款规定："保险人不得兼营人身保险业务和财产保险业务。但是，经营财产保险业务的保险公司经国务院保险监督管理机构批准，可以经营短期健康保险业务和意外伤害保险业务。"

③　参见秦启彤、石悦《医务人员职业暴露的法律保护》，《中国卫生事业管理》2016年第1期。

伤保险予以赔偿，但工伤保险存在认定周期长、赔付条件严苛的问题，难以为医务人员提供充分的救济，因此有必要引入意外伤害保险为遭受伤害的医务人员增加多重保障。

　　意外伤害保险的保费除了由医务人员本人及医疗机构负担外，国家也应成为负担主体。医务人员是医疗服务的主体，是推动医疗事业发展进步的关键力量，其在执业过程中遭遇的意外风险是为保障人民健康所承担的风险。因此医务人员的健康保障及良好工作环境的构建关系到社会全体的利益，由受益的社会全体负担一定比例的保费合情合理，同时有利于医务人员职业尊荣感的提升。

第三章

商业保险公司作为改进医疗服务质量的推动主体

第一节　商业保险公司对分级诊疗制度的参与

分级诊疗制度是合理配置医疗服务资源、有效解决居民"看病难"、提升总体医疗服务水平的关键之举。2009 年,《中共中央国务院关于深化医药卫生体制改革的意见》首次在医疗服务体系的改革措施中,设计了分级诊疗的初步方案。① 2015 年,《国务院办公厅关于推进分级诊疗制度建设的指导意见》(以下简称《分级诊疗意见》)出台,标志着我国"基层首诊、双向转诊、急慢分治、上下联动"的分级诊疗模式正式全面推行。但在目前的现实运行中,分级诊疗制度依然存在一些问题,如居民的接受度不高,分级的效果不甚明显等。因此本节主要讨论两个问题,一为我国分级诊疗制度的应然构建模式;二为商业保险公司应如何参与分级诊疗制度的构建,以及在分级诊疗制度下,应如何协调政策性保险的承办、经办与自身商业险的经营的关系。

一　医疗资源合理配置的实现基础:分级诊疗制度的构建与完善

在一个理想的医疗服务体系中,各级医疗机构在诊疗服务提供、辐射范围等方面呈现梯次性差异,在全科医生的诊断指导下,患者根据自身病

---

① 参见《中共中央国务院关于深化医药卫生体制改革的意见》(2009 年 3 月 17 日发布):"建立城市医院与社区卫生服务机构的分工协作机制。城市医院通过技术支持、人员培训等方式,带动社区卫生服务持续发展。同时,采取增强服务能力、降低收费标准、提高报销比例等综合措施,引导一般诊疗下沉到基层,逐步实现社区首诊、分级医疗和双向转诊。整合城市卫生资源,充分利用城市现有一、二级医院及国有企事业单位所属医疗机构和社会力量举办的医疗机构等资源,发展和完善社区卫生服务网络。"

情的严重及紧急程度选择不同层次的医疗机构就医，使得各级各类医疗机构合理承担与其服务能力相适应的医疗服务提供任务，形成高效有序的诊疗环境。但事实上，由于级别较高的医疗机构拥有更优秀的医务人员群体以及更专业的医疗设备与技术，因此患者往往倾向于到高级别医疗机构就医，而不论自己的实际患病情况是否有此必要。这致使数量较少的高级别医疗机构不得不承担严重超越其服务能力限度的就医患者，在加重医务人员工作负担的同时也使得患者难以获得高质高效的诊疗服务，进而导致医患矛盾滋生。因此为了提高整个医疗卫生行业的服务能力，为患者提供良好高效的就医环境，亟须构建合理的分级诊疗制度。

（一）强基础：提升全科医生与基层医疗卫生机构的诊疗力量

在更高级别的医疗机构就诊，患者需要付出更多的时间与金钱，跨越级别就医并不是患者的最优选择。但是由于一方面患者对其所患疾病的严重程度并没有准确认识，患病之人总会倾向于夸大想象疾病的严重程度，为免耽误诊疗自然会选择高级别医疗机构就诊；另一方面在现实背景下，必须承认基层医疗卫生机构的医务人员专业性与诊疗设备严重缺乏，基层医疗卫生机构的诊疗水平难以得到本就对病情处于焦虑情绪的患者的信任。因此，实施分级诊疗制度的基础是为每一居民配备合格的全科医生，以及提升基层医疗机构的诊疗能力，使患者不必也不愿去跨级别就医，引导病情严重程度不同的患者进入适合其就诊的医疗机构，减轻高级别医疗机构的服务压力，充实基层医疗机构的服务对象，提升诊疗效率。

1. 家庭医生签约服务制度的建立与完善

在发挥全科医生的居民健康"守门人"的作用中，我国目前通过家庭医生签约服务制度为居民配备全科医生。家庭医生一方面具有全科诊疗能力，且较为了解服务居民的生活习惯及过往病史，可以有效识别居民的患病程度，为居民就医提供引导；另一方面由于长期工作在基层，可以更有效地开展预防保健与健康管理工作，尽早发现并控制疾病，提升居民的健康水平。家庭医生虽处于基层，面对的多为常见病、慢性病等普通疾病，但其事实上需要具有很强的诊疗服务能力以及综合沟通能力，以更好完成首诊筛查、防治结合和健康管理的服务内容。[①] 因此对于家庭医生签

---

① 参见钟三宇、范亲敏《家庭医生签约长效机制的落实路径——以分级诊疗为视角》，《福建医科大学学报》（社会科学版）2018 年第 3 期。

约服务制度的建立与完善，有两方面的任务需要完成：一为提升全科医生的培养数量与能力，二为落实签约责任制度。

在家庭医生的供给方面，一是与实际需要结合加强培养力度与专业性，建立全科医生独立的培养、准入与评价体系。家庭医生在工作地点、工作内容以及工作对象等方面均与其他专科医生有很大区别，其长期工作在基层，面对的患者以普通患病居民为主，以疾病的筛查和常见病、慢性病的诊疗恢复为服务提供内容，因此在培养、准入与评价上要将这些特点作为主要标准，认识到家庭医生绝非低配版的传统医生，而是具有全科性的一类特殊职业医生。二是建立长效激励机制，以签约后的服务质量为中心实行绩效奖励，探索实行将分级诊疗结余的医保费用按比例与家庭医生分享的模式。家庭医生除了是居民健康的"守门人"，还是医疗费用的"守门人"，实行分级诊疗制度的目的除了增强医疗服务资源的利用效率，解决"看病难、看病贵"的难题外，还包括减少不必要的就医花费，控制医疗费用。因此为鼓励家庭医生尽职关注签约居民健康、及早发现疾病、提出合理的就医建议，将签约后的服务质量作为家庭医生的主要考核标准，将结余费用奖励于家庭医生是合理有效之举。

在家庭医生的服务方面，一是建立家庭医生的标准化工作制度，在家庭医生制度设立之初就尽可能减少地区间差异，减轻后续制度成熟后的改革压力。用统一的服务流程与标准切实实现基本医疗卫生服务的均等化，增强居民对健康"守门人"的信任度与依赖度。二是建立家庭医生的签约服务责任制，以服务合同为基础明确双方权利义务，作为日后纠纷处理的法律依据。对于双方签订的医疗服务合同，考虑到其在法律与医学上的专业性，笔者建议，可以通过经卫生主管部门审核后的格式条款减轻居民方对合同的理解难度，同时也可提高签约效率和公平，防止合同中隐藏对居民不利的条款。

2. 多措强化基层医疗卫生机构诊疗能力

在分级诊疗的实行过程中，全科医生将疾病识别筛查后，基层医疗卫生机构必须"接得住"才可以实现高质量的"基层首诊"目标。分级诊疗的最终目的不是让居民"必须"在基层医疗卫生机构就诊，而是让居民"愿意"在基层医疗卫生机构就诊，因此基层医疗卫生机构的诊疗能力和诊疗效率必须能够与分级诊疗后的就诊患者的数量和病症相适应。在基层医疗机构的诊疗能力未达到收治相当数量与严重程度的患者的现实背景下，强行实施基层首诊或通过保险报销比例差异引导基层首诊，都是对居民健康不负责的表现，不仅无法达到分级诊疗的实质效果，反而加重基层医疗卫生机构的工作压力，以及引发居民对分级诊疗制度乃至整体医疗卫生服务体系的不满。因此基层医疗卫生机构诊疗能力的强化是分级诊疗实现的基础与必备要件。

多点执业是最直接提升基层医疗卫生机构诊疗能力的方式之一。医师多点执业是指医师于有效注册期内在两个或两个以上医疗机构定期从事执业活动的行为。[①] 多点执业对于基层医疗卫生机构的价值在于：（1）可以直接为基层医疗卫生机构提供更高能力的医务人员，提升基层医疗卫生机构的就诊吸引力；（2）可以对基层医疗卫生机构原有医务人员提供诊疗指导，增强其自身的诊疗能力，即达到"授人以鱼不如授人以渔"的效果，从长远角度观察，促进基层医疗卫生机构的高质量发展；（3）可以有效联通基层医疗卫生机构与更高级别医疗机构的关系，促进基层医疗卫生机构的规范化诊疗，减少患者转诊后的不必要检查，提升转诊效率。

远程医疗也可实现与多点执业类似的效果。远程医疗是指，医疗机构运用信息化技术为患者的病理诊断、医学影像诊断、监护、会诊、门诊、病例讨论等医疗服务内容提供技术支持的医疗活动。[②] 通过远程医疗，空间距离被打破，优质医疗服务资源得到下沉，从而更直接地提升基层医疗卫生机构的诊疗能力。

有学者指出，以行政为主体的资源配置方式不利于优质医疗资源下沉，其中严格的行政等级制度导致优质医疗服务资源向高端富集，而基层定岗定编定工资的平均主义分配制度及收支两条线的财务管理制度等管理体制更是难以培养、吸引与留下优质人才。[③] 因此从长远角度观察，要想提升基层医疗卫生机构的诊疗能力，除了直接地吸收高级别医疗机构的医务人员于此多点执业外，更重要的是改变不利于基层医疗卫生机构发展的体制与环境，使基层医疗卫生机构具备自身造血能力，使高素质医护学生

---

① 参见《关于印发推进和规范医师多点执业的若干意见的通知》，2014 年 11 月 5 日发布。

② 参见《国家卫生和计划生育委员会关于推进医疗机构远程医疗服务的意见》，2014 年 8 月 21 日发布。

③ 参见李珊珊、黄莹《分级诊疗的本质、制度性障碍与对策建议》，《中国卫生经济》2016 年第 12 期。

以及医务人员可以来、愿意来并且能够长期留在基层医疗卫生机构。分级诊疗绝不是独立的改革措施，而是与其他相关体系改革密切关联的一项综合医改措施。为推动分级诊疗制度的深入，还要同时推进基层医疗卫生机构管理体制的改革。一方面，对于基层医疗卫生机构要加大政策与财政支持的倾斜；另一方面，也是最关键的，是改革基层医疗卫生机构的薪酬制度和人事管理制度。

我们必须充分认识到全科医生以及基层医疗卫生机构的基础作用，全科医生对疾病的初始识别是整个分级诊疗得以顺利运行的前提条件，而在分级诊疗正式规范运行后基层医疗卫生机构将成为大量就诊任务的承担力量。因此，只有在这两者力量已达至区域内分级诊疗所需的数量与质量时，分级诊疗才可全面强制推行，否则会严重影响患者的就诊效率，引发居民对于分级诊疗制度的误解，阻碍分级诊疗预期效果的发挥。

（二）促联通：构建医疗机构间的利益共享风险共担机制

分级诊疗的另一目标是实现"双向转诊"，不仅指超出基层医疗卫生机构诊疗能力的患者要向上级医疗机构转诊，而且包括上级医疗机构的患者在疾病不具严重性与紧迫性时要向下级的基层医疗卫生机构或康复医疗机构转诊。转诊并非只是一个过程行为，还涉及医疗机构的收入问题，患者转出即意味着该患者不能再为原诊疗机构带来收入。"下转上"由于涉及医疗机构自身的诊疗能力问题，因而转诊不会遭遇利益阻碍，但"上转下"则由于上级医疗机构诊疗能力与资源均更强的缘故，会出现上级医疗机构不愿放走患者的情形。因此建立上下级医疗机构间在各方面的联通机制，是分级诊疗完整有效推行的必需条件。

有学者指出，目前的医联体实践，本质是高等级医疗机构在政府指令下的"学雷锋"行为，仅仅由上级医疗机构派医师下基层坐诊，反而浪费时间，降低效率。[①] 笔者认为，所谓的上下级医疗机构并非是指其在行政级别与诊疗能力上的区别，而应为其在诊疗对象与诊疗内容方面的区别。因此组建医联体的目的，不仅仅是为了使上级医疗机构帮扶下级医疗机构，而是通过信息、资源、利益与风险各方面的共享共担，达成上下级医疗机构覆盖全科与专科间的联动，提升诊疗的效率与准确性。与通过行

---

① 参见朱恒鹏、林绮晴《改革人事薪酬制度　建立有效分级诊疗体系》，《中国财政》2015 年第 8 期。

政力量构建医联体模式相比，共享共担模式的医联体模式更具经济效率，因为医联体内部各机构不是强制绑定在一起，而是共同致力于节省医疗费用和提高医疗质量的目标，在行政引导下通过共同的利益结合在一起。

医疗机构间的联通涉及各个方面，包括信息、资源、利益、风险等各方面的互通互联，以形成一个紧密联合的真正医联体。在信息共享上，各级医疗机构应当建立统一的信息管理系统，患者在基层医疗机构诊疗范围内已经做过的检验与上级医疗机构共享，上级接诊医生视实际诊疗需要决定是否再次检验，以减少不必要的检验所浪费的时间与金钱，提升诊疗效率并促进患者信息的共享。在资源共享上，医联体内部建立医务人员、医疗设备以及管理模式的交流共享模式，上级医疗机构通过将其优质资源与下级医疗机构共享，提升医联体整体的诊疗效率与能力。促进分级诊疗真正实现的最重要联动机制是利益分享与风险共担机制的建立，有学者建议在医联体内部实行捆绑支付方式，构建上下级医疗机构以及医疗机构内的不同科室间的利益共同体，以促进患者根据病情的轻重缓急在不同医疗机构内流动。捆绑支付是美国一种医疗保险的支付方式，根据性别、年龄、病种、病情轻重程度等因素对患者进行分类，精准测算每类患者从疾病预防、疾病治疗护理到疾病康复整个疾病诊疗过程的总费用，在此基础上制定每类患者合理的门诊和住院费用支付定额，由多个医疗服务提供者共同地对临床费用、医疗服务质量、治疗结果等负责，同时按比例分享诊疗费用。[①] 参考此种支付模式，在医联体中，各医疗机构根据其承担的诊疗任务分别对患者实施诊疗行为，医疗机构所获得的报酬与其承担的诊疗任务相关联，在患者已达到向下转诊的标准时，如果上级医疗机构拒不转诊，其所能获得的也只是疾病诊疗过程中的费用，而不能获得康复部分的费用，由此以经济利益的分享为手段引导患者在上下级医疗机构的顺利转诊。同时伴随着利益在各医疗机构间的分享，每位患者的医疗风险也在医联体内部共担，通过信息与资源的共享，各阶段医疗机构的诊疗方案依赖于其他医疗机构提供的信息，上阶段医疗机构对后续的诊疗和康复也应提供相应的建议与指导。

在我国台湾地区的分级诊疗实践中，有学者提出，台湾地区的医院几

---

① 参见吴伟旋、向前《捆绑支付对我国医疗卫生领域供给侧改革的启示》，《中国卫生经济》2017 年第 7 期。

乎以论量计酬为最主要的给薪方式，医师因为薪资结构与绩效考量而决定留住病人，不愿意将病人转回。① 因此，在推动大陆地区分级诊疗的过程中，医务人员的薪资结构与绩效考量标准也应当做相应调整。医务人员的薪资中，为了激励医务人员的工作效率自然应当设置绩效比例，但为有效推动上向下转诊的畅通，考核绩效的标准除了患者的数量外，还应当与通过转诊所结余的费用相关。

（三）重引导：医保差异化支付比例的建立

对于就医费用的报销，各地通常会设定医保基金的支付比例。而医保的差异化支付政策是指，根据对是否经转诊或选择的医疗机构级别等标准设置不同的支付规则与比例，以期通过金钱引导患者服从分级诊疗的就医规则。

分级诊疗只是将本不需要在高级别医疗机构就诊的患者引导回基层就诊，以减少医疗服务资源的浪费，而并不会影响真正需要向上就诊的重病患者。因此我们应当首先树立一个观念，即根据是否经由转诊而设置不同的保险支付比例，并不会给患者造成不应有的负担，不是对公民健康权的侵害，反而是促进公民健康权平等实现，增进公民健康福利的有效举措。对于那些不经转诊、直接占用紧缺医疗资源的患者，只有对其施以一定程度的金钱、效率等负担，才能减少其跨级别就诊行为给医疗服务资源造成的浪费，才是对每一公民平等地享有健康权的制度保障。

而保险支付比例的差异实质是在分级诊疗采自愿模式下的一种引导措施，通过设置差异化的费用激励患者按照规定向不同级别的医疗机构就诊。而在强制模式的分级诊疗制度中，患者必须经过全科医生的首诊筛查，经其转诊才可向高级别医疗机构就诊，此时患者并无选择权利，相应地也无引导的需要了，因而保险的差异化支付实为一种奖励措施，是对患者遵守分级诊疗规定的一种物质奖励。

《分级诊疗意见》对于医保差异化支付政策规定为，"适当提高基层医疗卫生机构医保支付比例，对符合规定的转诊住院患者可以连续计算起付线"。该规定对于支付的差异设置并不明显，这与我国分级诊疗尚处于探索建立阶段有关。由于相关的配套制度目前还未建立，因此过度追求差

---

① 参见林工凯《分级医疗之必要性与未来——着重于初级卫生保健在台湾健康照护体系之角色与架构调整建议》，《月旦医事法报告》2018 年第 23 期。

异反而会引发患者的不满情绪。但在未来分级诊疗的保险差异化支付比例设计中，应当根据前述的基层医疗卫生机构的诊疗能力、全科医生的配备情况以及医联体的构建紧密度等因素，逐步加大差异化的支付比例，激励患者主动选择转诊。

当然，如果仅用金钱对就诊行为予以引导，可能会产生一种不良的效果，即有钱人凭借其财力可以不用考量支付比例而肆意占用医疗服务资源，造成健康权的不公，引发矛盾与对立。在第一章回顾我国医改政策的内容中已提及，我国的医改要坚持公益性的导向，要保障公民健康权的平等实现。因此保险支付比例的差异只是分级诊疗实施的引导措施之一，还需要根据是否经由转诊设置其他的区别待遇，以减少金钱这一因素的决定性影响，通过多种手段引导患者形成分级就诊的习惯。如对于经规范转诊后的患者，医疗机构可以设置绿色通道对其优先安排就诊，而对于未经转诊的患者，医疗机构原则上应当拒绝接诊，并联系其签约的家庭医生，回归正常的分级诊疗制度。

此外，在分级诊疗下，基本医保支付的范围应当与基层医疗机构的诊疗范围相适应，与基层医疗机构接收上级医疗机构转诊病人的范围相适应，改变过往基本医保基金对于基层医疗机构基本医疗、基本用药的限制，在基本医保支付层面上为基层医疗卫生机构承担首诊义务以及患者的康复工作提供支持。

（四）分级诊疗模式的选择：由自愿到强制的过渡

以是否必须经过转诊才可获得上级医疗机构的诊疗服务为标准，分级诊疗可以分为自愿模式与强制模式。

以我国台湾地区为例，其实行的是自愿分级诊疗制度，患者就诊并不必须经过转诊。实践中，尽管经过五次调整，未经转诊个人负担的部分不断增加，但医学中心与区域医院（我国台湾地区最高的两级医疗机构）的门诊量一直都是不减反增，分级诊疗制度效果不彰。[1] 究其原因，还是在于随着人民生活水平的提高，对于健康的关注不断增加，在各级医疗机构的诊疗能力有较大差距的背景下，如果不对就诊行为加以强制性待遇差别限制，而仅以金钱引导，患者为了保障就诊的质量自然愿意支付更

---

① 参见杨哲铭《全民健康分级转诊制度的胡萝卜与棒子》，《月旦医事法报告》2017 年第 11 期。

高的金额去高级别医疗机构。

以英国为例，其实行的是强制分级诊疗制度。根据 NHS 宪章（National Health Service Constitution）的规定，患者的义务之一是必须选择一位全科医生（General Practitioner，GP），① 如果需要向专科医生处就诊，必须经过所选定的全科医生转诊，没有转诊，专科医生不接受患者约诊。在此种模式下，英国的专科医生就诊效率被极为诟病。即使在其对诊疗规则不断改革后，根据 NHS 管理机构的规定，一般疾病的转诊中，只需 92% 的患者的最长等待时间在 18 周内即符合工作要求，而在疑似癌症的转诊中，只需 93% 的患者最长等待时间在 2 周内即符合工作要求。② 也即意味着，一般疾病的转诊时间可能长达 18 周，而疑似癌症的转诊也会需要 2 周的时间。此种诊疗效率显然不能满足患者对于医疗服务高效化的要求，甚至可能助长患者的紧张情绪，影响医患关系的和谐。

对于分级诊疗模式的自愿与强制的选择，笔者认为，强制性分级诊疗是分级诊疗制度必然的发展结果，特别是在我国就医基数巨大的背景下，只有强制性分级诊疗，才可减少实施过程中的一些其他因素的干扰，真正实现分级诊疗制度的目的，亦即使各级医疗机构都能尽其应有之责、切实解决看病难的问题。但是正如前文所述，在分级诊疗所需的全科医生的配备、基层医疗机构诊疗能力的强化以及上下级医疗机构的联通等条件尚未完全具备时，强行推进分级诊疗反而会适得其反，引发患者的不信任与不满。因此对于上述医保支付比例、接诊待遇等差别措施的执行，需要循序渐进。总之，分级诊疗制度的强制程度应当随相关配套制度的完善而逐步提高，同时在实施过程中要加强对差别待遇措施的解释与宣传，使患者从

---

① *The NHS Constitution for England*：3b. Patients and the public-your responsibility：Please register with a GP practice-the main point of access to NHS care as commissioned by NHS bodies.

② *The National Health Service Commissioning Board and Clinical Commissioning Groups（Responsibilities and Standing Rules）Regulations* 2012：PART 9 Standing rules：waiting times：45. Duty to meet the maximum waiting times standards（3）：A relevant body must make arrangements to ensure that at the end of each data collection period，not less than 92% of the persons falling with paragraph（4）have been waiting to commence treatment for less than 18 weeks；52. Duty to make arrangements to provide an appointment with a specialist for those patientsurgently referred for treatment for suspected cancer（2）：The requirement referred to in paragraph（1）is that at the end of each data collection period，treatment for suspected cancer has commenced within the period of 2 weeks beginning with the start date in not less than 93% of cases where that treatment is provided in that data collection period.

"不能"不经转诊到"不愿"不经转诊,以推动医疗服务资源的合理高效配置,提升医疗服务体系的运行效率与质量。

二 商业保险公司参与分级诊疗制度的实践方案

根据上述对于我国分级诊疗制度方案的设计,商业保险公司凭借其人才、专业以及技术优势,通过大病保险的承办以及自身产业的布局,可以在多个方向助力分级诊疗的推进。在大病保险承办中,商业保险公司通过大病保险的盈余而获取利润,即保险的赔付率影响其利润的获得,因此商业保险公司有足够动力参与分级诊疗的构建,以减少不必要的大病赔付,达到控费获利的经营目标。

(一) 提升基层医疗卫生机构的服务能力

基层医疗卫生机构在资金、人力等各方面获得的投入均远远低于其他医疗卫生机构,但其服务的患者范围甚广,实践中个人或其他民营资本早有开办诊所门诊的先例,因此商业保险公司在基层医疗卫生机构的建设、能力提升以及资源整合等方面大有可为。此外,在商业保险公司承办大病保险已然成为既定政策的背景下,其对于基层医疗资源的投资整合将是其获得承办资格的重要考量因素之一,也是其提升承办质量的重要因素之一。因此,不管是从发展自身业务还是承办政策性业务的角度考量,保险公司均有参与基层医疗卫生机构建设的动力与需要。

根据统计资料,截至 2019 年 10 月底,全国医疗卫生机构数达 101.0 万个,其中基层医疗卫生机构 95.6 万个,约占医疗卫生机构总数的 94.65%。[1] 我国基层医疗卫生机构在数量上并不短缺,其真正缺失的是优质的诊疗人才以及规范化的诊疗与管理模式。因此保险公司在基层医疗卫生机构能力提升的工作中,应重点关注三项内容:一是引入先进规范的管理与诊疗模式,提升基层医疗卫生机构的规范化诊疗水平;二是通过远程诊疗平台的建设提升基层医疗卫生机构的诊疗水平;三是聚焦中高端基层医疗卫生机构的建设,满足个性化的医疗卫生服务需求。前两项内容是致力于促进基本医疗卫生服务均等化的实现,减少地区间基层医疗卫生机构的差距,而后一项内容则有助于基层医疗卫生服务资源供给的增加以及多

---

[1]　参见《2019 年 10 月底全国医疗卫生机构数》,2019 年 12 月 30 日,国家卫生健康委员会统计信息中心(http://www.nhc.gov.cn/mohwsbwstjxxzx/s7967/201912/92a4e2975821460d8eabe7d9d5c7288a.shtml)。

样化格局的形成。

我国商业保险公司在此方面目前已有相关实践，平安集团旗下的平安万家医疗即为典型范例。其在成都开展了基层医疗卫生服务试点，通过对基层医疗卫生机构诊疗的规范化和标准化改造，有效提升了社区卫生服务中心的能级。具体而言，平安万家医疗与正广兴家庭医生医院管理集团在基层医疗教育培训、健康管理领域深度合作，以优化家庭医生签约服务；与成都锦欣医疗投资管理集团有限公司合作建立优质诊所服务网络体系，建设基层医护人员培训体系，从而有效搭建基层医疗卫生机构与三甲医院间双向联动的分级诊疗体系。[①] 除了在城市社区基层医疗机构的实践外，平安万家医疗还主动关注乡村基层医疗机构服务能力的提升，在健康扶贫的过程中助力分级诊疗在乡村的落地生根。其通过多种技术手段实现上下级医疗机构的联通互动，配备数字化智能一体机，帮助村医进行居民健康档案的管理，一方面有利于辅助村医诊疗，提升村医诊疗水准，激发了村卫的服务能级；另一方面构建转诊通道，提升转诊的质量与效率。[②]

在江门市的实践中，承办大病保险的保险公司在居民社区开办了 8 家医疗诊所，服务对象覆盖社区内参加大病保险的常住人口，同时健全家庭医生的激励机制，将服务质量与能力作为绩效评价标准，签约医生可以获得超出本地三级医院同职级医生平均收入 20%—30% 的薪酬。[③] 保险公司通过此类实践，为其未来持续承保大病保险提供了基层医疗资源的良好基础，同时也可展示其在大病保险承办业务上长期合作的信心，提升地方政府对保险公司的信任，有利于为保险公司后续更深层次参与基本医保经办等业务提供良好的环境。

通过投资创办或与现有基层医疗机构合作，保险公司引入了规范的标准体系，并且在促进基层医疗卫生机构服务能力提升的过程中，有效构建了健康产业链。同时，保险公司在基层医疗卫生机构的运营中也获取了服务范围内居民的健康信息，因而可以针对性地开展健康管理服务与保险产

---

① 参见《政府民间齐发力，万家医疗深耕成都分级诊疗》，2016 年 10 月 27 日，中国网科学频道（http://science.china.com.cn/2016-10/27/content_9116998.htm）。

② 参见《对准分级诊疗和扶贫双重靶心，平安万家医疗扎根基层连通服务网络》，2018 年 3 月 28 日，凤凰网宁波频道（http://nb.ifeng.com/a/20180328/6465813_0.shtml）。

③ 参见李玉华《商业保险助推分级诊疗的实践与思考——基于对广东省江门市大病保险家庭医生服务模式的观察》，《中国医疗保险》2017 年第 7 期。

品开发服务。如此,一是有利于提升居民健康水平以及将大量普通疾病留在基层医疗机构诊治,以减少保险的总体支付额,二是拓宽了保险业务领域,于保险公司而言有利可得。此外,仅从基层医疗卫生机构对于保险公司经营的影响观察,由于患者对于基层医疗服务有旺盛的就医需求,不管是通过何种方式参与基层医疗卫生机构的建设与能力提升工作,保险公司均具有相当水平的收入预期,对基层医疗卫生机构的投资与合作均会成为其业务领域的一部分。

(二) 参与医联体的构建

医联体是分级诊疗制度的重要联通存在,是促进医疗资源上下贯通、提升医疗服务体系整体效能的必需举措。商业保险公司在这一实践中,可以将其已建的医疗机构融入已成熟的其他医疗机构体系中,并可以伴随其医疗健康产业布局的扩展,构建完全属于自身或其自身掌握绝对话语权的更加紧密的医联体。

参与医联体的构建,对保险公司而言,还在于对其保险本业的发展价值。在当前商业健康险产品趋于同质化的保险市场中,保险产品所附加的增值服务是投保人更关注的内容,也是保险公司的吸引力与竞争力所在。通过与其他医疗机构组建或自建医联体,保险公司可以给其保险业务提供更多的附加服务和增值内容。例如,如果投保人购买某保险公司的健康险后,可以在该保险公司的医联体内部享受就诊绿色通道、专家诊疗、直接结算等个性化的增值服务,该公司的保险业务相对而言就会更具市场吸引力。此外,由于医联体并非是"1+1=2"的模式,而是具有"1+1>2"的总体效果,因此不管是加入或组建医联体,均会给其中的医疗机构带来更广泛的患者资源和更高效优质的服务质量,并且有助于提升医疗机构的品牌吸引力。

目前,泰康保险集团在医联体的构建方面已经开展了极具特色的开创性实践。在与其他医院合作共建医联体方面,其在北京自建的泰康燕园康复医院不仅与中国医科大学航空总医院在双向转诊、技术指导、人才培养、资源共享等方面进行深度合作,还与北京协和医学院达成合作协议,在社区建立"协和—泰康老年医学教学培训项目",开展双向转诊、远程会诊及远程教学服务,提升社区医疗机构的诊疗质量。[①] 此外,泰康还致

---

① 参见漆昌乐《泰康医养产业布局步步为营 未来将持有 14 家三级医院》,2016 年 7 月 18 日,健康界网(https://www.cn-healthcare.com/article/20160718/content-484258.html)。

力于形成自己的医联体，由泰康医疗成都诊所—泰康西南医学中心—泰康康复医院—泰康之家·蜀园组成的高品质医养联合体当前正在构建之中。该联合体以健康为中心，致力于打造系统连续的健康体系。

（三）发挥保险的引导作用

1. 医保支付比例及保险技术的引导

前已论及，保险支付比例是分级诊疗的引导方式之一，通过支付比例的差异激励患者接受基层首诊和双向转诊的理念。保险公司在承办大病保险的过程中，可以有效发挥自身的数据分析功能，根据基本医保数据，协助医保管理机关根据当地各级医疗机构的诊疗能力，设置符合当地的差异化医保支付比例。例如江门市在保险公司承办大病保险的合同中规定，未按规定办理或超时办理转诊手续的，发生的住院医疗费用大病保险赔付比例降低为标准比例的 50%。[①]

保险对分级诊疗的引导，不仅体现在支付比例上的引导，还可以体现在通过对支付数据的整理分析上，实现对转诊行为规范化的引导。保险公司在承办大病保险的同时，可以通过协助医保大数据平台的建设，深度挖掘医保大数据价值，建立疾病预测模型，筛选当地发病率较大的病种和人群，根据人群风险分层制定因地制宜的慢性病管理规范和转诊指引，提升转诊的效率与质量。[②] 在未来分级诊疗全面实行的环境下，基层医疗卫生机构以及家庭医生将承担大量的任务。通过对相关数据的整理分析，一者可以更具针对性地开展健康管理服务，对当地易发病以及易发病人群进行专项管理，从源头提升居民的健康水平；二者可以建立常见病的统一转诊标准，协助家庭医生更有效地判断是否应转诊以及应向何处转诊，提升转诊的效率与质量。

2. 商业健康险的支付比例

在基本医保实施差异化支付比例时，商业保险公司的医疗保险同样应遵守支付比例的差异性。在后两章笔者会论述到商业健康险除了作为基本医保的补充存在，其更重要的价值在于满足投保人多样化的健康需求，是一种独立的险种，应体现其与基本医保的差异性，而不应仅仅作为基本医

①　参见《2020—2022 年江门市基本医疗保险大病保险承保服务资格项目政府采购合同（草案）》第 7 条。

②　参见蒋伊石、邵晓军《商业保险公司承接大病保险建立整合式医疗案例研究》，《中国卫生经济》2019 年第 5 期。

保的跟随者。但是在我国分级诊疗制度正式强制化实施以前，保险支付比例的差异化关系到分级诊疗是否足以具备吸引力的问题，其不只是保险产品的一项内容，更内化为一项社会政策，具有了公共属性。商业健康险若不遵循此种差异比例，固然可以极大吸引客户的购买，但是当投保人可以利用商业险支付基本医保不能覆盖的医疗费用，从而规避基本医保支付比例差异对于分级诊疗的引导时，显然将有碍国家政策所代表的公共利益的实现。

此外，健康险的合理经营逻辑应是，控制被保险人的就诊率，提升被保险人的健康质量，由此减少保险金的给付以获取利润。不设置差异化支付比例虽然可以在短期内吸引大量客户购买，但其违反了控制保险给付金额的逻辑，无异于饮鸩止渴，不利于健康险的长远健康发展。

由此，无论从实现公共利益的角度观察，还是从保险公司自身长远健康发展的角度观察，保险公司自营的商业健康险都同样应根据基本医保规定的差异支付比例做相应规定。但对于保险公司参与的医联体相关的部分，由于相关主体有内部的利益衡量与安排，其可以根据经营状况与经营理念自主设置相应的支付比例。

第二节　商业保险公司与医疗机构互动机制的创新

商业保险公司与医疗机构不只是保险人与被保险人或服务支付方与服务提供方的关系，其还可以建立全方位的合作与制约关系。通过信息互通、机构共建等领域的合作，双方结成优势互补、利益共享、风险共担的共同体；通过谈判、监督等力量制衡模式，患者的利益实现得以最大化，医疗服务质量即在双方的同向以及对向的互动关系中得以提升，高效高质的医疗服务体系不断趋于优化。以下笔者将分析商业保险公司与医疗机构互动融合的三种模式，一是双方的信息交流分享机制，二是双方的谈判机制，三是双方机构的融合趋势，以期探索出符合双方利益的互动模式，找寻提升医疗服务质量的新路径，促进医疗事业的创新发展。

一　信息交流合作机制的构建

2014 年，《国务院办公厅关于加快发展商业健康保险的若干意见》

发布，提出了国家对于商业保险公司在人口健康数据应用业务平台建设中的参与，商业保险公司自身的商业健康保险信息系统与基本医疗保险信息系统、医疗机构信息系统的信息共享，以及商业保险公司对于健康保险信息系统的开发、对健康数据的分析应用等多项信息化工作的支持政策。2016年，国务院办公厅发布《关于促进和规范健康医疗大数据应用发展的指导意见》，要求各相关主体要顺应新兴信息技术发展趋势，规范和推动健康医疗大数据融合共享、开放应用，其中多次提到鼓励社会力量在健康医疗大数据应用中的参与和共享。医疗信息化已在各医疗机构推行并建立，但其与保险公司的信息平台还未实现有效对接融合，保险公司无法实时掌握诊疗数据信息，致使健康险产品停留在较为粗糙的发展阶段，不能精准高效地满足投保人的投保需求，也不利于健康险的良性发展。

（一）信息交流的意义

1. 有利于健康险的精准定价

健康险的产品定价以广泛多样的医疗数据为基础，不同地区、不同时期以及不同人群的医疗数据差别甚巨，缺乏相关数据即意味着保险人难以精准评估承保风险，进而会影响其对产品的开发与定价。医疗机构掌握大量服务辐射范围内居民的健康及疾病状况，但其信息处于垄断封闭状态，未能与商业保险公司分享，致使这些信息处于未加整理的松散无序状态，未能发挥其应有的价值。当商业保险公司可以获得医疗数据信息时，其即可根据投保人的详细健康状态计算精确的保险产品定价，并为投保人提供个性化的健康险产品，从而提升健康险领域的服务水平。

2. 有利于健康管理的深入

商业保险公司正在大力推进健康管理业务的开发与深入，其通过整理分析服务范围内居民的患病种类及严重程度等信息，可以更有针对性地从预防阶段即介入居民的健康管理，开展病前预防干预工作，从源头提升居民的健康水平。

3. 有利于保险公司的有效控费

保险公司只有通过介入诊疗服务才可以真正实现诊疗过程中的有效控费，减少过度医疗行为，实现健康险产品的有序良性发展。此外，通过诊疗过程中的直接介入，也有利于保障患者利益，否则在理赔阶段保险人花费大量时间核查甚至最后拒赔时，真正受影响的是患者本人。

医疗卫生事业发展的终极目标不是更有效地治疗疾病，而是减少疾病的发生，其关注的重点不仅仅是疾病的诊疗，更重要的是人民健康水平的提升。在疾病的预防、治疗与康复的全过程中，医疗机构虽是参与的主要力量，但绝非唯一力量，商业保险公司完全可以凭借其具有的技术、网点等优势参与其中，协助并监督医疗机构，促使医疗机构致力于医疗质量的提升。

（二）数据共享平台的构建

商业保险公司具有专业的数据整理与分享的人才与技术，完全可以作为参与主体构建医疗机构信息共享平台。在商业保险公司与医疗机构的信息交流中，商业保险公司是主要的受益者，对于医疗机构而言，信息的互通也意味着保险公司对其诊疗行为的监督。在这种双方收益不对等的格局下，自然难以形成自发的数据共享机制。因此，为促使数据共享平台的构建，保险行业协会以及政府相关部门的组织引导至关重要。

在新疆的实践中，新疆保险行业协会成立商业保险定点医院管理委员会，通过遴选优质合作医院、对合作医院的监督考核等机制，加强了保险公司的主导地位，实现了资源信息共享。[1] 行业协会具有一定的联合力量，可以产生"1+1>2"的效果，但其是否足以与医疗机构抗衡，仍与该地区商业健康险在医疗卫生费用支出中的比例，即商业健康险的作用存在极大关联。相关资料显示，2011—2017 年我国健康险赔付支出在卫生总费用中的占比虽整体呈现上升趋势，但 2017 年的数据也仅为 2.51%。[2] 在此种背景下，商业保险公司对于医疗机构的收入并不会产生较大影响，优质的医疗机构会选择放弃与保险行业协会的合作。因此，信息共享机制的普遍建立，仍需依靠政府的组织引导。在广东江门的实践中，大病保险承办合同规定，保险公司的大病保险工作人员可按协议规定到定点医疗机构查看参保人病历等资料，经江门市社会保险基金管理局授权，可依托江门市社会保险信息系统，进行必要的信息交换和数据共享，

---

① 参见段光华、袁强《新疆加强商业保险定点医院管理成效显著》，《中国保险报》2011年1月19日第3版。

② 参见于莹、阎建军主编《中国健康保险发展报告（2019）》，社会科学文献出版社2019年版，第7页。

同时三方共同开发与维护大病保险信息系统。[①] 未来，保险公司可以在保险行业协会或银保监会的组织下，构建统一的商业健康险信息系统，而卫生主管部门则应组织各医疗机构建立统一的医疗数据管理平台，以社会医保信息平台为纽带，建立三平台的互联互通。保险公司凭借其数据整理分析优势，可以参与到三平台的构建与联通工作中。同时由银保监会、卫生主管部门以及医保经办部门共同组成监管主体，对平台运行中患者个人信息的保护以及合理利用进行监管。

二　谈判机制的建立

医疗服务市场是一个不透明的市场，[②] 更高的价格并不一定意味着更高的医疗服务质量，患者个人的议价能力极弱。保险公司与医疗机构就医疗服务价格的谈判，一方面是对患者利益的保障，通过团体优势为成员争得最大化利益；另一方面是对医疗服务价值的彰显，使医疗服务价格与其价值及需求更相匹配，激励医疗机构及其医务人员不断提升医疗服务质量与水平以及机构的运行效率与综合管理能力。保险公司与医疗机构谈判，表面上是服务支付方与服务提供方的对抗与制约，实则为促进医疗服务体系不断优化的同盟行动。

（一）配合基本医保的谈判机制

2016 年，国家发展改革委、国家卫生计生委、人力资源和社会保障部、财政部制定了《推进医疗服务价格改革的意见》，提出在两类医疗服务中建立谈判机制：一是"对人力消耗占主要成本，体现医务人员技术劳务价值、技术难度和风险程度的公立医院基本医疗服务，探索由政府主导、利益相关方谈判形成价格的机制"；二是"对基本医保基金支付的实行市场调节价的非公立机构提供的医疗服务，由医保经办机构与医疗机构谈判合理确定医保支付标准，引导价格合理形成"。

前已论及，我国的医疗服务体系以大型公立医院为主，其在医务人员素质、诊疗设备等各方面享有巨大优势，致使其在与商业保险公司的力量

---

① 参见《2020—2022 年江门市基本医疗保险大病保险承保服务资格项目政府采购合同（草案）》第 16 条。

② See Molly Gamble, "How Much Should We Expect Healthcare to Mimic Other Industries?" *Becker's Hospital Review*, August 19, 2013（http：//www.beckershospitalreview.com/hospital-management-administration/how-much-should-we-expect-healthcare-to-mimic-other-industries.html）.

对比中享有绝对优势。此外由于大型公立医院大都属于基本医保的定点医院，基本医保的支付在诊疗费用中占较大比例，商业健康保险的作用较小。因此，在服务支付方与服务提供方的谈判中，医保机构作为最大支付方是谈判的最重要主体，而商业保险公司在谈判中则更多的是发挥其在保险专业上以及数据整理分析上的优势，为医保机构提供人员与技术上的支持，推动谈判的专业化进行，使医疗服务的价格更准确地反映其实际价值。

（二）中高端医疗服务的谈判机制

在美国模式中，保险公司通过保费优惠和降低自负比例等激励措施，引导投保人选择保险公司的定点医疗机构，在汇聚了大量投保人资源后，作为医疗服务的团购组织者，其即在医疗服务市场中拥有了影响力与话语权，医生或医疗机构需要加入其定点网络从而获取市场优势，因而谈判机制得以构建。[①] 在中高端医疗服务市场中，大型商业保险公司自身掌握较大数量的潜在服务对象，因此有可能借助团体优势与医疗机构建立谈判机制。

近年来，一些地区出台政策，试图将中高端医疗机构纳入基本医保支付范围内，虽然其本意是希望为居民提供更优质的医疗服务资源，但笔者认为此种政策的合理性仍有两点需要考虑。一是基本医保的存在价值以及支付能力问题。基本医保的服务目标应致力于对居民基本健康需求的满足，基本的健康需求应是大众病有所医的一种低水平状态。《社会保险法》第 3 条规定，"社会保险制度坚持广覆盖、保基本、多层次、可持续的方针，社会保险水平应当与经济社会发展水平相适应"。基本医保作为一种社会保险，其所保障的对象并非一城一市，而是整个社会群体。在一些地区已经出现医保基金"穿底"风险的背景下，不注重提升基本医保的平等性而去关注其保障内容的高端性，显然不符合社会保险的设立初衷。即使不关注其他地区，仅着眼于医保基金充裕的地区，高端医疗机构的巨额费用也会给医保基金带来负担，此种向未来转嫁风险的行为，若该地区未来一旦发生经济下滑现象，将会带来巨大的社会稳定隐患。二是中高端医疗机构的意愿问题。接入基本医保后，医疗机构的患者数量虽然会

---

① 参见于莹、阎建军主编《中国健康保险发展报告（2019）》，社会科学文献出版社 2019年版，第 71—72 页。

增加，但服务机构的服务能力是否可以应对激增的患者数量仍然存疑。此外基本医保的支付方式目前仍为后付制，则是否会存在拖欠账款的问题也是医疗机构需要考量的问题。例如，上海一家中高端医疗机构即因为担心就医环境变差，有损于品牌形象，最终并未接入基本医保。①

笔者认为，根据现阶段的经济社会发展水平，商业保险公司才是与中高端医疗机构合作的适宜对象，因而保险公司应当承担起与中高端医疗机构谈判机制构建的工作。一方面，中高端医疗机构的医疗服务实行市场调节价政策，有谈判的空间存在；另一方面，保险公司掌握的优质客户资源正是中高端医疗机构的目标患者，双方力量对等，有谈判的可能性。参照美国的医疗服务团购模式，商业保险公司除单独与医疗机构谈判外，更好地选择是与其他公司组成实力更强的联合体，共同与医疗机构进行谈判。

三　"医疗+保险"经营模式的创新

（一）发展背景

如前所述，保险公司布局健康产业，是其在健康险产品同质化的市场背景下，创新健康险产品、控制保费支出以及提升品牌竞争力的重要发展模式。健康险本身即是与医疗密切相关的险种，从核保到承保再到理赔均需要与医疗机构的深度协作沟通，而健康险能持续良性发展的关键也正是在于保险公司可以对医疗卫生费用的支出进行控制。因此，构建医疗与保险的发展闭环，实现二者的资源整合与协调制约，是健康保险业发展的必然选择。

"医疗+保险"合作融合的根本目的，在于保险公司与医疗机构通过协同分工，发挥各自的专业能力，从而能够合理分配健康产业链的收益和风险，提升资源利用效率，实现产业链上所有利益相关者互利共赢的格局。② 商业保险公司借此可以有效实现控费与获得客户资源、增加客户黏性的多重效果，而医疗机构同样可以得到发展上的助力，同时保险对于患者的全面保障也有利于医患关系的缓和。对于医疗服务体系而言，保险公司的加入不仅使患者可以获得的医疗资源增加，医疗服务市场更趋层次性

---

① 参见《高端医疗进医保，这事儿靠谱吗？》，2018 年 8 月 4 日，搜狐网（https://www.sohu.com/a/245181024_502689）。

② 参见刘涛、何亮、李金辉《基于国际经验的我国保险与医疗合作模式研究》，《管理现代化》2019 年第 3 期。

与活力，还可以激励各医疗机构提升服务质量，促进医疗卫生事业的发展壮大。

（二）"医保融合"的具体模式

1. 商业保险公司与医疗机构建立战略合作关系

商业健康险的发展目标应致力于为客户提供基本医保所不能实现的多层次、多样化的健康保障，其中商业保险公司与医疗机构的战略合作即是为此种发展模式提供资源上的保障。客户在购买商业健康险时，有两类服务需求期待保险公司满足，一是在就医时可以获得更优质更快捷的服务，二是在理赔时可以获得完全快捷的理赔。因此商业保险公司可以和各医疗机构建立战略合作关系，为其客户提供个性化的优质医疗服务。如提供就诊、住院、手术等方面的绿色通道、优秀医务人员，海外或其他优质医疗机构的就诊渠道以及出险后的直赔服务等。而医疗机构通过与保险公司的合作，可以借由保险公司获得优质的服务对象资源，同时为了保证服务对象的忠诚度，其也会产生提升诊疗与服务水平的内生驱动力。双方在各自利益实现的过程中，促进了患者利益的满足与医疗服务质量的提升。

在高端医疗以及涉外医疗领域，保险公司掌握优质的客户资源，使得二者的合作较为深入。例如，英国保柏集团与复旦大学附属中山医院和华东医院合作，通过对医院诊疗、服务等各方面能力的评估，将其认定为其定点医疗机构，从而在国际病患客户的就诊上达成资源共享。[①] 保险公司除与国内医疗机构就国际患者就诊展开合作之外，还可与国外医疗机构就国内患者的就诊进行合作。如泰康保险与霍普金斯等全球顶级医院建立绿色转诊通道，为国内客户提供专家远程会诊、海外健康体检、就医诊治等全球医疗一站式直通服务。[②] 而在普通医疗领域，保险公司与医疗机构的合作目前更多地集中于核保前的体检以及理赔过程中的审核。未来随着商业健康险在医疗卫生费用中的支付比例不断提升，保险公司有望掌握更多话语权，加深与医疗机构在诊疗阶段的合作关系。

2. 商业保险公司投资医疗机构

多项医改及保险业发展的相关文件均提出了支持保险业投资医疗机构

---

① 参见《健康险公司发展新合作战略　成立定点医疗机构》，2015 年 10 月 11 日，向日葵保险网（http://www.xiangrikui.com/jiankang/qita/20151011/443454.html）。

② 参见《泰康与霍普金斯开展合作：建立国际顶级医院转诊绿色通道》，2014 年 9 月 3 日，搜狐财经网（http://business.sohu.com/20140903/n404040117.shtml）。

的政策。① 医疗事业的发展具有投资规模大、回收周期长的特点，投资医疗事业是一种长期的资产配置行为。而商业保险公司恰好具有大量期限性的资金需要投资，且其经营模式所谋求的是长期稳定收益，因而与医疗事业的发展特点相契合。因此，商业保险公司也具备投资医疗机构的可能性。由于公立医院在医疗服务体系中的强势地位致使商业保险公司难以融入其中，故更有效的方式是由商业保险公司投资医疗机构，构建属于自己的健康全产业。

商业保险公司对医疗机构的投资模式包括完全投资自建医疗机构，也包括收购民营医疗机构，还包括改制、托管公立医院等多种类型，其重点在于与医疗机构形成密切的利益统一体。投资医疗机构的目的有三。一是更好地实现控费。控费是保险产品运营中的重要内容，关系到产品是否能持续良性运营，是健康险产品的命脉。而在目前保险公司对公立医院的过度诊疗行为还不能有效实施监督的背景下，其投资建设自身具有控制力的医疗机构就成了必然之路。保险公司通过投资医疗机构掌握了话语权，不再处于弱势地位，可以直接介入医疗机构的日常运作过程中，由此便可以实现有效控费的效果。二是提升自身商业健康险的吸引力。保险产品附加的高端诊疗服务、个性化诊疗需求的满足、结算服务的便捷等增值服务，是同质化健康险产品市场上，保险公司的竞争力和吸引力所在。商业保险公司在投资医疗机构的过程中，不是简单地为其注入资金或建设同质的医疗实体，而是致力于为自己的保险客户提供更具针对性的高质高效医疗服务，从而跳出传统保险的范畴增加保险之外的其他服务吸引力。三是构建大健康产业链。医疗需求是刚需，而健康状态的维持也越来越受到重视。保险公司投资医疗机构，提供中高端标准化的医疗服务资源，以健康维持为服务核心，不仅构建了从疾病预防到诊疗康复的健康产业闭环，也提升了公司品牌的竞争力与吸引力。

以泰康保险集团为例，在高端医疗机构的投资方面，其通过参与南京仙林鼓楼医院的改制投资，获得了后者80%的股权。其推出的具有及时

---

① 参见《国务院关于加快发展现代保险服务业的若干意见》（2014 年 8 月 10 日发布）："支持保险机构参与健康服务业产业链整合，探索运用股权投资、战略合作等方式，设立医疗机构和参与公立医院改制"；《中国保险业发展 "十三五" 规划纲要》（2016 年 8 月 23 日发布）："支持保险机构运用股权投资、战略合作等方式设立医疗机构"；《 "健康中国 2030" 规划纲要》："支持保险业投资、设立医疗机构。"

性与私密性的私人医生以及高质高效的海外就医等高端医疗服务，与消费提质升级背景下的高端保险客户的医疗服务需求高度契合。在基层医疗机构的投资方面，其投资建设了泰康医疗成都诊所，提供健康管理、预防保健、医疗康复和常见病的诊断治疗等基础医疗服务，并根据高端客户的私密性、高效性以及人性化要求按照国际标准打造服务质量，为产业链上更高级别的医疗中心积累优质客户资源。①

3. 商业保险公司建设互联网医院

"互联网+医疗""互联网+保险"是随着互联网产业发展衍生出来的重要经营模式，其中商业保险公司作为支付方，可以有效连接医疗、药品、器械等服务方与客户，构建"互联网+大健康"的保险经营新模式，一方面为客户争得最大利益，另一方面为各服务方带来优质客户，促进健康产业的壮大。同时商业保险公司通过互联网数据技术的应用，可以更加精确快捷地获得相关健康及疾病数据，为健康险产品的创新以及定价、风险评估等提供新的思路与数据支撑，

互联网医院所提供的服务中涉及远程医疗的内容，远程医疗具有医学的专业属性，根据规定，为了规范远程医疗行为，保障诊疗质量与患者利益，远程医疗的提供主体必须是医疗机构。② 因此，在此种新型的"互联网+"医疗机构模式中，商业保险公司须首先取得互联网医院牌照，而后才能为客户提供线上问诊、私人医生等诊疗服务。在这一实践中，互联网保险公司众安保险创建了众安互联网医院，除传统的问诊、健康管理档案建立外，还支持全国范围内的药品配送服务，真正实现了患者足不出户即可看病拿药。此外，保险人作为支付方，以保险直赔方式直接向医疗机构以及药店支付，使患者无须先垫付费用而后再请求保险给付，无缝连接消费者与服务端，在经营模式上具有极大的创新意义。③

---

① 参见《泰康医疗成都诊所亮相　西南区域立体化布局进一步深化》，2019 年 9 月 5 日，泰康保险集团官网（http：//www. taikang. com/news/local/2019/09/10/3055. html）。

② 《国家卫生和计划生育委员会关于推进医疗机构远程医疗服务的意见》（2014 年 8 月 21 日发布）："非医疗机构不得开展远程医疗服务。"

③ 参见姜鑫《众安互联网医院上线，一元问诊，你想试试吗？》，2019 年 12 月 19 日，百度百家号网（https：//baijiahao. baidu. com/s？id = 1653357050781514568&wfr = spider&for = pc）；《众安获互联网医院牌照　首次公开互联网医院布局》，2019 年 7 月 24 日，环球网（https：//tech. huanqiu. com/article/9CaKrnKlKtp）。

第三节 商业保险公司对管理式医疗的探索

发展管理式医疗有助于解决我国在医疗体制改革进程中面对的种种问题，而健康管理成为一种有效地实现管理式医疗的手段。社会、政府、企业及个人都应参与提供健康管理服务，其中商业保险公司是向群众提供健康管理服务的重要力量。商业保险公司具有开展健康管理服务的内在动力，也具有提供健康管理服务的优势之处。本节内容主要探讨在探索发展管理式医疗的过程中，商业保险公司提供健康管理服务的动因、优势及发展路径。

一 管理式医疗在中国的发展概况

在我国医疗卫生体制不断深入改革的过程中，伴随着我国逐渐进入老龄化社会，我国面临着医疗费用不断上涨、缺少高质量的医疗服务、医疗保险制度可持续性难以保障等问题。事实上，纵观西方发达国家医疗卫生体制的发展历程，各国在医疗卫生领域都会面临类似的问题，并采取了不同的方式来解决这些问题。面对医疗费用迅速上涨的问题，美国选择构建管理式医疗系统，以实现医疗卫生体制下"更高的健康水平、更好的就医体验、更低的人均医疗费用"的目标。美国的管理式医疗出现于 20 世纪 30 年代，是指为达到对医疗费用、诊疗效果及健康水平的管控，在同一模式内对医方与患方进行统一的主动管理。[①] 在管理式医疗系统下，管理式医疗服务的提供方可以从两个角度介入，一是向患者提供健康管理服务，二是管控医疗机构的诊疗行为。在美国，管理式医疗服务提供方往往同时拥有保险执照，或者由商业保险公司介入管理式医疗系统，促进如典型的"凯撒模式"等管理式医疗保险模式的形成，医疗保险的功能因而发生了变化。面对人口老龄化进程加快、慢性病患病率不断上涨的挑战，我国可以借鉴美国的管理式医疗，来实现对医疗费用支出的控制。然而我国与美国的基本国情不同，不能完全照搬美国的运行模式。我国的医疗机构大部分为公立医院，公立医院地位较高、拥有较大的话语权。而管理式

---

① 参见辛丹《健康保险与健康管理》，中国财政经济出版社 2018 年版，第 2 页。

医疗服务提供方往往地位较低，难以与医疗机构达成合作，更难以直接管理控制强势的医疗机构的诊疗行为。因此，我国商业保险公司为发展管理式医疗保险模式，应当从患者的角度介入，为患者提供健康管理服务。健康管理从而成为一种有效地实现管理式医疗的手段。①

　　健康管理最早是 20 世纪 50 年代末在美国提出的概念，是指"对不同人群的健康危险因素进行全面检测、分析、评估、预测、预防和维护的全过程"。美国最初的健康管理概念的核心内容是医疗保险机构为减少医疗保险赔付损失而对其医疗保险客户开展系统的健康管理。② 随着美国健康管理事业的发展，健康管理理念逐渐成为人们的基本意识，美国政府、社区、医疗保险公司以及医疗机构几乎都参与到了健康管理活动中。③ 在 20 世纪末健康管理的理念从国外传入我国后，我国也陆续出现了众多健康管理机构，提供健康体检、运动保健等健康管理服务。2001 年，我国就出现了第一家健康管理公司——北京博益美华健康管理有限公司。在 2012 年保监会下发的《关于健康保险产品提供健康管理服务有关事项的通知》中，对我国的健康管理服务进行了明确定义："针对健康风险因素，通过检测、评估、干预等手段，实现控制风险、改善健康状况的服务"，包括健康体检、就医服务、生活方式管理、疾病管理、健康管理等内容。④ 近年来，"健康中国"已经上升为国家战略，政府连续出台《"健康中国 2030"规划纲要》《健康中国行动（2019—2030）》等多个政策文件，为发展健康管理产业提供支持引导，鼓励社会、政府、企业及个人各方参与提供健康管理服务。在新颁布的《基本医疗卫生健康促进法》中，也再次强调了健康管理的重要性，鼓励公民"树立和践行对自己健康负责的健康管理理念，主动学习健康知识，提高健康素养，加强健康管理"。

　　政府作为健康管理服务的提供方，提供服务的方式是将针对不同人群的健康管理服务纳入基本公共卫生服务项目之下，力图通过向居民提供免费的公共卫生服务促进居民健康水平的提升。依据 2017 年修订的《国家

---

① 参见辛丹《健康保险与健康管理》，中国财政经济出版社 2018 年版，第 127 页。

② 参见张晓《健康保险医学基础》，中国财政经济出版社 2018 年版，第 58 页。

③ 参见符美玲、冯泽永、陈少春《发达国家健康管理经验对我们的启示》，《中国卫生事业管理》2011 年第 3 期。

④ 参见辛丹《健康保险与健康管理》，中国财政经济出版社 2018 年版，第 128 页。

基本公共卫生服务规范》(第三版),各地的基层医疗卫生机构应继续实施"建立居民健康档案、健康教育、预防接种、儿童健康管理、孕产妇健康管理、老年人健康管理、慢性病患者健康管理、严重精神障碍患者管理、肺结核患者健康管理、中医药健康管理、传染病和突发公共卫生事件报告和处理、卫生监督协管"12 类基本公共卫生服务项目。① 其中就包括面向不同年龄、性别、人群的健康管理服务。然而考察我国基层医疗卫生机构开展健康管理的情况,发现社区卫生服务中心、乡镇卫生所等基层机构提供健康管理服务的能力十分有限,其提供的健康管理服务存在种类单一、质量不高的问题,难以满足民众的健康需求,更不利于推动我国管理式医疗的实现。

在市场上,商业保险公司也是向群众提供健康管理服务的重要力量。在中国银保监会发布的最新修订的《健康保险管理办法》中,健康管理首次以专章形式写入,进一步对商业保险公司提供健康管理服务进行规范。依据《健康保险管理办法》的规定,保险公司可以将健康保险产品与健康管理服务相结合,而健康管理服务的内容包括健康风险评估和干预、疾病预防、健康体检、健康咨询、健康维护、慢性病管理、养生保健等。新《健康保险管理办法》的颁布为保险公司开展健康管理服务提供了法律基础。在实践中,商业保险公司也积极探索,推动健康管理与健康保险结合。从 2010 年开始,我国商业保险公司做了以股权投资、战略合作等方式自建或共建专业健康管理机构以及利用"互联网+健康"的思路搭建健康管理平台等尝试,积累了宝贵的经验,初具健康管理服务能力。② 例如人保健康打造了线上"PICC 人民健康"App 以及线下健康管理中心等健康管理平台;中国平安开发运营"平安好医生"App,为客户提供在线健康管理服务;泰康保险集团旗下专门成立了泰康健康产业投资控股有限公司,作为专业从事健康产业投资和管理的全资子公司。③ 可见,商业保险公司具有提供健康管理服务的实力,管理式医疗在我国的发展需要商业保险公司的积极参与。商业保险公司应发挥其提供健康管理服务的优势之处,不断改革创新其提供的健康管理服务,加强与政府部门、

---

① 参见《关于做好 2019 年基本公共卫生服务项目工作的通知》,2019 年 8 月 30 日发布。

② 参见孙向谦、宗苏秋《商业保险公司开展健康管理服务的发展分析》,《卫生经济研究》2019 年第 10 期。

③ 参见辛丹《健康保险与健康管理》,中国财政经济出版社 2018 年版,第 45 页。

医疗机构的合作，控制医疗费用的不断上涨，最终发挥管理式医疗的作用。

二　商业保险公司提供健康管理服务的动因

商业保险公司通过提供健康管理服务发展管理式医疗保险模式，对商业保险公司而言具有很大价值，不仅能够增强被保险人的健康素质、减少医疗保险的赔付支付，还有助于降低保险合同双方的信息不对称程度，从而更好地减少道德风险发生的可能性。提供健康管理服务，既有利于商业健康保险的发展，也有利于商业保险公司的发展，因此商业保险公司具有开展健康管理服务的内在动力。

（一）减少赔付支出，控制经营成本

商业保险公司在经营商业健康保险、参与经办基本医疗保险的过程中提供健康管理服务，促进健康管理与商业健康保险、健康管理与基本医疗保险的结合，有助于从源头上管控参保人的患病风险、控制诊疗费用的支出，从而实现减少保险赔付支出的目的。

首先，健康管理服务能够通过控制患病风险来减少保险赔付支出。依据我国保监会的年度统计数据，近年来商业健康保险发展迅速，但同时保险赔付率居高不下，保险公司经营成本较高。[①] 在社会基本医疗保险领域也存在这样的问题，随着社会老龄化程度加剧、慢性病呈现高发态势，医疗费用持续上涨，医保基金支出负担加重。[②] 保险赔付率高是因为疾病风险存在多发性、不稳定性，现有的保险风险控制措施的控制效果不理想。而健康管理与医疗保险的结合的实质是将工作重点由疾病风险分摊向疾病风险控制转移，达成最小风险下的互助共济。[③] 世界卫生组织的研究成果表明："人类三分之一的疾病可以通过预防保健来避免，三分之一的疾病通过早期发现可以得到控制，三分之一的疾病通过信息的有效沟通能够提

---

① 参见孙向谦、宗苏秋《商业保险公司开展健康管理服务的发展分析》，《卫生经济研究》2019 年第 10 期。

② 参见巢健茜、蔡瑞雪《健康中国背景下健康管理在社会医疗保险中的应用》，《山东大学学报》（医学版）2019 年第 8 期。

③ 参见姚静静、孙强《健康管理服务纳入社会医疗保险支付范围的路径探讨》，《中国初级卫生保健》2016 年第 9 期。

高治疗效果。"① 健康管理服务项下健康风险评估和干预、疾病预防、健康体检、健康咨询、健康维护等内容能够有效维护居民身体健康，从源头上预防、发现并控制疾病，延缓疾病发展，降低疾病的发生率，从而实现对疾病风险的有效控制。另外，当前慢性非传染性疾病成为危害居民健康的主要原因，慢性疾病患病周期长、医疗费用高，而最好的应对方法就是对健康危险因素的预防控制。健康管理中的慢性病管理能够实现对健康危险因素的预防控制，减少慢性病发生的危险。②

其次，商业保险公司还可以在提供健康管理的过程中控制诊疗费用的支出，从而降低保险赔付额。医疗保险制度下第三方支付费用的机制存在弊端，基本医保经办机构与商业保险公司对医疗服务供需双方的制约作用并不强，医疗服务的支付方话语权较小，无法对医疗服务供给方的诊疗行为进行控制，导致医疗费用不合理上涨的情况出现。③ 但在提供健康管理服务的过程中，商业保险公司可以与医疗机构开展更深入的合作，商业保险公司能够代替患者行使监督诊疗行为的权利，间接促使医疗机构减少过度医疗等不合理的诊疗行为。此外，健康管理服务可以增进被保险人对健康常识和相关医疗机构的了解，缓解医患双方信息不对称，减少不必要的诊疗行为；通过指导就医，提高诊疗的合理性，从而减少医疗费用支出。④ 减少社会基本医疗保险的赔付支出，能够降低社会基本医保基金的支出负担，促进基本医疗保险的可持续发展；而减少商业健康保险的赔付支出，则能够降低商业保险公司的经营成本，有利于商业保险公司获得更多的利润收入。因此，由商业保险公司提供健康管理服务，既能够发挥保障医疗保险制度可持续性的作用，又是提高商业保险公司盈利水平的有力举措，而增加盈利是商业保险公司开展健康管理服务最大的内在动力。⑤

① 参见杨燕绥、廖藏宜《医疗体制改革与健康保险发展》，中国财政经济出版社 2018 年版，第 53 页。

② 参见巢健茜、蔡瑞雪《健康中国背景下健康管理在社会医疗保险中的应用》，《山东大学学报》（医学版）2019 年第 8 期。

③ 参见辛丹《健康保险与健康管理》，中国财政经济出版社 2018 年版，第 41 页。

④ 参见巢健茜、蔡瑞雪《健康中国背景下健康管理在社会医疗保险中的应用》，《山东大学学报》（医学版）2019 年第 8 期。

⑤ 参见孙向谦、宗苏秋《商业保险公司开展健康管理服务的发展分析》，《卫生经济研究》2019 年第 10 期。

（二）减少道德风险和逆向选择

通常情况下，由于保险市场主体双方的信息不对称，商业保险公司对被保险人的健康状况不了解，可能会发生道德风险及被保险人逆向选择的情况。商业保险公司通过提供健康管理服务，为被保险人建立健康档案，能够掌握更多被保险人的健康信息，避免被保险人利用信息优势作出不利于保险公司的行为。此外，通过搭建的健康管理信息共享平台，可以实现对整个健康流程的监控和追踪，在很大程度上防范道德风险和逆向选择的发生，营造更有利于保险公司发展的市场环境。[①]

（三）推动商业健康保险的发展进步

第一，商业保险公司提供健康管理服务，可以突出公司特色、积累客户资源，以及让客户拥有更好的保险体验，从而增强客户黏性。开展的健康教育等项目有利于提升居民对自身健康状况的关注度，普及保险意识，向更多的人推广商业健康保险，将广大客户潜在的健康保险需求转化为切实的保险保障，推动商业健康保险市场的发展。

第二，健康保险的费率厘定、产品设计等方面都离不开大量数据的支持，但掌握大量数据的公立医院的合作意愿不强，商业保险公司难以及时掌握重要的健康信息。[②] 而健康管理能够实现健康信息的流通与共享，有利于商业保险公司对商业保险产品进行设计改进、精算定价、作出准确客观的核保结论，以及设计出更符合居民健康保障需求的产品，提高健康保险产品的质量。

三　商业保险公司提供健康管理服务的优势

如上文所述，政府也是健康管理服务的供给者。我国把对儿童、孕产妇、老年人、慢性病患者等不同人群的健康管理列为主要的免费基本公共卫生服务项目，提供基本公共卫生服务的城市社区卫生服务中心、乡镇卫生院等城乡基层医疗卫生机构成为开展健康管理工作的重要力量。然而考察我国基层医疗卫生机构开展健康管理的情况，发现存在临床诊疗工作任务重而专业人员短缺的问题，不断增加的慢性病患者数量已成为目前社区卫生服务中心的沉重负担。随着我国医疗体制改革的不断推进，分级诊疗

[①] 参见孙向谦、宗苏秋《商业保险公司开展健康管理服务的发展分析》，《卫生经济研究》2019 年第 10 期。

[②] 参见安永、太保安联健康保险股份有限公司《中国商业健康险白皮书》，第 29 页。

制度的实施会促使更多患者来社区卫生服务中心、乡镇卫生院等城乡基层医疗卫生机构就诊，那么本就能力有限的基层医疗卫生机构的工作重心将倾斜于临床诊疗工作，最终导致其提供健康管理服务的能力进一步被削弱。城乡基层医疗卫生机构提供的健康管理服务内容也存在种类单一、质量不高的问题，难以满足群众的健康需求。在其他方面，基层医疗卫生机构的医师对开展健康管理工作缺乏激励、政府财政资金投入不足等问题也亟待解决。[1] 而相较于政府的基层医疗卫生机构，商业保险公司作为健康管理服务的供给主体则更优越性。

第一，商业保险公司具有资金方面的优势。我国目前没有健康管理的专项经费。基层医疗卫生机构的资金主要来源于国家财政提供的基本公共卫生服务经费以及国家各部委和地方的项目经费，还包括部分通过体检收入获得的社会资金，总体而言投入到健康管理领域的资金较少，导致资金投入不足成为健康管理服务持续发展的障碍。[2] 不同于依赖财政经费维持运转的基层医疗卫生机构，商业保险公司资金来源广泛、具有更加雄厚的资金基础。更加雄厚的资金基础意味着商业保险公司拥有更强大的医疗资源整合能力，对健康管理领域的专业人员也有更强的吸引力，可以解决健康管理服务工作的人员短缺问题。同时商业保险公司可以加大对培养专业健康管理人员的投入，提高从业人员的专业能力，从而提升健康管理服务的整体质量。

第二，商业保险公司具有信息技术方面的优势。在商业保险领域，大数据、人工智能、物联网、云计算等技术已得到广泛运用。若商业保险公司将这些科技运用于健康管理，既有助于提高服务效率与质量，也有利于健康管理服务的长远发展。例如保险公司可以利用大数据技术创建数据共享平台，促进不同机构间信息的交流，实现健康信息采集及健康状况分析的高效、精准，能够有针对性地根据疾病特点来开展健康检查等工作，避免不必要的常规检查造成的医疗资源的浪费；保险公司可以借助信息技术，从多个渠道普及养生保健知识，开展全天候的线上健康咨询服务，为管理对象提供更多自我管理的方式；保险公司甚至还可以使用可穿戴信息

---

[1] 参见李江、陶沙、李明等《健康管理的现状与发展策略》，《中国工程科学》2017 年第 2 期。

[2] 参见李江、陶沙、李明等《健康管理的现状与发展策略》，《中国工程科学》2017 年第 2 期。

化设备收集记录服务对象的健康情况，实现对服务对象健康信息的实时处理评估，以便及时提供健康预测预警服务。[①]

第三，商业保险公司具有服务多样化、全方位化的优势。基层医疗卫生机构提供的健康管理服务坚持以预防为主的服务原则与核心理念，是在预防保健、防病治病或人人享有同等健康保健权利的范畴内，在对风险因素进行筛选或评估的基础上实施健康干预活动的管理服务。[②] 而商业保险公司可以通过与健康产业链中"医、养、药、护"机构的合作，为居民提供病前预防保健、病中诊疗干预、病后恢复护理等服务，实现服务的全方位化，切实发挥健康管理提升群众健康水平的作用。另外，商业保险公司可以提供形式更加多样、内容更加丰富的健康管理服务。商业保险公司可以针对不同人群的不同需求，为其制订特色的健康管理服务方案，不断丰富健康管理服务的形式和内容，提供会诊安排、陪同就医、海外医疗安排等多样化的健康管理服务。例如为响应国家积极应对人口老龄化的号召，商业保险公司可以与老年人或其亲属签订健康管理协议，与医疗机构及养老机构合作，向老年人提供健康教育、预防保健、定期诊疗、康复护理、长期照护等健康管理服务，推进医养有机结合，构建针对老年人的全方位、综合性的健康管理体系。

第四，商业保险公司具有充当医疗监管者的优势。相较于同时承担着诊疗工作的基层医疗卫生服务机构，商业保险公司能够作为一个中立的医患关系中的第三方，充当介于患者与医疗机构之间的医疗指导顾问的角色。当服务对象需要就医时，商业保险公司提供的会诊安排、陪同就医等服务，可以给服务对象提供就医指导，合理地把服务对象指引到最适合自身情况的医疗机构接受诊疗。如此既可以避免服务对象胡乱就医、医不对症，让其及时接受最安全的、高质量的治疗，还能够实现医疗资源的高效、精准配置，避免医疗资源的不必要浪费。[③] 同时，商业保险公司基于中立的地位，可以充当医疗监管者的角色，代理病患行使医疗监督的权利，控制不合理医疗费用支出，减少医疗机构的诱导需求所导致的过度消

[①] 参见吴志鹏《健康管理理念下商业保险公司参与医疗资源整合之优势》，《上海保险》2019 年第 6 期。

[②] 参见张晓《健康保险医学基础》，中国财政经济出版社 2018 年版，第 58 页。

[③] 参见吴志鹏《健康管理理念下商业保险公司参与医疗资源整合之优势》，《上海保险》2019 年第 6 期。

费，促进医疗资源的公平配置。[①]

四　商业保险公司提供健康管理服务的发展路径

为推动管理式医疗系统在我国的良好运行，解决医疗费用不断上涨、缺少高质量的医疗服务、医疗保险制度可持续性难以保障等问题，商业保险公司需要不断创新设计其提供的健康管理服务、逐步布局完整的健康产业链、加强与政府的合作，促进健康管理的发展。

（一）创新健康管理服务

商业保险公司应当借鉴国外的先进经营、结合本土特色，创新健康管理服务，针对不同人群提供不同内容、不同层次的健康管理服务。

第一，商业保险公司提供的健康管理服务应区分为向健康人群提供的服务以及针对患病人群设计的服务。健康管理的科学基础在于，疾病特别是慢性病的发生、发展过程及其危险因素均是可干预的。[②] 人有健康与患病两种状态，从健康状态到患病状态的发展过程可能很长，健康管理可以在这样的过程中发挥作用，防范疾病的发生和发展。我国目前的健康保险产品及健康管理服务，大部分都是针对健康体人群设计的。向未患病的客户提供健康咨询、健康体检、风险评估等服务，有助于树立大健康的观念，引导群众采取预防性措施，从源头上控制疾病的发生。而我国还有人数众多的患病人群和亚健康体，依据相关数据统计，全国高血压患者大约2.7亿、2015年糖尿病患者高达1.096亿。[③] 近年来，商业保险公司创新健康保险产品，打破了不保已患病人群的传统，而只有做好对慢性病患病人群健康管理服务，才能保证以患病群体为客户的各种慢性病保险良好运作。并且，只有通过健康管理切实控制患病人群的病情、降低其发病率，才能显著发挥健康管理降低社会整体医疗费用支出的作用。因此，在发展向健康人群提供的健康管理服务的同时，还要做好对患病人群的健康管理。商业保险公司可以借鉴国外的先进模式，既要通过管理用药、指标监控等方式做好慢性病管理等工作，也要提供指导就医、专家会诊等服务来

[①]　参见陈敏敏、陈清、冀亚琦《企业化健康管理的现状分析及发展策略》，《中国卫生事业管理》2008年第8期。

[②]　参见张晓《健康保险医学基础》，中国财政经济出版社2018年版，第304页。

[③]　参见于莹、阎建军主编《中国健康风险发展报告（2019）》，社会科学文献出版社2019年版，第18页。

规避不合理的诊疗行为。

第二，商业保险公司可以在经营商业健康保险、经办基本医疗保险的过程中，推出与不同保险相结合的不同层次的健康管理服务产品。目前我国商业保险公司在实践中积极探索，主要向购买本公司健康保险的客户提供健康管理服务，推动健康管理与健康保险结合。而在商业保险公司参与基本医疗保险经办管理的同时，也可以向基本医疗保险的被保险人提供健康管理服务。为了满足商业保险公司的盈利需求，与不同保险结合的健康管理服务可以被设计为不同层次的产品。对于购买高额商业健康保险的高端客户，可以向其额外收取增值服务费用，通过与专业健康管理公司合作来提供较为高端的健康管理服务，如上门家庭医生、海外就医、全方位健康干预等服务。对于购买普通商业健康保险的客户，可以将健康服务费用计入保险产品定价，向客户提供全方位健康体检、绿色就医通道等物美价廉的健康服务。而对于参加基本医疗保险的社会大众，商业保险公司可以在管理经办的同时，可以向其提供建立健康档案、健康咨询与健康教育、开展常规项目体检等服务，努力实现"投入小、回报大、覆盖面广"的目标与效果。①

第三，商业保险公司可以结合我国中医"治未病"的医学理论，对健康管理产品进行创新，发挥中医药在健康管理中的作用。中医的"不治已病治未病"是早在《黄帝内经》中就提出来的防病养生谋略，是采取预防或治疗手段，防止疾病发生、发展的方法，与源于西方的健康管理理念不谋而合。在传统中医理念中，中医体质辨识可以对人的健康状况进行评估，在提供健康管理服务的过程中可以采取中医"望、闻、切、问"等手段来对客户的健康状况进行诊断。中医保健养生则能够发挥健康促进的作用，通过食疗、药疗、针灸、推拿等传统中医疗法，能够增强人民群众的身体素质，还可以适当选用部分中医药产品来稳定慢性病患者的病情、促进疾病康复。此外，推广中医文化有利于提高人民群众的健康意识，引导全民积极养生、提高自己健康水平。②

---

① 参见符美玲、冯泽永、陈少春《发达国家健康管理经验对我们的启示》，《中国卫生事业管理》2011 年第 3 期。

② 参见李江、陶沙、李明等《健康管理的现状与发展策略》，《中国工程科学》2017 年第 2 期。

（二）布局健康产业链

为推动健康管理在我国的长远发展、更好地发挥健康管理的作用，商业保险公司应当发挥资金优势来积极整合医疗卫生资源，通过自建或参股医院、建立养老社区、投资专业的健康管理公司参与到医疗卫生服务的各个环节，向客户提供从疾病预防到辅助就医再到保险赔付的全链条服务，构建完整的大健康产业链。

1. 投资专业健康管理机构

专业的健康管理机构具有专业设备优良、服务环境良好、服务质量可靠、服务人员专业等优势，能为客户提供高质量、全方位的健康服务。商业保险公司投资专业健康管理机构，由专业健康管理机构为客户提供服务，能够拓展服务空间、扩大服务项目。专业健康管理机构能够弥补商业保险公司缺乏专业性的不足，能够满足不同层次人群对健康管理服务的多样化需求，提高健康管理服务的质量。从而可以给商业保险公司的客户带来更好的服务体验，增强商业保险公司的竞争力。近年来，我国部分大型商业保险公司开始投资建设、入股专业的健康管理机构，双方达成了良好合作。例如中国人民健康保险股份有限公司，截至 2018 年年底，已建设37 家健康管理中心，构建完整的优质服务体系。[1]

2. 自建医院或参股医院

商业保险公司可以投资自建医院或参股现有的医院，为客户提供诊疗服务，有助于提高健康管理的效率。一方面，对于自建的或参股的医疗机构，商业保险公司能够掌握更大的话语权，从而有利于商业保险公司对诊疗行为进行监督控制，最大限度地避免过度医疗等医疗资源的浪费现象，最终实现通过健康管理降低诊疗费用支出的目标。另一方面，通过进军医疗服务行业，商业保险公司能够打破医疗机构与商业机构之间的壁垒，实现与医疗机构之间的信息网络对接，共享彼此掌握的医疗数据信息，既有助于提高健康管理质量，也有利于商业保险公司进行风险控制。[2] 在实践中，在与医疗机构达成密切合作之外，越来越多的商业保险公司进行了自建或参股医院的尝试，例如泰康保险集团股份有限公司就致力于构建完整

---

[1]　参见于莹、阎建军主编《中国健康风险发展报告（2019）》，社会科学文献出版社 2019 年版，第 22 页。

[2]　参见吴志鹏《健康管理理念下商业保险公司参与医疗资源整合之优势》，《上海保险》2019 年第 6 期。

的健康医疗服务网络。泰康保险集团不仅与南京鼓楼医院共同投资设立了旗下首家医、教、研一体化大型综合医院——泰康仙林鼓楼医院,还在2018年6月投资购买了拜博口腔公司51.56%的股权。泰康保险集团有意通过参股拜博口腔来打造中国口腔医疗服务领域的"凯撒模式",陆续推出5款口腔保险产品,并向购买保险的客户提供门诊预约等健康管理服务,还将拜博口腔门诊的就诊结算系统与保险公司的保险核算系统完全对接,从而实现保险理赔直付,给客户带来好的服务体验。[①]

3. 建立健康养老社区

我国已步入老龄化社会,老年人对健康管理的需求远高于其他社会群体,针对高龄人群的健康管理服务产品有很大的市场发展空间,需要引起商业保险公司的重视。不同于其他人群,老年人有"医养结合"的需求,老人对医疗服务、健康管理服务、长期护理服务的需求应当被一站式满足。[②] 商业保险公司可以通过建立养老社区来满足老年人的多样化需求,汇集各种优质医疗资源,向老人提供更全面的健康管理服务,从而促进老年人身体健康、降低医疗费用支出。在健康养老社区中,能够实现医疗服务、健康管理与医疗保险的相互衔接,形成一个连贯的健康保障体系。实务中,泰康保险集团旗下的多家"泰康之家"养老社区已投入运营,围绕"医养结合"的理念,向客户提供医疗、康复、健康管理等一系列服务。在"泰康之家",老年人不仅可以享受到专业健康管理人员提供的慢性病管理、健康体检、健康教育等健康管理服务,还能够便利地享受社区内医疗机构提供的诊疗服务、康复服务。[③]

(三) 加强与政府部门的合作

如上文所述,随着我国医疗体制改革的不断深入,除了促进健康管理与商业健康保险相结合外,商业保险公司还应当加强与政府部门的合作。商业保险公司可以在经办基本医疗保险的基础上向民众提供健康管理服

---

① 参见新京报《泰康拜博　更名+升级　探索口腔领域"凯撒模式"》,2018年12月28日,百度百家号网(https：//baijiahao.baidu.com/s? id = 1621031315223998024&wfr = spider&for = pc)。

② 参见辛丹《健康保险与健康管理》,中国财政经济出版社2018年版,第186页。

③ 参见环球网《泰康之家楚园开业"保险+养老社区+医养服务"模式日趋成熟》,2019年12月23日,百度百家号网(https：//baijiahao.baidu.com/s? id = 1653679872360293450&wfr = spider&for = pc)。

务，从而推动单一的健康保险服务向疾病预防、就医服务、费用审核报销等全流程服务转变，实现医疗保险与健康管理的全面结合，形成完善的医疗保障体系。[①] 商业保险公司与政府的合作是对双方都有利的举措。从商业保险公司的角度而言，加强与政府部门的合作是有助于商业保险公司发展的。不仅能够借助政府的公信力来塑造商业保险公司的品牌形象、提升商业保险公司的社会地位，还有利于积累潜在客户、加强风险控制等技术。对政府相关部门而言，由商业保险公司承办社会基本医疗保险，能够发挥商业保险公司在专业人才、科技力量、保险精算技术等方面的优势；与此同时由商业保险公司向投保人提供健康管理服务，则有助于降低医保基金支出负担，增强医保的可持续性。在实践中，我国一些城市开始逐步尝试将健康管理与基本医疗保险相结合，以便有效控制参保人的慢性病等疾病风险、减少医保赔付支出。镇江市于 2006 年开始对社会医疗保险的参保人员实行规范系统的门诊慢性病管理，这是我国社会医疗保险引入健康管理的最早探索。镇江模式将健康管理纳入社会医疗保险，从源头上控制了参保人员的疾病风险，达到了以较低的健康管理成本控制医药费用的增长幅度、改善人民群众的就医感受的效果。[②] 在日后的实践中，应当加强商业保险公司与基本医疗保险在健康管理领域的合作，由商业保险公司作为健康管理服务的提供方，建立完善的社商合作制度。

此外，由商业保险公司向基本医疗保险参保者提供的健康管理服务，应当纳入社会医疗保险支付范围。目前我国医保制度的设计存在"重治疗、轻预防"问题，医保支付范围主要覆盖患病群体的疾病诊治，而不包含对健康体人群的健康管理。现行的支付范围会使医保基金的支出长期集中于经济效益较低的治疗领域，直接影响我国社会医疗保险基金的运行效率。[③] 若将健康管理纳入医保支付范围，则有利于引导参保人在日常生活中积极关注自身身体健康，将以治病为中心转变为以人民健康为中心。

---

① 参见于莹、阎建军主编《中国健康风险发展报告（2019）》，社会科学文献出版社 2019 年版，第 31 页。

② 参见林枫、鲍务新、王海荣等《慢性非传染性疾病综合防控的镇江模式探讨》，《中国卫生资源》2015 年第 6 期。

③ 参见巢健茜、蔡瑞雪《健康中国背景下健康管理在社会医疗保险中的应用》，《山东大学学报》（医学版）2019 年第 8 期。

第四章

商业保险公司作为多层次医疗保障体系的
共建主体之理论与法律基础

第一节　商业保险公司参与多层次医疗保障
体系构建的理论基础

在第一章对我国医改政策的回顾中，笔者对中华人民共和国成立以来的医疗保障制度以及商业保险公司在我国医疗保障体系中的角色做了简单梳理。我国的医疗保障制度经历了从公费医疗到社会保险再到以社会保险为主体、多制度共同发展的变化，商业保险公司在其中也相应趋于发挥更重要的功能。以下笔者将对医疗保障的性质、由其性质延伸出的政府与市场在医疗保障供给中的关系，以及作为政府与市场力量的重要代表之一的社会保险与商业保险的角色分配等三个彼此相联系的理论进行论述，由此为后文具体设计商业保险公司参与多层次医疗保障体系的方案提供理论支撑。

一　准公共物品理论

（一）准公共物品理论的内涵阐析

所谓"准公共物品"，即是介于公共物品与私人物品间的一个概念，是指具有一定私人物品性质的非典型公共物品。

公共物品与私人物品是一组相对的概念，区别主要在于是否具有排他性与竞争性特征。公共物品不具排他性，一人对公共物品的使用并不会阻止他人对公共物品的使用；公共物品不具消费中的竞争性，一人在使用该公共物品时不能减少他人对该公共物品的使用。如一国之国防，每一公民都能享受到其带来的安全利益，但一公民并不能阻止另一公民享受国防利益，一公民受有国防利益也并不影响另一公民的国防利益。① 由于其具有上述特征，公共物品会产生正外部性，即公共物品的提供会使他人受益，但受益人并不需要为此付出代价，因而会产生"搭便车者"的问题，有人可以获得物品的利益却并不必为此物品付费，如此将致使物品提供者无法收回投资利益，影响其投资意愿。因此"市场失灵"现象出现，以逐利性为存在基础的私人市场无法提供公共物品，即公共物品由私人市场提供会产生供给不足现象。而政府则可以借税收等措施，通过向每个人收取费用的方式而提供公共物品。但由于政府在运行机制上可能存在的公共决策失误、效率低下、权力寻租以及政府扩张等固有局限性，在公共物品提供的过程中会伴随着资源浪费与滥用、利用效率低和公共支出过大的问题，因而"政府失灵"现象相伴存在。②

由于公共物品需同时具备两项特征，在公共物品与私人物品之间存在大量的中间地带，准公共物品的概念便应运而生，不同时兼具非排他性与消费中的非竞争性的物品即为准公共物品。而在准公共物品的提供中，结合准公共物品的性质理解，总结上述市场失灵与政府失灵的"双失灵"现象，政府与市场结合的提供模式成为应然解决方法。准公共物品可由市场生产与供给，但由于其具有不同程度的社会性，政府在物品生产供给的过程中需有监督引导与调控的责任存在。③ 由政府负责准公共物品提供的公平性，由市场保障准公共物品提供的效率性。

（二）医疗保障作为准公共物品的适然性分析

医疗保障具有突出的正外部性，在最初建立医疗保障制度的国家中，政府更多出于缓解社会矛盾、提升国民素质以促进国家经济社会的发展与稳定的目的而实施医疗保障。④ 因此，长久以来医疗保障的公共物品属性被广泛认可。医疗保障属于社会保障的一类，如果完全交由以营利为经营目的的商业保险公司，会导致保险的保障性减弱，保费不能最大限度用于

---

① 参见［美］曼昆《经济学原理：微观经济学分册》，梁小民、梁砾译，北京大学出版社2015年版，第234—239页。

② 参见［美］詹姆斯·M. 布坎南、戈登·图洛克《同意的计算：立宪民主的逻辑基础》，陈光金译，上海人民出版社2014年版，第103—107页。转引自喻华锋《我国医疗保障制度引入市场机制改革研究》，博士学位论文，中国社会科学院，2015年，第20—21页。

③ 参见庞绍堂《公共物品论——概念的解析延拓》，《公共管理高层论坛》2007年第1期。

④ 参见庞绍堂《公共物品论——概念的解析延拓》，《公共管理高层论坛》2007年第1期。

医疗保障，从而加重投保人的经济负担。以美国为例，最初以保护病人积蓄、同时保证医疗机构资金得以运转为运行目的的非营利性健康保险"蓝十字计划"在设立之初，为美国提供了"质高价廉的医疗保健"。但随着健康保险市场的不断扩大，其最终不得不变身为营利性保险公司。在其转为营利性公司前，其要从 1 美元的保费中拿出 95 美分用于医疗保健服务，医疗赔付率达到 95%；而转为营利性保险公司后，为提升盈利，其将本用于医疗赔付的资金转而用于市场营销、政治游说、行政管理等非保障性项目，2010 年，其医疗赔付率降至 64.4%。① 虽然政府可以限制商业保险公司的最低医疗赔付率，如美国《平价医疗法案》对联邦医疗保险（Medicare）的保费用于医疗保健的比例做了详细要求，此举看似提升了保险的保障性，但事实上保险公司完全可以通过"把蛋糕做大"即增加保费来达到这一目的，最终实际上仍然由投保人承担医疗费用上升带来的经济压力。此外商业保险公司基于逐利性，为控制承保风险，天然排斥健康风险程度较高的患病者、老年人等群体，对其收取更高的保费甚至拒保，但此类群体是最需要医疗保障且医疗费用负担最重的群体。在此背景下，商业保险供给能力不足，难以实现为全体公民提供医疗保障的目标。因而，医疗保障绝非私人物品性质，但其是否当然属于公共物品则仍需进一步探讨。

公共物品需同时具备非排他性和消费中的非竞争性两项特征。而医疗保障事实上具有一定程度的消费中的竞争性，当总量提供不足而需要医疗保障的人数达到一定程度时，医疗保障会产生拥挤性，一人会因他人享有利益而损及自己享有利益的程度，因而其应当属于准公共物品范畴。此外，从物品提供方式角度观察，医疗保障在完全由政府提供的情况下，会给政府带来巨大财政压力。在我国基本医保的实践中，虽然医保基金总体可持续，但部分地区已出现穿底现象，而基本医保提供的还只是最基本的医疗保障，如若由政府提供完全的医疗保障，其面临的财政压力将极为巨大。且医疗保障作为一种福利政策，将会产生"福利刚性"的现象，即国民对于国家福利待遇的期待只能上升不会下降、只会扩张不会减少，因此伴随医疗费用的上升以及国民期待的增长，国家面临的财政压力会越来

---

① 参见［美］伊丽莎白·罗森塔尔《美国病》，李雪顺译，上海译文出版社 2019 年版，第 9—12 页。

越大。而由市场提供医疗保障可以增强医疗卫生费用的筹资能力与医疗体制的活力，并能作为政府卫生政策的工具，如加强个人保护自身健康的责任感等。①

此外，有学者指出，由市场参与医疗保障的提供，可以使有限的公共资源用到最弱势群体，这点对于发展中国家而言尤为重要。② 如果医疗保障总量足够多使得消费中的竞争性消失，可将其认定为公共产品由政府提供。但对于发展中国家甚至一般发达国家而言，财政力量并无法达到此种规模，因此市场参与是一个必选项，也是提升医疗保障水平并节省财政支出的一个优选项。

因此从物品所具特性以及提供方式观察，医疗保障均应属于准公共物品，应由政府与市场共同提供，有效克服各自"失灵"的部分，发挥各自"有效"的部分，实现医疗保障的可及性、公平性与效率性。

二　有管理的竞争（managed competition）理论

（一）有管理的竞争理论之内涵阐析

在第一章中，笔者对政府与市场在医改过程中的关系做了回顾，从完全由政府控制到以市场化为医改方向再到如今的回归医疗卫生事业的公益性，我们在不断探索政府与市场的角色分配与力量平衡。以矫正政府中心主义为基础，超越传统的公众仅作为政府过程参与者的行为模式，通过政府与社会自治型组织的合作分担治理责任的合作治理理论，成为现代化治理模式的理论支撑。③ 而在医疗保障领域中，"有管理的竞争"理论即为在完全放任的自由主义与高度干预的计划主义之外的第三条道路，可以充分体现合作治理的精髓，即政府与市场在实现医疗保障水平提升这一公共利益的过程中，有效发挥各自优势共同构建公平与效率并存的医疗保障制度。

有管理的竞争理论系由安霍恩教授提出，他认为市场竞争表现为价格

---

① See Nicole Tapay and Francesca Colombo, "Private Health Insurance in OECD Countries: The Benefits and Costs for Individuals and Health Systems", in *OECD Health Working Papers*, No. 15, OECD Publishing, 2004, pp. 51-52.

② See Neelam SekhriI and William Savedoff, "Private Health Insurance: Implications for Developing Countries", *Bulletin of the World Health Organization*, Vol. 83, No. 2, 2005, pp. 127-134.

③ 参见张康之《论参与治理、社会自治与合作治理》，《行政论坛》2008 年第 6 期。

竞争，而有管理的竞争致力于通过提升医保运行效率与质量以提升性价比的方式进行价格竞争，而非由保险人以选择风险、排斥高风险者的方式压低价格。他提出，对于大多数物品与服务市场而言，市场上只存在供应商和购买商两方，但此种市场模式并不适用于健康保险领域，否则会出现保险人根据风险程度选择被保险人致使风险高者无法负担保费或根本不被承保、保险信息不对称导致的健康人搭便车问题、保险公司管理成本占比居高以至于保障性减弱、保险人故意增加保险合同的复杂性以增加投保人的信息成本等市场失灵现象，由此需要引入有管理的竞争模式。在该模式下，民众向保险公司投保时并不直接缴费，而是向一个所谓的"管理者"缴纳保费，管理者应当是一个独立、公正的经纪人，其不能参与保险人间的竞争。保险人必须接受所有参保人并连续为其承保，而参保人则可以在每一保险期间开始前重新选择保险人。管理者根据被保险人的年龄、性别、工作情况、健康状况等特征将其分为风险程度不同的群体，对承保低风险群体的保险人收取附加费用，对承保高风险群体的保险人则给予相应补贴。管理者对整个保险期间以及更换保险人进行监测，保险人同时还必须对所有参保人提供一种价格划一的基本服务包，以避免其以缺乏相应医疗资源为由阻碍患有相应疾病的人参保。[①] 通过这些制度安排，保险公司竞争的焦点不再是风险选择带来的价格竞争，而是关注于提升保险的质量与服务以吸引民众选择其保险产品，因而有望建立一个惠及包括健康风险较高的患病人群在内的所有民众的健康保障制度。

以上是"管理"的部分，安霍恩教授还解释了为何市场仍然需要竞争，而不能直接通过行政命令的方式提供医疗保障。他提出：第一，行政机制具有效率低下以及浪费的问题；第二，随着医疗技术提高以及老龄化带来的支出增加，只有通过持续的竞争才能提升资金利用效率；第三，与行政强制相比，市场竞争之下的保险市场更具灵活性以适应社会医疗情况的变化；第四，于民众而言，政府垄断的公共服务机构服务态度不够友好；第五，行政机制提供医疗保障使得国家财政压力巨大，引入市场竞争会使医疗保障的提供更具效率，从而减少国家在医疗保健服务上的投

---

① See Alain C. Enthoven, "The History And Principles Of Managed Competition", *Health Affairs*, Vol. 12, No. suppl 1, 1993, pp. 25-40.

入。① 因此有管理的竞争模式的根本目的还是保障市场竞争的有序性，而非取消医疗保障市场中的竞争。

在现代治理体系中，政府与市场绝不是非此即彼的关系，而是建立在发挥各自最大优势基础之上的合作互动关系。正如前文对医疗保障准公共物品性质的分析表明，单纯由某一方参与会导致失灵现象的产生，因而为实现公平性和效率性需要政府与市场的合作。一方面，不同的群体对医疗需求、健康风险和效用感受存在较大差异，国家财政无法在有限的资源下满足国民的全部需求，且政府对于医疗保障的提供是"取之于民、用之于民"的一种投入方式，由政府提供医疗保障实际是通过向每个人收费的方式提供，其中产生的道德风险以及运行中的低效率都会影响医疗保障的实际效益，因而必须引入市场的参与以满足民众不断增加的个性化、多层次的健康保险需求。另一方面，为民众提供医疗保障服务是国家的责任，且市场主体参与医疗保障提供会出现上文提到的信息不对称、选择风险等市场失灵现象，因此政府在满足公民基本医疗需求的前提下，需要在制度构建、顶层设计、市场监管等方面发挥主导作用，积极主动推进高质高效医疗保障体系的构建。有管理的竞争将平等获得医疗保障与保障系统保持高效率与高质量相结合，② 医疗保障的提供并非简单由社会保险与商业保险分割范围，社会保险中有市场主体参与竞争提升效率，商业保险中有政府的监督指导以提升医疗保障的公平性与可获得性，实质上达到征召私人保险服务于公平获取的公共目标。③

（二）有管理的竞争理论之实践与发展

1. 国际实践与发展

在过去 10 年中，越来越多的工业化国家在其社会健康保险计划中引入了有管理的竞争，主要特点是投保人可以自由选择以及承保组织之间有

---

① See Alain C. Enthoven，"The History And Principles Of Managed Competition"，*Health Affairs*，Vol. 12，No. suppl 1，1993，pp. 40-48.

② See Alain C. Enthoven and Richard Kronick，"A consumer choice health plan for the 1990s：Universal Health Insurance in a System Designed to Promote Quality and Economy"，*New England Journal of Medicine*，Vol. 320，No. 2，1989，pp. 94-101.

③ See Jost TS，"Private or Public Approaches to Insuring the Uninsured：Lessons from International Experience with Private Insurance"，*New York University law review*，Vol. 76，No. 2，2001，pp. 491-492.

效的价格竞争。[①]

有管理的竞争理论最初由美国学者提出，正是为了应对美国医疗保障制度的过度市场化导致部分群体无法得到保险保障以及健康保险保费畸高，社会保障的公平性与可及性受到影响的问题。在奥巴马医改法案中，实行联邦政府负责监管私营保险公司，让其承担起医保责任的全民保险模式。政府建立专门的机构监督、管理和评估保险企业的各项行为，对于保险公司以过往病史为由拒保、收取高额保费、投保人患病后保险企业单方面终止保险合同、对投保人的终身保险赔付金额设置上限、不合理的保费上调方案等行为予以否决，并加以惩处。[②] 这一法案有效地扩展了健康保险的覆盖性，提高了医疗保障的普遍保障性，是促进社会公平的有效措施。

与美国为解决市场失灵而提出有管理的竞争理论不同，德国是为了提升社会保险的运营效率以及破解社会保险"碎片化"而引入了有管理的竞争机制。德国在社会保险的改革中，需要解决身份"碎片化"以及支付压力不断上升的问题。德国松绑了保险人与被保险人的封闭关系，赋予了被保险人选择保险人的权利。在竞争机制下，保险人通过社会自治机制，在法律授权范围内，可以自主决定保费费率，维持保险的健康运行，同时其也必须提升运行效率与质量以吸引被保险人选择；而政府在此种竞争之上，构建跨越保险人的风险结构平衡机制，以保费收入、被保险人家庭人数、保险对象之年龄与性别四项因素，作为调节各被保险人财务平衡的计算基础，以避免风险逆选择、维持医保的社会互助功能。[③] 通过此种有序的竞争，在保证医保的普惠性与公平性基础之上，医保基金的运行效率与服务质量得到提升，在竞争压力之下医保在公共卫生、疾病预防以及全科医生的引导等方面也投入了大量精力，通过改善居民的健康生活习惯

---

① See Jan J. Kerssens and Peter P. Groenewegen, "Consumer Choice of Social Health Insurance in Managed Competition", *Health Expectations*, Vol. 6, No. 4, 2003, pp. 312-313.

② 参见何佳馨《美国医疗保险制度改革的历史考察与理论检省》，《法制与社会发展》2012 年第 4 期。

③ 参见孙乃翊《挥别俾斯麦模式社会保险制度？从德国联邦宪法法院几则判决评析德国近二十年健保制度改革方向》，《欧美研究》2016 年第 3 期。

而遏制居民的医疗需求和健康开支。[1]

20世纪70年代，荷兰的社会健康保险计划发展成为一个区域垄断制度，居住在某一地区的个人自动申请区域健康保险基金，所有基金都按照相同标准收取保险费，并提供统一的一揽子福利。为了保证保险的普及性，医疗保障系统受到严格管制，牺牲了对效率和创新的激励。[2] 因此与德国类似，荷兰引入有管理的竞争机制。但荷兰却并未如德国般出现数量众多的投保人的转换投保机构的现象，即竞争性并非充分发挥。这是由于与荷兰相比，德国在改革后，其健康保险的保费差异较大，因此在德国许多人短短几年内即改变了他们选择的保险人。为此荷兰学者建议在未来的改革中应加强补充保险的保费与医疗服务方面的差异性，以促进竞争性的提升。[3] 荷兰与德国经验的对比表明，引入选择自由并不会自动导致转换，即竞争并不会因为选择自由的存在即发生。只有在投保人间提供的费率及医疗服务等方面存在较大差异时，竞争机制才会运转。

2. 有管理的竞争在我国医疗保障制度中的应用

有管理的竞争包含"管理"与"竞争"两项内容，竞争要在管理之下合理竞争，管理之下要有充分竞争。在社会医疗保险的领域，我国目前存在竞争性不足、运行效率较低的问题。有管理的竞争体现在政府医保经办部门的法人化改革，以及在传统由政府负责的基本医保、大病保险等社会保险中引入商业保险公司的力量，提升社会医疗保险的活力。在商业保险领域，政府对于健康险的发展多加政策与法律的引导监管，对于市场上出现的问题与需求及时回应，引导商业健康险回归保险的保障属性。

2020年3月，中共中央、国务院发布《关于深化医疗保障制度改革的意见》，再次强调持续推进医保治理创新，要求"推进医疗保障经办机构法人治理，积极引入社会力量参与经办服务，探索建立共建共治共享的医保治理格局。规范和加强与商业保险机构、社会组织的合作，完善激励

---

① 参见何子英、邱越、郁建兴《"有管理的竞争"在破除医疗保险区域碎片化中的作用——德国经验及其对中国的借鉴》，《浙江社会科学》2017年第12期。

② See Frederik T. Schut and Eddy K. A. van Doorslaer, "Towards a Reinforced Agency Role of Health Insurers in Belgium and The Netherlands", *Health Policy*, Vol. 48, No. 1, 1999, pp. 48-57.

③ See Stefan Gress, Peter Groenewegen, Jan Kerssens, Bernard Braun and Juergen Wasem, "Free Choice of Sickness Funds in Regulated Competition: Evidence From Germany and The Netherlands", *Health Policy*, Vol. 60, No. 3, 2002, pp. 235-254.

约束机制"。学者指出，基本医保是由所有参保人组成的共同体，它应该是公法上的社团法人组织，对基金拥有所有权和管理权，但在我国医疗保险的运行机制下，成员远离医保基金的所有权，政府管理者和公众都误认为医保基金属于政府所有，相应地由政府为医保承担兜底责任，从而模糊了政府和医疗保险的责任边界。[①] 对此，可以参考德国经验，通过改造医保经办机构的法人性质，使其逐步回归承担经营责任的"保险人"属性，有效督促其发挥支付方的控费功能，使医保基金与国家财政相分离，强化基本医保的社会保险性质，为竞争的形成提供基础。同为亚洲国家的韩国，其负责医疗保险经办的国家健康保险公司（National Health Insurance Corporation）是一个非营利的单一购买者，它不是一个政府机构，而是受到卫生和福利部严格监督和管制的保险提供者，同时其亦保持独立性，以有效将医疗卫生服务购买者与提供者的角色分开，最终保证健康保险制度的效率与责任性。[②] 在建立了法人治理机制的基础之上，则可以引入商业保险公司等社会力量参与经办服务，增加医保经办中的竞争性，提升医保经办的效率性与服务性。而由于保费应以相同标准收取，因此可参考荷兰经验，在保险公司所能提供的医疗服务方面增加竞争性，激励商业保险公司不断提升经办承办吸引力。

在引入市场主体参与医疗保险竞争的实践中，有学者提出不同观点，认为"将社会保险性质的大病保险交由商业保险公司经办，实际上只是基本医疗保险之后的第二次报销，它将保险公司的注意力吸引到了大病保险，进而忘却自己应当开发的商业健康保险市场，再进而导致我国商业健康保险市场的不成熟、不发达"[③]。相关统计数据也支持了这一观点，在大病保险政策实施后，商业健康保险保费收入增长率上升迅速，但在参保人费用负担结构比例上却无明显增长，实际大病保险成为健康保险业的增

---

①　参见李珍、王怡欢、杨帆《论新时代医疗保险公法人治理体制的创新——基于多中心治理理论》，《中国卫生政策研究》2019 年第 11 期。

②　See Soonman Kwon, "Thirty Years of National Health Insurance in South Korea: lessons for Achieving Universal Health Care Coverage", *Health Policy and Planning*, Vol. 24, No. 1, 2009, pp. 63-71.

③　参见郑功成《多层次社会保障体系建设：现状评估与政策思路》，《社会保障评论》2019 年第 1 期。

长引擎，而真正的商业健康险却未得到有效发展。① 笔者认为此种担心有
一定合理性，但并不会影响我国商业健康险市场的长期发展。根据政策要
求，商业保险公司在大病保险的承办中只能坚持"保本微利"的经营原
则，对于保险公司而言，经办与承办政府委托业务并不能成为其主要的收
入来源。而且随着保险市场竞争程度的加强，医保经办部门选择保险公司
承办业务时会考察其专业能力、人员素质以及其健康产业链布局等多重因
素，只将经营重点放在政府业务承办上的保险公司最终会被市场竞争所淘
汰。因此，在充分的市场竞争下，承办政府委托业务在保险公司整体健康
险业务中并不会达到影响其开发商业健康险的程度，反而其在承办此类业
务的过程中，可以得到区域内居民详细的健康信息以及自身品牌竞争力的
提升，并最终服务于其商业健康险产品的开发销售。

　　商业保险公司参与医疗保障体系建设，需要政府的法律规范。缺乏法
律规范，保险人会增加对被保险人一方利益不利的条款，而被保险人专业
性与经济力量的缺乏决定了其无法与保险人以及保险人的联合体对抗，只
能被动接受保险人对于医疗保障的塑造。而即使被保险人足够强大与保险
人抗衡，健康保险的专业性与复杂性也需要投保人一方付出巨大的信息成
本，从而使市场交易成本增加。此外，在缺乏政府引导的情况下商业保险
公司可能会趋于单纯的价格竞争，忽略服务质量的提升与新产品的开发。

　　我国目前健康保险市场中虽未出现过度市场化的现象，但仍应警惕市
场中的不规范不合理现象。如市场中出现的"百万医疗险"乱象，在市场
竞争中，部分保险公司脱离经验数据精算定价，进入恶性价格竞争，严重
影响风险控制性；在销售中，以过高的赔偿限额吸引投保人；使用模糊表
达混淆概念，任意停售或以类似方式停售保险产品；在理赔中，存在诱导
过度医疗的隐患等。为此，银保监会出台《关于规范短期健康保险业务有
关问题的通知（征求意见稿）》，要求加强短期健康险市场的管理，规范
短期健康险的产品设计、销售等内容，引导其回归保险的健康运行模式。

三　社会保险与商业保险的互动

　　对于商业保险与社会保险在社会保障供给方面的关系，我国理论上经

---

①　参见许飞琼《我国商业健康保险：进展、问题与对策》，《中国医疗保险》2019 年第
11 期。

历了从商业保险为主导、社会保险为补充到社会保险为主导、商业保险为补充的转变，而后演变为商业保险与社会保险均为社会保障体系的重要组成部分，再到如今的将商业保险上升为事关社会和谐和政治稳定的重大战略问题的观点变迁。[①] 社会和商业健康保险都是将储蓄汇集起来并将资金从健康的缴费者重新分配给生病的人的机制，然而它们运作的逻辑并不相同。[②] 以下，笔者将通过分析商业保险与社会保险在经营目标、承保风险和经营方式三个方面的特征，明确二者的边界范围，以探究构建多层次社会保障体系下二者的互动机制。

（一）社会保险与商业保险的特征

1. 经营目标方面

（1）社会保险

《社会保险法》第 3 条指出了社会保险制度的发展方针，即其发展的目标与方向是"广覆盖、保基本、多层次、可持续"[③]。

"广覆盖"是指社会保险致力于将尽可能多的公民纳入保障范围。"广覆盖"的经办目标一方面是由社会保险的功能所决定的，社会保险是惠及全民的社会保障制度，任何公民在其生存需求不能得到满足时都有获得国家帮助的权利；另一方面是社会保险能够可持续发展的基础前提，社会保险覆盖性扩展的经办目标还要求逐步将部分未纳入社会保险统筹的群体纳入其中，以更好地形成社会风险的分担共同体，促进群体间的公平。此外"广覆盖"不仅要求在覆盖范围上的应保尽保，其还有覆盖范围基础之上的公平待遇的普遍覆盖要求，即"广覆盖"有量与质的双重目标。以基本医保为例，统计显示，截至 2018 年我国基本医保参保率达到 95% 以上，基本实现了全面覆盖。[④] 基本医保在未来还应加强对灵活就业群体以及弱势群体参保情况的关注，减少居民医保存

[①] 参见韩烨《社会保障视域下商业保险与社会保险互动机制的耦合协调度研究》，《税务与经济》2019 年第 5 期。

[②] See Deborah A. Stone, "The Struggle for the Soul of Health Insurance", *Journal of Health Politics*, Vol. 18, No. 2, 1993, pp. 290-291.

[③] 参见《社会保险法》第 3 条规定："社会保险制度坚持广覆盖、保基本、多层次、可持续的方针，社会保险水平应当与经济社会发展水平相适应。"

[④] 参见《2018 年全国基本医疗保障事业发展统计公报》，2019 年 6 月 30 日，国家医疗保障局官网（http://www.nhsa.gov.cn/art/2019/6/30/art_47_1476.html）。

在的逆向选择以及弱势群体的保费负担。在基本医保覆盖的质量层面，现行医保体系具有碎片化的不足。身份碎片化与区域碎片化依然存在，一方面不同身份的参保者享受的保险待遇存在差别；另一方面基本医保基金统筹层次较低，各地保障程度不同。① 因此基本医保在未来的经办中，除继续推进应保尽保目标的实现，还需更加关注"广覆盖"的质量提升。

　　"保基本"是指社会保险的保障范围应是公民的基本生活需求。此种基本性在群体间的横向关系中是不变的，其永远是社会全体公民最必需的物质基础。但其在纵向发展中是变化的，公民的基本生活需求是与经济社会发展相适应的，会随着社会的发展而提高。因此基本性的实际内容会不断提升，但社会保险保障范围的基本性性质不会改变。与养老保险根据普遍基本生活水平测算给付标准的"保基本"不同，医疗保障因个人患病状况之不同导致其基本性存在讨论余地：基本医疗保险之基本性究竟为保障普遍多数人可以平等获得多数常见疾病的给付补偿，还是保障参保人在罹患各类疾病时都可以得到基本治疗的延续?② 笔者认为，从政策制定与实践的难易程度观察，前一种保障模式更简单，也是我国基本医保的现行保障模式，能够使多数人获得看得见的参保利益，同时为基本医保基金的可持续运行提供可期待性。但从基本性的含义观察，基本性是指公民的最低限度的生存需求得到满足，对于患严重疾病而无法得到医保支付的群体而言，其基本的生存需求并未得到满足，从而难言符合"保基本"的社会保险经办目标。生命的延续因人因病而异，一些患有基本医保报销目录之外疾病的患者，只要其是基本医保的参保人，就应当获得最低限度的医疗保障，如此才是真正意义上的公平。最新的改革政策对基本医保"保基本"的目标即提出了"增强对贫困群众基础性、兜底性保障"的保障要求，重新定义了"基本性"的经办目标，有利于真正实现基本生存需要保障的制度目标。③ 参考法国的相关规定，当患者病情严重或收入低于

---

① 参见何子英、邱越、郁建兴《"有管理的竞争"在破除医疗保险区域碎片化中的作用——德国经验及其对中国的借鉴》，《浙江社会科学》2017 年第 12 期。

② 参见乌日图《基本医疗保险要回归保基本的制度功能》，《中国医疗保险》2018 年第 6 期。

③ 参见《中共中央、国务院关于深化医疗保障制度改革的意见》，2020 年 3 月 5 日发布。

最低限额时，他们的医疗保险支付率就会提高，有资格获得免费的补充保险。[1] 保障每一位参保人的基本生存需求，应为社会保障"保基本"的真实含义。

社会保障体系在向"多层次"方向发展，其中的社会保险同样需具备"多层次"性。"多层次"是指国家、用人单位以及个人在义务承担方面呈现层次性特征，厘清各主体的责任与权限。社会保险需要社会的每一主体积极参与：在缴费中，国家根据经济社会的发展状况对各主体设置不同的缴费比例；在社保基金的运行中，国家要承担主持和监管的职责，个人也应当积极行使监督权利并杜绝欺诈骗保现象，共同保证社保基金的平稳持续运行。

"可持续"是指社会保险基金需要保证长期性的收支平衡。社会保险作为重要的社会保障支柱，参保人员对其保障的持续性具有很高要求，因此社会保险在经办过程中需要开源与节流并重。在开源方向，国家允许社保基金参与资本市场的运作以拓展基金来源，但同时对其投资的领域与数量比例有严格的风险控制性，必须具备足够的安全性。而在节流方面，社保基金的运行管理是重要的内容，以基本医保为例，支付方式的改革、医保部门的飞行检查等措施都是为了保证基金的每一笔支付都具备充足的必要性与效率，杜绝基金的浪费。

社会保险发端于具有连带关系的成员自发解决风险的模式，虽然此种连带关系最初具有区域性，但随着统一国家内部成员间关系的不断密切，共享发展理念被广泛接受，由此而生的保险团体成员风险同质性的特征逐渐减弱，共享发展和社会再分配成为社会保险的新特征。[2] 社会保险除具有上述由其性质决定的经办目标外，在现代其还具有收入再分配的社会政策经办目标，通过群体间的横向与代际间的纵向再分配，有效保障部分群体的基本生活需求，促进社会公平的实现。也有学者认为，社会保险的经办目标应是风险重分配，国家以协助弱势者分散其不能承受之风险为出发

---

① See Victor G. Rodwin, "The Health Care System Under French National Health Insurance: Lessons for Health Reform in the United States", *American Journal of Public Health*, Vol. 93, No. 1, January 2003, pp. 31-37.

② 参见张荣芳《共享发展理念下社会保险体系的完善》，《东岳论丛》2019 年第 2 期。

点建立了社会保险制度。① 笔者认为二者都是社会保险的经办目标，收入的再分配与风险的再分配共同促进社会实质公平的实现。为保障社会保险的持续运营，一个完全的财政保障体系需要大量的交叉补贴，既有从富人到穷人的，也有从低风险到高风险的。② 以基本医疗保险为例，存在身体极为健康且拥有丰厚财富而无须由基本医保予以保障的群体，其与基本医保的其他成员并不具有风险的同质性，但国家依然要强制其投保以构建社会整体的医疗费用风险分散体系，使医疗风险在不同收入群体与不同风险群体间分散，让疾病之负担由个人责任转变成社会连带责任。③ 社会保险达成被保险人与保险事故发生者间之互助水平式重分配效果，更包含高、低所得被保险人间之垂直重分配效果与世代互助之世代间重分配效果，④ 最终促使风险与收入在社会全体再分配下的社会公平。

（2）商业保险

商业保险作为市场化的保障产品，其追求的经营目标自然是营利。与商业保险的营利性相应，在社会保险的四大经办目标中，除"保基本"外，商业保险同样追求其他三大目标的实现，但其内涵却与社会保险大相径庭。在保障程度方面，商业保险面向市场，有需求即有相应的产品待开发，根据投保人的不同保障需求，商业保险提供不同程度与内容的风险保障产品，可以保障基本需求，也可保障更高层次的需求。对于"广覆盖"而言，社会保险以此为经办目标是保障社会全体的基本利益，致力于覆盖更多的弱势群体以及强制强势群体参保，以实现社会保险总体的对价平衡，维护社会的公平与稳定；而商业保险追求"广覆盖"是为了拓展业务来源，将其产品推广到各层次群体中，以提升公司的整体效益、降低经营风险。对于"多层次"而言，社会保险是为了协调社会各主体利益，构建多层次的权责体系；而商业保险的多层次则追求保障范围与程度的梯

---

① 参见江朝国《社会保险、商业保险在福利社会中的角色——以健康安全及老年经济安全为中心》，《月旦法学杂志》2010 年第 179 期。

② See Guy Carrin and Chris James, "Social Health Insurance: Key Factors Affecting the Transition towards Universal Coverage", *International Social Security Review*, Vol. 58, No. 1, 2005, p. 53.

③ 参见黄煌雄、沈美真、刘兴善《全民健保总体检》，台北医学大学、五南图书出版公司 2012 年版，第 98—99 页。

④ 参见谢荣堂《社会法治国基础问题与权利救济》，元照出版有限公司 2008 年版，第 55—56 页。

次性，以吸引各类群体投保。对于"可持续"而言，社会保险的经办管理是为了使基金能够长期满足支付需求，并未对结余数量有过高要求；而商业保险的经营不仅要维持可持续，更重要的是要实现盈利的目标，"可持续"仅为其经营的最低目标。

总而言之，商业保险作为公司的经营业务，虽然与社会保障密切相关，但其依然以营利为经营的首要目标。在保证营利性的基础上，商业保险作为社会保障体系中的重要组成部分，也会有为社会提供多层次、多元化风险保障的经营目标，但此目标只是服从和服务于营利性目标后的一种附加经营目标。

2. 承保风险方面

社会保险与商业保险同属"保险"一类，都是对特定的风险提供保障。在社会保险产生前，商业保险就伴随着风险分散的现实要求而产生并获得极大的发展。而社会保险的产生则是因为劳工群体的生存风险无法由商业保险分散，从而突破了契约式保险之固有模式，以法律规定创制保险关系之模式解困于劳工利益与社会治理。① 从二者产生的原因及发展历程即可发现二者所保障风险的性质不同。

社会保险基于其具有的社会连带性，其保障的是社会中的普遍风险，且关系到多数民众的基本生活。而且由于社会保险具有强制性以及收入与风险的再分配性经办目标，其会影响到社会中部分群体的自由意志，因此一项风险可由社会保险予以分散必须符合比例原则的要求。而商业保险所保障的风险类型是多样化的，只要存在该项风险的人数达到一定数量，就可以产生风险共同体在彼此间分散风险，商业保险公司为了营利就会开发保障该项风险的保险产品。

以我国社会保险的类型为例，养老保险与医疗保险所保障的是社会中每个人都会遇到的老年与疾病风险，工伤保险与失业保险所保障的则是每一劳动者在工作中都会存在的因公受伤以及失去工作的工作风险，生育保险所保障的是每个家庭会遇到的生育风险。这些风险在社会中普遍存在且难以避免，因此需要国家的介入，在整个社会层面形成风险的分散机制，以实现基本生存需要的保障，维护社会公平与稳定。

对于上述普遍风险，商业保险自然也会提供保障。但除此之外，社会

---

① 参见郑尚元《社会保险之认知——与商业保险之比较》，《法学杂志》2015 年第 11 期。

中还有一些特定群体才会存在的风险，尚未达到需要社会全体以及国家的帮助来分散风险，而仅有商业保险予以保障。如建筑物可能会有失火的风险，但并非所有人都拥有建筑物，且失火的风险也未必会影响到基本的生存，因此没有社会保险存在的必要，只需存在风险的个别群体投保火灾保险即可。以及在医疗保险中，虽然社会保险与商业保险均可提供保障，但社会保险针对的是普遍的疾病状态，其关注的是发病率普遍存在的疾病种类，而商业保险除此之外还会针对特殊的疾病开发特定的保险，如专门为乳腺癌病人提供医疗保障的商业健康险，社会保险则无法也无必要达到此种保障程度。

3. 经营方式方面

（1）社会保险

①强制性

社会保险具有法定强制性特征，国家、用人单位与个人均需履行各自的义务，依法应当参加社会保险的个人必须参加，不论其是否需要社会保险的保障。这是与社会保险的经办目标相适应的经办方式，由于社会保险致力于社会整体的利益保障以及公平的实现，因此需要强制每一应参加个体参加，以实现社会保险的持续运行和社会总体的基本保障。

②团结原则（the solidarity principle）

社会保险按照团结原则的逻辑运作，以医疗社会保险为例，其致力于按照医疗需要分配医疗服务，并限制支付能力、过去的医疗消费或预期的未来消费的影响，以保证某些个人的需要将由一个社区或团体支付。[1] 受社会保险致力于收入再分配目标的实现，社会保险费的计算与被保险人个人的风险程度并不直接相关，而是服从于公平性经办目标与社会总体的风险程度。因而社会保险保费的计算遵从量能负担原则，依所得不同而收取不同保费，无个别被保险人的对价平衡原则适用。[2] 以基本医保为例，年龄较大的被保险人与年龄较低的被保险人相比其健康风险等级较高，患病的被保险人与健康的被保险人相比其健康风险等级较高，年度内发生保险事故由基本医保给付过的被保险人与未发生保险事故的被保险人相比健康风险等级较高。但在基本医保缴费标准上，风险差异的群体却没有缴费差

---

① See Deborah A. Stone, "The Struggle for the Soul of Health Insurance", *Journal of Health Politics*, Vol. 18, No. 2, 1993, pp. 290–291.

② 参见陈俞沛《疾病筛检于社会健康保险之定位》，《台湾医学》2018 年第 3 期。

异。这正是由基本医保作为社会保险追求公平性的经办目标决定的，亦即平等地为每一公民提供基本医疗保障，由健康群体保障患病群体、由高收入群体保障低收入群体的基本医疗保障。我国基本医保中的职工医保，个人根据工资情况按比例缴费，有效体现了社会保险量能缴费的经办原则，但居民医保仍实行固定缴费额度，不利于实现社会保险收入与风险再分配的经办目标，未来在改革中应予关注。

③给付阶段的风险控制

社会保险非依个别被保险人对价平衡为基础的保费计算方式，以及其无差别地保障被保险人风险的经办模式，致使社会保险在控制道德风险的手段中失去了承保之前的风险控制措施，因此社会保险在经办过程中只能通过保险给付时的监督以控制费用支出。同样以基本医保为例，基本医保缴费不以健康风险程度为标准，同时不论被保险人健康风险程度如何均予以承保，因此基本医保在控费方面只能通过在被保险人请求保险给付时对费用合理性进行检验。近年来也有学者提出应在社会医疗保险领域引入疾病预防制度，如采用疾病筛检等手段更好地提前介入诊疗，有利于控制医疗费用的支出与保证国民的健康。[①] 但此种政府介入居民健康的方式尚未得到合理性的充足论证，实践性也存疑，因此目前社会医疗保险的风险控制仍限于保险报销阶段。

（2）商业保险

①自愿性

商业保险作为商业保险公司的经营产品，自然遵循自愿原则，投保人可以自由选择是否需要保险对其风险予以分散，同时保险人也会根据被保险人的风险程度选择是否要对其风险予以承保。以健康保险为例，保险公司在接受投保时，会对被保险人体检以及询问过往病史等资料以判断被保险人的健康风险状况。被保险人的健康风险越高，其所应缴纳的保险费也越高，对于健康风险过高的被保险人，投保人甚至会予以拒保。

商业保险中虽然有一部分强制保险，如交强险等，要求高风险领域强制投保，此种强制性也是体现国家政策的需要，但仍与社会保险中的普遍强制性不同。在强制性商业保险中，其涉及的只是一个领域中的群体，如交强险所强制的是机动车所有人、环境污染强制责任保险所强制的是环境

---

① 参见陈俞沛《疾病筛检于社会健康保险之定位》，《台湾医学》2018 年第 22 卷第 3 期。

污染高风险企业，只要民众不涉足这些高风险领域，就不会有强制投保的要求。而社会保险强制的是社会内的普遍群体，民众不能以自己不会生病为由拒绝参加基本医保、劳动者不能以自己不会发生工伤为由拒绝参加工伤保险等。此外，强制性商业保险是对特定的高风险领域而设置的一种准入制度，因而其仍然要遵循个体被保险人的对价平衡，以通过保险机制控制高风险领域的风险与损害程度。而基于保障社会公平稳定的经办目标，社会保险在制度设计上需要使收入与风险再次在社会群体中分配，由高收入者分摊低收入者风险、由低风险者分摊高风险者风险，以达到总体的对价平衡。

②精算公平原则（the actuarial fairness principle）

尽管当前保险公司为丰富健康险产品供给、为被保险人提供多层次与多样化的保险保障，在某些情况下也会允许被保险人带病投保，但投保人此时须交纳较高的保险费。有学者认为保险人根据被保险人的健康状况做出相应的承保、拒保或差别费率，实际上就是对不同的医保消费者给予不平等待遇或歧视待遇，其结果必然使这些存在"先有状况"而更需要医疗保险保障的人难以获得商业医疗保险，因此保险监管机构应当逐步过渡到全面禁止所有医疗保险险种的歧视待遇。① 此种观点显然混淆了商业保险与社会保险经营方式的不同。

虽然社会和商业健康保险都是将资金汇集起来并将资金从健康的缴费者重新分配给生病的人的机制，然而，它们是按两种完全不同的逻辑运作的：社会保险按照团结原则的逻辑运作，在社会全体间进行风险的分配与保费的补贴；而商业保险则应遵循精算公平原则，即将承保风险分组并予以区别定价，在同一风险程度内分配风险而避免在高低风险间交叉补贴。② 商业保险最重要的经营原则之一就是个体的对价平衡，即保险人收取的保费与被保险人的风险相适应。正是此种对价平衡维持了商业保险的营利性经营目标，使其能够长期稳定地运行。在某种意义上，那些风险程度更高的人比那些风险较低的人获得了更有价值的保险，因此他们应该为额外的价值支付更多的费用，否则就会造成低风险者向高风险者补贴保费

---

① 参见李静《论商业医疗保险的准公共产品性与保险公司的社会责任——奥巴马医保改革的启示与借鉴》，《江西社会科学》2014 年第 9 期。

② See Deborah A. Stone, "The Struggle for the Soul of Health Insurance", *Journal of Health Politics*, Vol. 18, No. 2, 1993, pp. 290-291.

的不公平性。[①]

社会保险基于其"广覆盖"的经办目标，不论被保险人状况如何均会为其提供保障，甚至从收入再分配或风险再分配的经办目标观察，社会保险存在的重要原因就是为此类高风险而又无法分摊风险的公民提供基本保障。但商业保险具有逐利性，也正是因为逐利性商业保险公司才有内生动力开发销售保险产品。因此商业保险当然可以承保患病群体，但一定是建立在营利性基础之上的，否则商业保险与社会保险的区别不再。强制保险公司取消所谓的"歧视待遇"，事实上是对商业保险对价平衡原则与精算公平原则的破坏。

③保险全过程的风险控制

商业保险的风险控制手段与社会保险相比更为多样，承保前投保人需要履行自身风险的告知义务，保险人根据风险评估决定是否承保以及计算相应保费；在承保期间保险人可以检测被保险人风险变化情况并作出控制；在理赔时保险人则可根据保险事故的性质作出是否理赔的决定。商业保险保险人的风险控制措施贯穿整个保险过程，是其保证营利性的重要手段之一。

（二）商业保险与社会保险的互补衔接——以医疗保险为例

前述对社会保险与商业保险特征的分析，并不仅是为了区分二者，更重要的是在明确二者特征的基础上，构建二者的互补衔接机制以推进社会保障制度的完善。前已提及，社会保险的经办目标是"保基本"，而基本之外的社会保障需求则应由商业保险予以承担。商业健康保险在医疗保障制度中的定位与作用应与社会保险相适应，其应配合社会保险实现社会中各群体的保障之需。有学者即指出，商业健康保险在全面医保的背景下，应关注"五个一部分"的发展空间："一部分人——富裕群体或高收入阶层；一部分病种——基本医疗保险范围之外的病种；一部分药物——基本医疗保障范围之外的药物；一部分费用——基本医疗保障报销范围之外的自负费用；一部分服务——非医疗保险范围的医疗保健与护理服务。"[②] 商业健康保险与基本医疗保险在保障范围上的互补衔接，一方面

① See Deborah A. Stone, "The Struggle for the Soul of Health Insurance", *Journal of Health Politics*, Vol. 18, No. 2, 1993, pp. 292-294.

② 参见郑功成《全民医保下的商业健康保险发展之路》，《中国医疗保险》2012年第11期。

助力严密、不留保障死角的医疗保障体系的构建，另一方面减少保障资源的浪费，提升医疗保障体系的工作效率。

在近来突发的新冠肺炎疫情中，商业保险公司在协助政府保障患者得到及时充分救治的工作中发挥了重要作用，其与基本医疗保险的角色分配有效地体现了商业保险对社会保险的补充支持性。虽然政府已下文明确，"对于新冠肺炎确诊以及疑似患者发生的医疗费用，在基本医保、大病保险、医疗救助等按规定支付后，个人负担部分由财政给予补贴"[①]，但商业健康保险依然有其存在的空间，其可以承担确诊或确定为疑似病例之前的相关费用，以及未能确诊即已病故患者的医疗费用，并对治愈患者未来可能出现的后遗症治疗提供一定的保障。在重疾险中，保险公司将新冠肺炎纳入了保险责任范围；在医疗险中，保险公司取消了原有的"法定传染病"的责任免除事项限制，并针对新冠肺炎客户取消了等待期、免赔额、定点医院等限制。[②] 在突发疾病对人民的健康造成重大威胁的背景下，商业保险与社会保险以及社会救助共同构成了多层次、全方位的医疗保障网，使不幸的患者不会因为费用问题而影响治疗，减少患者的后顾之忧，为疫情的早发现早治疗早控制提供有效的支持与保障，体现国家对公民健康权的切实保护。商业健康险在抗击疫情的过程中，很好地发挥了对基本医疗保险的补充作用，同时其提供的后续保障也为基本医疗保险的健康运行提供了支持，使后者不必被拖入巨额的医疗与康复费用中。此外，商业保险公司也通过此次合作向社会以及政府展现了其社会责任性与专业性。一方面为公司品牌做了隐性宣传、提升了公司的社会好感度，从而有助于增加客户的忠诚度以及扩展客户群体；另一方面也有利于与政府形成良好的合作关系，为基本医保、大病保险的承办与经办增加信任度。商业保险与社会保险在合作中各自受益，同时增加了社会福利，并推进了多层次医疗保障体系的构建。

笔者在第三章提到，一些基本医保基金充裕的地区正在探索将更多的

---

① 参见《国家医疗保障局、财政部关于做好新型冠状病毒感染的肺炎疫情医疗保障的通知》，2020 年 1 月 22 日；《国家医疗保障局办公室、财政部办公厅、国家卫生健康委办公厅关于做好新型冠状病毒感染的肺炎疫情医疗保障工作的补充通知》，2020 年 1 月 27 日。

② 参见《超 500 款产品扩展保险责任　商业保险对"抗疫"将起大作用》，《第一财经日报》2020 年 2 月 13 日第 A07 版。

中高端医疗服务纳入基本医保的覆盖范围，提升基本医保的服务力和吸引力。但笔者对此种做法并不完全认可。在我国的基本医保运行过程中，由于地方发展水平的差异，造成了基本医保待遇的极大差异。正如我国长期以来的发展政策为"支持一部分人先富起来，先富带动后富，最终实现共同富裕"，我们发展的目标是实现整个社会的共同富裕，而非仅停留在个别地区的经济繁荣。实现基本公共服务均等化的发展目标，并非仅为中央政府的工作方向，各地都应致力于此目标的实现。因此，基本医保的待遇应与全国整体经济社会发展水平相适应，基本医保基金充裕的地区仍应坚持"广覆盖、保基本、多层次、可持续"的社会保险设立目标，由商业保险实现多元化、高层次的保障目标，二者在医疗保障制度应互相配合而非挤占对方发展空间。最新的医保改革意见指出，实行医疗保障待遇清单制度，各地区"未经批准不得出台超出清单授权范围的政策，严格执行基本支付范围和标准，实施公平适度保障，纠正过度保障和保障不足问题"①。在目前全国统筹的目标尚难企及的背景下，基本医保基金充裕的地区可以在保证基本医保长期稳定运行的基础上，使用一部分资金鼓励居民购买商业健康险，将基本医保的保障范围控制在"基本医疗需求"的解决上，为商业健康险留足发展空间。如此，既可提升居民的医疗保障水平，又可鼓励商业健康险的扩张，从而推动多层次医疗保障体系的构建。目前一些地区已开展了利用医保个人账户购买商业健康险的实践，这不仅有利于盘活个人账户的沉淀资金，同时也可以减少个人账户资金的不合理使用。为了提升基本医保的共济性，居民医保个人账户已经取消，职工个人账户的取消在未来也会逐步推进，因此基本医保基金在未来的运行上应该以"保基本"为方向，向更广范围更高质量的统筹发展，与商业保险一起构建合理完善的保障体系。

商业保险与社会保险除保障范围上的互补衔接外，在经营方式上也有互补之处。精算技术、人才组织、管理经验、产品和服务的创新等都是商业保险的优点，②也是目前社会保险运行中较为欠缺的部分。社会保险长期面临运行效率低的问题，如此将严重影响"可持续"经办目标的实现，因此商业保险的效率优势即可引入社会保险经办中，提升社保基金的

---

① 参见《中共中央、国务院关于深化医疗保障制度改革的意见》，2020 年 3 月 5 日发布。

② 参见韩烨《社会保障视域下商业保险与社会保险互动机制的耦合协调度研究》，《税务与经济》2019 年第 5 期。

管理水平。在医疗保障领域，前文提到的在社会医疗保险中引入疾病筛检计划，也是将商业保险的风险控制措施引入社会保险的表现。健康管理服务的提供目前成为商业健康险经营的方向之一，而这一经营方式也可引入基本医保与大病保险中，通过体检、健康普及等基本公共卫生服务的提供提升参保人的健康水平，减少医疗费用的支出。

综上所述，医疗保障的准公共物品性质决定了市场在其中可以扮演重要角色，而市场力量的广泛参与并不意味着政府可以坐享其成。有管理的竞争理论即是对市场与政府在医疗保障中的角色分配做了有益安排，健康保险由市场力量提供会更具效率、服务性以及灵活性，但会出现市场失灵，需要政府的管理以提升保险运行的公平性。而在提供医疗保障的各类制度中，社会保险与商业保险作为政府与市场力量的代表，需要在明确二者经营目标、保障风险性质以及经营方式之特征的基础上，发挥各自优势互补衔接，构建严密的多层次医疗保障制度。

第二节　商业保险公司参与多层次医疗保障体系构建的规范保障及制约

从社会保险的经办承办到自身商业健康险业务的创新发展，商业保险公司可以通过多种方式参与多层次医疗保障体系的构建。商业保险公司在参与过程中需要法律的保障与引导，以使其在法律框架内依法高效地开展保险工作，同时法律对其参与过程也须加以规范制约，以保障人民群众的合法利益不受侵害。2019 年，全新修订的《健康保险管理办法》（以下简称《办法》）出台，对健康保险的范围、产品设计、经营方式、销售要求等各方面做了修改与完善，以适应健康保险发展的新方向，使其更好地融入多层次的医疗保障体系中。本节中，笔者将以《办法》的新规定为主要讨论对象，阐释商业保险公司参与多层次医疗保障体系构建的法律基础。

一　参与方式的规范保障：创新经营模式

《办法》在第 1 条立法目的的阐释中，增加了"提升人民群众健康保障水平"的表达,① 即表明商业健康保险不再仅局限于保险人与投保人或被保险人间的个体利益关系,而是融入国家的多层次医疗保障体系中,在人民群众的健康保障制度中扮演着重要角色。《办法》在法律层面明确了健康保险是国家多层次医疗保障体系的重要组成部分,对健康保险发展方向与目标做了明确规定,即应当坚持健康保险的保障属性。② 以下笔者将对法律对于商业保险公司参与多层次医疗保障制度方式的引导与保障规定做系统梳理。

(一) 商业健康保险业务的创新发展

1. 医疗意外保险的加入

《办法》第 2 条对于健康保险的定义做了扩展,将保险金给付原因从被保险人的"健康原因"拓展至"健康原因或医疗行为",从而将医疗意外保险纳入了健康保险的范畴。③ 在"产品管理"一节中,《办法》对医疗意外保险的产品设计做出了规范化管理,要求医疗意外保险可以包含死亡保险责任,但不得包含生存保险责任,如此更符合医疗意外保险的保险事故的要求,提升医疗意外保险的独立性与专业性。

医疗意外保险在过去属于意外保险的一类产品,银保监会相关负责人表示,"医疗意外"指医疗行为没有发生理想的治疗效果并造成损害,这种损害是可以预见的,与不可预见损害的"意外保险"的定义不同,因此《办法》将医疗意外保险纳入了健康保险的范畴。④ 笔者认为此种观点具有合理性,且对医疗意外保险的发展乃至医患关系的缓和均有深远意义。目前多数患者并未对诊疗行为的效果与风险有充分认识,多持有

---

① 参见《健康保险管理办法》第 1 条规定:"为了促进健康保险的发展,规范健康保险的经营行为,保护健康保险活动当事人的合法权益,提升人民群众健康保障水平,根据《中华人民共和国保险法》(以下简称《保险法》) 等法律、行政法规,制定本办法。"

② 参见《健康保险管理办法》第 3 条规定:"健康保险是国家多层次医疗保障体系的重要组成部分,坚持健康保险的保障属性,鼓励保险公司遵循审慎、稳健原则,不断丰富健康保险产品,改进健康保险服务,扩大健康保险覆盖面,并通过有效管理和市场竞争降低健康保险价格和经营成本,提升保障水平。"

③ 参见《健康保险管理办法》第 2 条第 1 款规定:"本办法所称健康保险,是指由保险公司对被保险人因健康原因或者医疗行为的发生给付保险金的保险,主要包括医疗保险、疾病保险、失能收入损失保险、护理保险以及医疗意外保险等。"

④ 参见《新版〈健康保险管理办法〉落地 医疗意外险被纳入健康保险类别》,《经济参考报》2019 年 11 月 13 日第 A02 版。

"医生、医学技术是万能的"观点，因而当治疗效果不明显甚至发生医疗损害时，患者情绪会十分激动，造成医患纠纷。但事实上即使在现今医疗技术不断进步的背景下，仍有大量疾病是难以治愈或难以完全治愈的，而且医疗风险是伴随着诊疗过程长期存在的，因此我们应当树立正确的医疗风险意识，接受医疗风险与诊疗行为相伴而生的现实。医学技术的进步离不开医疗风险的暴露与解决，但遭遇医疗风险的患者是无辜的，因而医疗意外保险作为风险分散措施应运而生。由密切关注医疗机构诊疗行为的健康险公司开发与经营医疗意外保险产品，可以更精确地测算各类疾病以及诊疗方案存在的医疗风险，以设计良好运行的医疗意外保险产品。同时健康险公司在日常健康险的销售中，可以更精确地向患者推荐医疗意外保险，也有利于医疗意外保险市场的拓展。将医疗意外保险纳入商业健康保险的范畴，也可以潜移默化地向公众传递医疗风险的非意外性，增强公众对医疗风险的认识，对紧张的医患关系产生有益影响。

2. "康复费用支出"纳入费用补偿型医疗保险的补偿范围

《办法》对于医疗保险中费用补偿型医疗保险的可保范围做了扩展，将"康复费用支出"加入了保险金给付项目。[1] 随着人民群众生活水平以及健康意识的提高，对于医疗保障的需求已不再限于疾病的治疗，而关注于健康状态的恢复，因而诊疗完成后的康复成为健康保障的另一关注点。康复的作用在于帮助病人改善疾病造成的身体功能障碍，进行身体功能的重建与恢复，提高患者的生活质量。《办法》将康复费用纳入医疗保险的支付项目中，是对人民群众健康保障需求升级与多样化的回应，也是强化健康保险保障属性的表现，为商业健康险找到又一待开发的广阔市场。

据前瞻产业研究院发布的《中国康复医疗产业全景图谱》显示，当前我国慢性疾病患者数量已超 2 亿人，其中心脑血管、呼吸系统疾病以及神经系统疾病人数较多，康复需求大。[2] 未来保险公司可以针对投保人的康复需求，开发包括康复费用支出或单独承保康复费用支出的健康保险。此外，根据前述报告数据，我国康复医学科床位数量逐年增加，但当前床

---

① 参见《健康保险管理办法》第 5 条第 2 款规定："费用补偿型医疗保险，是指根据被保险人实际发生的医疗、康复费用支出，按照约定的标准确定保险金数额的医疗保险。"

② 参见前瞻产业研究院《中国康复医疗产业全景图谱》，2019 年 2 月 5 日，前瞻网（https：//www.qianzhan.com/analyst/detail/220/190131-1b681166.html）。

位数量仍旧无法满足市场需求。① 保险公司还可以增强与康复机构的合作以及投资康复机构的建设，为被保险人提供优质的康复服务以及便捷的费用支付服务，拓展业务领域与覆盖范围。健康保险的保障范围不断扩大，贴合市场需求，促进商业健康保险在国家多层次医疗保障体系中的作用不断提升。

　　3. 护理保险的规范与细化

　　在 2006 年版的规定中，《办法》条文对于护理保险着墨较少，仅限于护理保险的定义，未对护理保险的具体内容做出有效规范与引导。《办法》规范了护理保险的定义，护理保险的保险给付不只限于原有的 "为被保险人的护理支出" 提供保障，还可以涵盖包括护理服务的提供在内的各种保障。② 在护理保险具体保险内容的规定中，《办法》增加了长期护理保险的最短期限的要求，③ 增加了护理保险在保险期间届满前给付生存保险金的条件，并将给付条件严格限制为被保险人的护理需求。④ 这些新增规定是严格落实 "保险姓保" 的保险业发展要求的体现，护理保险存在的价值是为被保险人的护理风险提供保障，因此其给付方式可以是多样的，包括护理服务的提供，而对生存保险金给付的严格限制也是为了避免护理保险异化为人寿保险，恢复其具有的护理保障价值，避免护理保险的理财化。

　　《办法》的上述规定规制的是商业护理保险，但我国商业护理保险市场目前尚未得到广泛开拓。我国正在建立的长期护理保险制度系以政府主导、商业承办为运行原则与机制，商业保险公司主要参与政策调研及制定、保费精算与标准制度以及其他的经办承办工作。在长护保险试点中，除长春市和上海市外，其他地区均采取了委托商业保险公司经办的模式，各商业保险公司或独家或合作承办试点地区的长护保险，推动了长护保险

---

　　① 参见前瞻产业研究院《中国康复医疗产业全景图谱》，2019 年 2 月 5 日，前瞻网（ht-tps：//www. qianzhan. com/analyst/detail/220/190131-1b681166. html）。

　　② 参见《健康保险管理办法》第 2 条第 5 款规定："本办法所称护理保险，是指按照保险合同约定为被保险人日常生活能力障碍引发护理需要提供保障的保险。"

　　③ 参见《健康保险管理办法》第 4 条第 3 款规定："长期护理保险保险期间不得低于5 年。"

　　④ 参见《健康保险管理办法》第 29 条规定："护理保险产品在保险期间届满前给付的生存保险金，应当以被保险人因保险合同约定的日常生活能力障碍引发护理需要为给付条件。"

制度的建立。① 这些试点工作是有管理的竞争理论在长护保险中得到充分运用的体现，是保险业深度参与服务和保障民生的全新探索。社会长护保险对商业长护险的发展虽会产生一定的挤出效应，但长护险作为一种新生险种，民众对其了解不够、投保意识不强，社会长护保险的推广可以将护理保险整体市场做大，增强民众对护理风险与护理保险产品的认识，从而增加投保需求。而商业保险公司在参加社会长护保险的经办与承办过程中，可以增强其对市场中的护理需求、护理标准等保险内容的认识，有利于为其商业长护险产品的开发销售提供帮助。商业护理保险作为商业健康保险的一类，同样属于我国多层次医疗保障体系中的一类，商业护理保险应致力于提供个性化、高端化的护理保障，并可参与养老护理机构的改造与投资建设以及居家护理服务的提供等工作，与社会护理保险共同构建全方位、多层次的护理保险制度。

4. 税收优惠健康保险的加入

《办法》增加了一款对税收优惠健康保险（以下简称"税优健康险"）内容的指向性规定，② 完善了健康保险的产品体系。税优健康险是一种福利性质的政策性保险，该保险的特点在于，购买该产品且达到了纳税要求的消费者，每月或者每年可享受一定额度的个人所得税减免税。③ 税优健康险作为一种福利性质的保险，可以提升纳税人的健康保障水平，完善我国多层次的医疗保障体系；同时可以培育社会的保险意识，有利于增加大众对于商业健康保险产品的关注了解，激发其投保需求。

2015 年，为提升税优健康险试点工作的规范化，原中国保监会制定了《个人税收优惠型健康保险业务管理暂行办法》，与《办法》相比，该规定对保险公司的经营要求、产品管理、业务管理、财务管理、信息系统管理、信息披露等各方面均更严格、更详细。2017 年，财政部、国家税务总局、保监会发布《关于将商业健康保险个人所得税试点政策推广到全国范围实施的通知》，对税优健康险的适用对象、税收优惠以及保险产

① 参见于莹、阎建军主编《健康保险发展报告（2019）》，社会科学文献出版社 2019 年版，第 114 页。

② 参见《健康保险管理办法》第 12 条第 1 款规定："享受税收优惠政策的健康保险产品在产品设计、赔付率等方面应当遵循相关政策和监管要求。"

③ 参见吴海波、陈天玉、朱文芝《税优健康险"叫好不叫卖"的深层原因及其破解策略》，《保险职业学院学报》2019 年第 3 期。

品的规范和条件做了详细规定。《办法》通过指示性规定的条款,将政策性文件的内容融入了部门规章的立法中,赋予其法律效力,有利于税优健康险的依法运行。笔者认为税优健康险虽然具有政策性保险的性质,但其仍属商业保险公司经营的商业健康保险的一类。《办法》作为商业健康保险的总体规定,其效力层级为部门规章,而税优健康险作为商业健康保险的子类别,其管理办法也同属部门规章级别,如此立法安排不利于理顺二者关系。未来应考虑提升健康保险管理规定的效力层次,以更好地发挥《办法》统领健康保险发展全局的作用。

5. 健康保险对扶贫的参与

《办法》增加了对保险公司参与健康扶贫的政策引导,是保险公司履行社会责任的一种方式。[1] 保险的本质是互帮互助、扶危济困,与精准扶贫具有天然的内在联系,故保险公司参与扶贫开发具有独特的机制优势。[2] 据国务院扶贫办 2015 年摸底调查显示,全国现有的 7000 多万贫困农民中,因病致贫的有 42%,在各类致贫原因中处于第一位。[3] 而在患病人群中,有较高比例的人是家庭中的劳动主力,因而严重影响家庭的后续脱贫力量,因此健康扶贫对于我国的脱贫工作至关重要。通过保险保障改善人民基本医疗服务的获得,这将进一步有助于改善健康状况,并将进而刺激增长和减少贫困。[4] 2016 年,中国保监会、国务院扶贫办联合发布《关于做好保险业助推脱贫攻坚工作的意见》,其中特别要求保险机构"精准对接健康保险服务需求"。商业保险公司应提前参与到家庭经济状况较脆弱的人群的健康保障工作中,开发面向贫困人口的商业健康保险产品,从源头减少"因病致贫""因病返贫"的发生率;当贫困人口已患病时,商业保险公司在大病保险的承办工作中,应提高贫困人口医疗费用实际报销比例,同时参与医疗救助工作。泰康保险在参与井冈山老区扶贫的

---

[1]　参见《健康保险管理办法》第 28 条规定:"医疗保险产品可以在定价、赔付条件、保障范围等方面对贫困人口适当倾斜,并以书面形式予以明确。"

[2]　参见中国人寿保险股份有限公司《中国人寿健康保险扶贫白皮书》(2018 年版),第 1 页。

[3]　参见《国务院扶贫办:贫困农民 42% 因病致贫》,2015 年 12 月 16 日,搜狐网(https://www.sohu.com/a/48879867_354570)。

[4]　See Guy Carrin, "Social Health Insurance in Developing Countries: A Continuing Challenge", *International security review*, Vol. 55, No. 2, 2002, pp. 68-69.

过程中，针对贫困人口的医疗需求，对被保险人门诊大病和住院的医药费用，经基本医保及大病保险报销后，剩余所有费用不设起付线，保障范围从社保目录内扩展到了社保目录外。[①]

但是我们应认识到，保险是建立在精算基础上的保费与风险对价平衡的一种产品。如果破坏此种平衡，将严重影响保险的健康持续发展，无异于饮鸩止渴。商业保险公司作为以营利为目的的一类经营主体，社会责任的承担只是其在经营过程中的一种附加目标，而非其设立目标。为贫困人口提供医疗保障应是国家履行其保障公民健康权、为公民提供物质帮助义务的表现，因此国家有合理性也有义务制定特殊政策向需要帮助的部分人群倾斜。[②] 但商业保险公司平等对待相同风险的被保险人应是其基本的经营准则，保险公司有责任公平对待所有投保人，确定与每个投保人承担的风险相一致的保费水平。[③] 将扶贫责任转移至商业保险公司承担，破坏了其对于客户的公平性。商业保险应遵循精算公平原则，保险费率应当有所区别，以便"每个被保险人将根据其风险的质量支付费用"[④]。所谓风险的质量，在健康保险中即指的是影响或预测一个人使用医疗保健的各类因素，如个人健康状况、家族遗传病史等。商业保险将与健康信息无关的个人经济状况作为费率的影响因素，有违反精算公平原则的嫌疑。因此笔者建议，基于基本医保与大病保险的社会保险性质，商业保险公司可以在基本医保的经办与大病保险的承办中向贫困人口倾斜，对贫困人口医疗保险的起付线、支付比例等各方面予以倾斜性安排。而在商业保险公司专门针对贫困人口开发的商业健康保险中，国家则应对其予以一定支持，从而将商业保险公司向贫困人口倾斜的保险政策转化为国家的扶贫政策。这一方面可以减少商业保险公司的经营压力，维持其总体的经营平衡；另一方面

---

① 参见冯鹏程《保险如何做好健康扶贫——泰康养老助力井冈山精准脱贫的实践及思考》，2019 年 2 月 2 日，中国银行保险报网（http：//shh. sinoins. com/2019 - 02/20/content_ 283853. htm）。

② 参见《宪法》第 45 条规定："中华人民共和国公民在年老、疾病或者丧失劳动能力的情况下，有从国家和社会获得物质帮助的权利。国家发展为公民享受这些权利所需要的社会保险、社会救济和医疗卫生事业。"

③ See Clifford, K A and Iuculano, R. P. , "AIDS and Insurance：the Rationale for AIDS - related testing", *Harvard Law Review*, Vol. 100, No. 7, 1987, p. 1806.

④ See Bailey H. T. , T. M. Hutchinson and G. R. Narber, "The Regulatory Challenge to Life Insur- ance Classification", *Drake Law Review*, Vol. 25, 1976, p. 782.

则为商业保险公司向特定群体设置倾斜保险待遇提供了合理的法理依据，同时可以为贫困人口提供多方面多层次的医疗保障，有效发挥保险的分散风险机制对于健康扶贫的作用。

另外，在健康扶贫中还应考虑的一点是，2020 年，农村贫困人口实现脱贫，我国将全面迈入小康社会。在普遍进入小康社会后，对于之前开发的扶贫保险的续保问题、需要特殊保险政策的"贫困人口"的认定标准、政策的倾斜程度以及倾斜的合理性问题将需要重新思考，而商业保险公司如何持续参与健康扶贫工作也必须重新安排。因此，未来应根据实际情况出台相应的政策持续回应健康扶贫的新动态新要求，将健康扶贫与多层次医疗保障体系中的医疗救助、医疗互助制度相融合，建立商业保险公司参与健康扶贫工作的长效机制，有效防止"因病致贫""因病返贫"问题的发生。

6. 创新保险产品的开发

《办法》增加了对保险公司创新型健康保险产品开发的鼓励，[①] 并特别提到了保险公司应对新药品、新医疗器械和新诊疗方法的运用推广发挥保险价值。[②] 此类新式药品、器械或诊疗方法在过去不属于保险责任范围，患者只能独自承担此类费用，经济压力巨大。此外，此类新式药品除价格高昂外，还可能会出现疗效并不明显的情况，导致患者承担巨额费用的同时还无法获得期待疗效，严重影响患者的选择。而于研发企业而言，此类新产品或方法也可能会因为没有足够患者使用，而无法获得后续改进的数据与资金支持，从而导致新产品、新方法无法有效地研发与推广。通过保险公司的介入，患者与诊疗服务或产品的提供方都能得到支持，商业保险公司成为医疗保障的提供方与科研保障的提供方，最终对整个医疗行业的发展进步产生推进作用。而保险公司则通过创新保险产品的开发，加强了与药企、医疗机构等主体的合作，推动大健康产业链的进一步延长与紧密，寻找到新的业务增长点，推动健康险领域的细分化与专业化。

实践中，华泰保险推出了疗效保险，若患者在自费服用保险合同约定

---

① 参见《健康保险管理办法》第 33 条规定："鼓励保险公司提供创新型健康保险产品，满足人民群众多层次多样化的健康保障需求。"

② 参见《健康保险管理办法》第 30 条规定："鼓励保险公司开发医疗保险产品，对新药品、新医疗器械和新诊疗方法在医疗服务中的应用支出进行保障。"

的某种新药期间出现病情加重、不幸身故的情况，保险公司将予以赔偿。① 除新药以外，华泰保险还推出了新诊疗方案的疗效保险，患者采用指定的药物诊疗方案后，在保险期间内如若仍然发生骨质疏松骨折，保险公司将对住院费用予以补偿。② 这不仅在一定程度上推动了新药入市的接受度，同时对于已付出高额药费而又未得到有效治疗效果的患者而言，也能提供一定程度的经济补偿。

除针对新药品、新医疗器械和新诊疗方法的运用开发保险外，商业保险公司还在健康险产品与经营方式方面进行创新，前者如针对单一病种的全程治疗提供保障，后者如突破对已存风险不保的传统经营方式。总之，法律应引导保险公司关注民众的健康需求，不断开发满足民众各类需求的健康险产品，激发市场活力，而非在现存的发展成熟的保险产品上进行价格竞争。有学者通过数据研究指出，社会保险承保范围的扩大确实会对商业保险的发展产生挤出效应，影响商业保险业务的扩张。③ 因此，在我国基本医保保障人群以及保障范围等不断扩大的背景下，商业保险公司的发展思路应转向创新保险产品的开发销售，为基本医保所不能为，如此方可在社会保障制度不断完善的市场中获得长期稳定的发展。

7. 经营主体的扩展与规范化

（1）经营主体的范围

在经营主体上，除之前的健康保险公司、人寿保险公司外，《办法》还增加了养老保险公司作为健康保险的经营主体。④ 扩展健康保险的经营主体范围，有利于丰富保险产品的供给，增加行业的竞争性与活力。养老与健康具有天然的联系，疾病的罹患率会随着年龄的增加而增长，而随着人均寿命的不断延长以及经济社会的不断发展，大众不只期待老有所养，更追求老年生活的健康化。健康险中的疾病、医疗、护理等保险都与养老

---

① 参见与爱共舞《担心泰瑞沙疗效不佳怎么破？有疗效保险啊！》，2017 年 10 月 22 日，搜狐网（https：//www. sohu. com/a/199541636_ 678013）。

② 参见《华泰保险推出全国首个慢性病疗效保障保险》，2018 年 9 月 20 日，和讯保险网（http：//insurance. hexun. com/2018-09-20/194201804. html）。

③ See Jonathan Gruberab and Kosali Simon，"Crowd-out 10 Years Later：Have Recent Public Insurance Expansions Crowded out Private Health Insurance?"，*Journal of Health Economics*，Vol. 27，No. 2，2008，pp. 201-217.

④ 参见《健康保险管理办法》第 8 条第 1 款规定："依法成立的健康保险公司、人寿保险公司、养老保险公司，经银保监会批准，可以经营健康保险业务。"

有密切联系，特别是其中的长期保险与养老保险的长期性相适应，允许养老保险公司经营健康险可以更好地发挥其在长期保险上的开发运营优势，有利于健康险市场的拓展，以及养老险公司"医养结合""康养结合"经营理念的实现。除此之外，以上三类保险公司之外的保险公司经银保监会批准，也可以经营短期健康保险业务。

（2）经营主体的要求

对于经营健康保险的非健康保险公司，《办法》要求其成立专门健康保险事业部，并对事业部的经营条件做出了严格要求，与 2006 年版相比更能体现健康保险作为一种独立保险门类的专业性质。① 健康险较为复杂，与医疗产业结合较为紧密，在产品开发、承保、理赔等方面都需要很强的专业性。在前文已经讨论过的保险公司与医疗机构的互动关系中，《办法》要求保险公司参与医疗行为的监督，并增加了"监督被保险人医疗行为的真实性和合法性"的规定，以及前述将医疗意外保险纳入健康保险范畴之后，保险人需要向被保险人介绍各类疾病以及诊疗方案存在的风险。保险人这些业务的开展均需要有医学专业背景的管理人员甚至是业务人员，以保持健康保险的良性发展，更好地发挥其在医疗保障与健康管理中的重要作用。是故，《办法》要求健康保险事业部须配备"具有医学教育背景的管理人员"。但正如前文所述，健康险在各方面全过程都与医疗卫生行业联系紧密，因此笔者建议参照《个人税收优惠型健康保险业务管理暂行办法》的规定，将医学背景的要求扩展至健康险的各类从业人员，不仅要求管理人员具备医学背景，同时对精算人员、核保人员、核赔人员等其他从业人员增加医学背景要求，可对所有从业人员整体设置 30% 的医学背景比例要求，以更好地促进健康险的专业化发展。②

---

① 参见《健康保险管理办法》第 9 条规定："除健康保险公司外，保险公司经营健康保险业务应当成立专门健康保险事业部。健康保险事业部应当持续具备下列条件：（一）建立健康保险业务单独核算制度；（二）建立健康保险精算制度和风险管理制度；（三）建立健康保险核保制度和理赔制度；（四）建立健康保险数据管理与信息披露制度；（五）建立功能完整、相对独立的健康保险信息管理系统；（六）配备具有健康保险专业知识的精算人员、核保人员、核赔人员和医学教育背景的管理人员；（七）银保监会规定的其他条件。"

② 参见《个人税收优惠型健康保险业务管理暂行办法》第 5 条第 5 项规定："保险公司经营个人税优健康保险应当具备以下条件：（五）配备专业人员队伍，健康保险事业部具有健康保险业务从业经历的人员比例不低于 50%，具有医学背景的人员比例不低于 30%。"

为提升健康险市场的透明度与公开性，《办法》还增加了"建立健康保险信息披露制度"的要求。2018年，银保监会发布了新修订的《保险公司信息披露管理办法》，其中特别强调了人身险公司的披露内容。① 在一个运作良好的市场中，应该有足够的信息来帮助购买者做出决策，减少信息获取带来的交易成本，保险信息披露是解决保险市场信息不对称的重要措施，同时信息披露制度也是防止市场费率混乱、抑制恶性价格竞争的有效措施，是费率市场化改革的重要配套制度。② 健康保险与其他保险在精算、理赔、风险控制等各方面均具有独特性，因此专门建立的健康保险事业部应当建立专门的健康保险信息披露制度。笔者建议，未来在出台实施细则中结合健康险的特征，对健康险信息披露的内容与方式做详细规定，指引保险公司的信息披露行为。

（3）经营销售方式的规范

《办法》取消了原有的"保险公司不得在医疗机构场所内销售健康保险产品"的规定，保留了"不得委托医疗机构或者医护人员销售健康保险产品"的规定，拓宽了健康险的销售渠道。③ 笔者认为此举有充分的合理性。原规定出台的背景是考虑到保险公司在医疗机构内销售健康保险，可能会利用患者追求健康保障的紧急状态，引诱其购买其本不需要的保险，有乘人之危嫌疑。但我们应认识到，对于健康保障的关注是每一个个体的正常需求。如果大众都能有充分的保险意识与健康管理意识，罹患疾病以及因罹患疾病而带来的经济压力都会大大减轻。我们应当禁止的是保险人在销售时夸大保险效果、诱导投保人购买以及隐匿关键信息等保险销售乱象，而非禁止保险人在特定区域销售保险，如此对需要保险保障的投保人而言也极为不便。《办法》已对部分销售乱象做出回应，未来可以通过实施细则的出台以及监管人员对医疗机构的进驻等措施规范健康险销售行为，一方面保障投保人的合法权益以及便利其投保，另一方面为健康险的销售宣传提供新的通道，促进健康险市场的繁荣。

《办法》依然保留对医疗机构以及医务人员销售保险行为的禁止，是

---

① 参见《保险公司信息披露管理办法》，2018年4月28日发布。

② 参见任自立《中国保险费率监管制度的改革与思考》，《政法论丛》2019年第2期。

③ 参见《健康保险管理办法》第37条规定："保险公司不得委托医疗机构或者医护人员销售健康保险产品。"

合理之举。医疗机构及医务人员的本职工作是为患者诊疗,至于诊疗费用不应成为其选择诊疗方案的影响因素。如若允许其参与健康险的销售工作,可能会出现少数缺乏职业道德的医务人员夸大病情、对患者产生恐吓效果,或故意选取费用高昂的诊疗方案,以引诱患者购买健康险的恶劣现象。如此一不利于患者及被保险人利益的保护;二会对医务人员以及医疗机构的专业性和行业形象产生不良影响,让本就紧张的医患关系更为脆弱;三会使得社会对健康险污名化,影响健康险长远的发展,不利于品牌的塑造。《办法》保留该项规定实为对被保险人、保险人以及医疗机构、医务人员各方群体的综合保护。

《办法》新增了保险公司不得随意拒绝提供已备案或审批的保险产品,以及不得强制搭配销售其他产品的规定。[①] 该规定是对短期健康保险市场中以停售规避风险现象的回应,旨在减少对被保险人利益的损害,同时督促保险人按照经验数据精算合理定价,遏制"锚定竞品"的不良竞争,提升健康险市场整体的风险控制水平,引导保险公司开发新的保险市场。禁止强制搭售同样是回应健康险市场中出现的将年金险等产品与健康险捆绑销售的乱象,回归健康险的健康保障本性,应当是健康险行业长期的发展方向。

(二) 健康管理服务的创新发展

《办法》新增"健康管理服务与合作"一章,对保险公司健康管理服务的经营提出了概括性的指导与要求,回应了商业健康险的发展新方向。

健康管理是指,保险经营机构在为被保险人提供医疗服务保障和医疗费用补偿的过程中,利用医疗服务资源或与医疗(保健)服务提供者的合作,所进行的健康指导和诊疗干预的管理活动。[②]《办法》第 57 条将健康管理的服务成本占保险费的比重提升到 20%,且不再对各类健康管理服务区别定价,同时对超出限额的部分做出了安排,有利于保障保险公司

---

① 参见《健康保险管理办法》第 36 条规定:"经过审批或者备案的健康保险产品,除法定理由和条款另有约定外,保险公司不得拒绝提供。保险公司销售健康保险产品,不得强制搭配其他产品销售。"

② 参见国家市场监督管理总局、中国国家标准化管理委员会《保险术语》,GB/T 36687-2018,2018 年 9 月 17 日发布。

的健康管理服务公开透明地运行。① 《办法》修订的指导思想之一即为
"坚持健康保险的保障属性","保障"一可以理解为对发生的医疗费用提
供资金保障,二可以理解为对被保险人的身体状况提供健康保障。健康管
理则恰好有助于促进"保障"的实现,其对被保险人而言不仅有减少其
医疗支出的作用,更重要的是有助于维持并促进被保险人的身体健康状
态。"计划外的住院是系统失败的标志",某种意义上讲,那些需要住院
治疗的病人并没有在他们疾病的早期阶段得到最好的治疗。《办法》对于
健康管理内容的规定,为保险公司开展健康管理服务提供了法律上的支
持,回应了"以治病为中心"到"以健康为中心"的"健康中国"发展
战略和医改方向,对于民众健康的促进有深远价值。

1974 年加拿大 Mac-Lalonde 的报告认为,环境、生活形态与人类生
物学三项因素,对于健康改善各占有三成的影响力,而医疗服务在影响健
康的比例上只占有一成,但是却耗掉了大部分的国家医疗资源,② 因此为
促进人的健康,有必要将其他三要素提高至与医疗照护相同地位。这便是
全世界最早的"购买健康,而不是购买医疗"的理念。③ 与说服一个患病
的人接受诊疗相比,说服一个暂时未患病的人为了未来长期保持健康而遵
从健康生活习惯要难得多,但也重要得多。"自己选择毒药"(to choose
their own poison)④ 的个人自由权利的使用,影响着商业保险公司健康管
理业务推行的正当性与可操作性,投保人购买健康保险就是为了能够获得
经济补偿,而健康管理的实质是通过保障被保险人的健康状态以尽可能减
少保险支付,因而实际与投保人一方金钱利益有所冲突。《办法》允许健
康管理服务价格进入保险成本,为保险公司提供健康管理服务以及被保险
人接受健康管理服务提供了经济激励。

---

① 参见《健康保险管理办法》第 57 条规定:"健康保险产品提供健康管理服务,其分摊的
成本不得超过净保费的 20%。超出以上限额的服务,应当单独定价,不计入保险费,并在合同
中明示健康管理服务价格。"

② See Marc Lalonde, *A New Perspective on the Health of Canadians: a Working Document*, Public Health Agency of Canada website, April 1974, pp. 5-7 (http://www.phac-aspc.gc.ca/ph-sp/pdf/perspect-eng.pdf).

③ 参见陈俞沛《疾病筛检于社会健康保险之定位》,《台湾医学》2018 年第 3 期。

④ See Marc Lalonde, *A New Perspective on the Health of Canadians: a Working Document*, Public Health Agency of Canada website, April 1974, p. 6 (http://www.phac-aspc.gc.ca/ph-sp/pdf/perspect-eng.pdf).

(三) 医保互动的创新发展

《办法 (征求意见稿)》将第六章命名为"健康管理服务与医保合作",《办法》则改为"健康管理服务与合作"。保险公司经营健康保险通常与医疗机构合作,但随着医疗卫生事业的发展和人民健康意识的提升,健康管理机构、康复服务机构等健康服务机构应运而生并与传统医疗机构分立,保险公司同样需要与其合作,为方便叙述,本书使用"医疗机构"代指包括传统医疗机构在内的各类健康服务相关机构。而该章的规定不只限于主体间的合作,还涉及保险公司对于医疗行为的监督以及作为医患间第三方价值的发挥,因此笔者在这里使用"医保互动"的表达评析该部分规定。本书第三章已对保险公司与医疗机构的互动融合方式做了详细阐述,《办法》的规定是从法律层面对二者的互动合作提供了制度支持和保障。

1. 医保合作

健康保险的价值来自保险公司提供的医疗服务的价值。[1] 健康保险的价值不仅在于为被保险人规避财务风险,而且可以为被保险人提供其原本无法负担的优质的医疗服务。在多层次的医疗保障体系中,保险公司与医疗服务类机构的合作与融合是提升医疗服务水平与健康险产品吸引力的重要举措,有利于为被保险人提供从疾病预防到就诊到支付的全过程优质服务。《办法》增加了保险公司与医疗服务类机构合作的引导性规定,为保险公司指明了新的发展方向。[2] 笔者在第三章第二节已对商业保险公司与医疗机构的合作方式与内容做了详细阐述,双方可在标准化信息平台建立、医疗服务等方面建立合作机制,如此一方面可为患者提供及时的支付结算服务与个性化的医疗服务,另一方面也可以为保险公司与医疗机构双方带来优质客户资源、提升双方的利益。

2. 控制医疗费用

我国健康险市场中,疾病保险长期占据主要地位,而医疗保险份额较低的一个重要原因即为保险公司无法对医疗机构的诊疗行为进行监督,导致诊疗费用的管控无法实现,如此以费用报销为支付内容的医疗保险面临

---

[1]   See John A. Nyman, "The Value of Health Insurance: the Access Motive", *Journal of Health Economics*, Vol. 18, No. 2, June 1999, pp. 142-143.

[2]   参见《健康保险管理办法》第 58 条第 1 款规定:"保险公司经营医疗保险,应当加强与医疗机构、健康管理机构、康复服务机构等合作,为被保险人提供优质、方便的医疗服务。"

高风险性。《办法》在对保险公司对诊疗行为监督的规定中，增加了"监督被保险人医疗行为的真实性和合法性"的规定，引导保险公司从被保险人的角度切入控制医疗费用。①

现阶段，商业保险公司对医疗行为的监督，更多体现在其参与医保经办部门的监督工作，以及在支付阶段通过对被保险人的监督而间接形成的对医疗行为的监督，其自身独立的对医疗机构行为的监督机制尚未建立。由于现阶段商业健康险的保障项目范围与基本医保及补充医保相似，因此商业保险公司通过参与医保基金的监管事实上也可为其自身商业健康险的控费提供支持。《办法》提到的对被保险人医疗行为的监督，对于保险公司而言有利于其控费工作，但最终由被保险人自己对于不合理、不真实医疗费用买单，存在一定程度的不合理性。并非所有不真实的医疗行为都是由被保险人与医疗机构通谋，其中也可能存在医疗机构为谋取不法利益而单独实施该行为的情形，在此种情形下由于被保险人专业性缺乏，其本身很难对医疗行为的合理性作出判断与选择。在有保险人作为第三方支付医疗费用的情况中，医疗机构过度医疗的动机更加突出，如此有些病人甚至会比未投保时承担更高的医疗费用自负压力。② 因此为真正从源头实现控费，且不伤及被保险人利益，未来法律还应当加强对保险公司在诊疗过程中对医疗行为的监督权利的保障。

实践中，保险公司在控费工作中已发挥重要作用，若有法律的稳定支持，保险公司的控费工作会更加有力。泰康保险集团通过建立飞行检查专家库、制定标准化工作流程等措施为国家医保局组织的飞行调查提供了丰富的人才与服务保障，同时也提高了调查的效率与透明度。为弥补稽核监管力量的不足，一些地区的医保部门试行了引入商业保险公司作为医保基金监管服务的第三方主体加强监管服务的模式。医保部门通过对第三方监管服务进行授权并给予业务指导，有效规范了医疗服务与就医行为，同时也使医保部门专心于政策制定和组织协调的统筹管理工作，进而有助于促

① 参见《健康保险管理办法》第 58 条第 2 款规定："保险公司经营医疗保险，应当按照有关政策文件规定，监督被保险人医疗行为的真实性和合法性，加强医疗费用支出合理性和必要性管理。"

② See Adam Wagstaff and Magnus Lindelow，"Can Insurance Increase Financial Risk？: The Curious Case of Health Insurance in China"，*Journal of Health Economics*，Vol. 27，No. 4，2008，pp. 990- 1005.

进医保事业整体的高质量发展。①

在一个正常的医疗市场中，保险公司是医疗服务的购买方，而医疗机构是医疗服务的提供方，正是因为双方处于平等的交易地位，作为购买方的保险人才有权利和能力监管医疗行为的真实性与合理性，有效实现控费。然而现实情况下，商业保险公司与医疗机构在力量对比上处于不平等的地位，医疗机构在医疗服务市场中占主导地位，再加上商业健康险在医疗卫生费用支出中占比较低，更加无法对医疗机构形成有效监督。与《办法（征求意见稿）》相比，最终正式出台的《办法》在对医疗行为监管的规定中，取消了"积极介入医疗服务行为"的表达，② 似乎也可说明现阶段商业保险公司与医疗机构力量之悬殊导致介入困难的现状。为有效实现保险公司的控费目标，除加快推进商业健康险的发展外，同样重要的一点在于对公立医院进行改革，将其回归为单纯的医疗服务提供者地位，使其与保险公司重新回到正常的平等交易关系。因此，《办法》作为银保监会的部门规章，难以为商业保险公司监督诊疗行为提供坚实有效的法律支持。对于商业保险公司健康险控费的制度，笔者认为应当由银保监会联合医保经办部门与医疗主管部门共同制定相关规定予以规制，以提升部门间的协作水平与规定的效力层级，真正为商业保险公司有效参与诊疗行为的监督提供法律支持。

3. 第三方的媒介价值

《办法》还确认了保险公司作为第三方的调停媒介价值，其规定保险公司作为第三方，应当对紧张医患关系的缓和提供帮助。③ 医疗服务的专业性决定了医患双方在信息获取与理解的能力上存在严重失衡，保险公司作为医疗服务的支付方可以提升被保险人一方的信息获取与理解能力。《办法》这一引导性规定，指明了保险公司在社会治理中的一种作用发挥方向，为保险公司广泛参与医疗体制改革提供了指引。

---

① 参见丁峰、陈华、许宝洪《张家港基本医保引入第三方监管服务的实践初探》，《中国医疗保险》2020 年第 2 期。

② 参见《健康保险管理办法（征求意见稿）》第 55 条第 2 款规定："保险公司经营医疗保险，应当按照有关政策文件规定，积极介入医疗服务行为，监督医疗行为的真实性和合法性，加强医疗费用支出合理性和必要性管理。"

③ 参见《健康保险管理办法》第 60 条规定："保险公司应当积极发挥作为医患关系第三方的作用，帮助缓解医患信息不对称，促进解决医患矛盾纠纷。"

在医疗险等健康险产品的开发中，保险公司可将为被保险人提供就诊信息等服务作为增值服务，协助被保险人顺利就诊以及获得更优质的医疗服务。另外，前文提到的医疗意外保险是缓解医患双方信息不对称最为直接的工具之一。医疗意外造成的损害不能归由医疗机构承担，只能由患者独自承受，因而成为造成医患关系紧张的重大隐患。患者在其疾病未能获得理想的治疗效果甚至因诊疗遭受损害时，不仅无法得到赔偿反而还需要支付额外的医药费，自然会产生负面情绪。对此，保险公司即有介入空间。在实施诊疗前，保险人可以向患者一方充分说明诊疗存在的风险，与医生一起作为风险告知的主体，由两方共同告知和强化患者一方对于诊疗方案风险性的认识，同时也可以弥补医生告知可能存在的专业性过强以及时间不足等缺陷。"医闹"只是极少数群体，大多数患者产生负面情绪只是因为其对医疗知识、风险信息等内容掌握不足，在其充分了解医疗风险的基础上，医患纠纷将会大大减少。

（四）政府委托业务的经办与承办

1. 基本医保的经办

2016 年，国务院印发《关于整合城乡居民基本医疗保险制度的意见》，提出创新经办管理，"鼓励有条件的地区创新经办服务模式，推进管办分开，引入竞争机制，在确保基金安全和有效监管的前提下，以政府购买服务的方式委托具有资质的商业保险机构等社会力量参与基本医保的经办服务"。《社会保险法》规定，社保经办机构是社会保险的提供者，即具有"保险人"的性质，[①] 而商业保险公司参与基本医保的经办工作并未改变医保部门服务提供者的性质。在经办过程中，直接面向参保人、与参保人订立契约的依然是医保部门，商业保险公司实际上是作为基本医保服务的生产者参与服务提供。

2. 大病保险的承办

2012 年，国家发展改革委、卫生部、财政部、人社部、民政部与保监会六部门联合发布《关于开展城乡居民大病保险工作的指导意见》，明确城乡居民大病保险采取向商业保险机构购买大病保险的方式。与参与经办的基本医保不同，大病保险是一种新生保险，商业保

---

① 参见《社会保险法》第 8 条规定："社会保险经办机构提供社会保险服务，负责社会保险登记、个人权益记录、社会保险待遇支付等工作。"

险公司在其中的定位也不甚明晰，因而理论上对于大病保险的性质存有争议。而对性质的不同理解，导致了大病保险应当参照何部法律规定运行的问题。

大病保险的商业保险性质体现在：从对大病保险的承办方式考察，政策用语为"向商业保险机构购买大病保险"，以及商业保险公司在承办中"承担经营风险，自负盈亏"的用语表达，这些表达说明大病保险的提供主体是商业保险公司；从大病保险的建立依据考察，其通过保险合同方式建立，与社会保险依法律规定建立不同。① 但同时政策又将其在多层次医疗保障体系中的地位定位为"基本医疗保障制度的拓展和延伸"，其资金来源于基本医保基金，保障对象包括居民医保的所有参保人，其筹资标准为"当地经济社会发展水平、患大病发生的高额医疗费用情况、基本医保筹资能力和支付水平"，是建立在总体对价平衡基础之上的保费计算标准，而非商业保险的单个被保险人的对价平衡。从这些方面考察，大病保险具有社会保险的经办目标，符合社会保险的经办模式，因而又可被归为社会保险的一类。笔者认为，商业保险与社会保险的根本区别在于，商业保险是建立在个人基础之上的对价平衡，而社会保险则与个体风险程度无关，无个别被保险人层面上的对价平衡原则的适用。大病保险中，每一参保人缴费数额一致，无法反映个人风险程度，更符合社会保险对风险再分配的经办目标。因此大病保险依然属于社会保险一类，只是为提升其运行效率与质量，服务提供主体为商业保险公司，如此也可体现有管理的竞争理论的应用。与交强险这类政策性保险不同，后者虽然同样具有强制性，由法律对其投保范围、保障范围、保障程度等基本要素予以明确规定，但由于在根据车型划分基础费率之后，保险人可以根据被保险人个人的交通安全事故发生状况浮动费率，最终费率与实际风险程度相当，因而交强险仍然属于商业保险。

3. 参与医疗救助

医疗救助同样有商业保险公司的参与，一些地区试行了"政府投保、商业运作"的医疗救助模式，利用社会救助资金为特困居民投保商业团

---

① 参见乔石、李祝用《大病保险的性质与法律适用问题研究》，《北京航空航天大学学报》（社会科学版）2018 年第 6 期。

体医疗保险，通过保险机制为需要救助者提供保障。① 商业保险公司参与医疗救助，可以与前述的健康扶贫产品开发相连接，未来国家应出台相关政策支持商业保险公司此项业务的长期持续开展，为医疗救助效率与质量的提升提供保险的解决方式。

根据前述有管理的竞争理论，商业保险公司作为市场力量具有效率性与专业性优势，其在政府的指引监督下参与政府委托业务的经办与承办，可以提升社会保险的运行效率与质量。但从中央到地方，现行的相关规定均为政策性文件，尚未有一部法律性质文件对商业保险公司的参与方式与程度予以明确规定。与法律相比，政策性文件具有较强变动性和宏观引导性，缺乏稳定的政策预期会影响保险公司的参与积极性。正如产权清晰是市场竞争的前提，在合作治理中各主体的权责明晰也是治理体制能够良性运转的基础。因此，笔者建议通过对各地实践经验的总结，在未来出台统一的法律文件，对商业保险公司参与各种政府委托业务领域进行详细引导与规范，对商业保险公司在经办、承办工作中的性质定位予以明晰，对医保经办机构与商业保险公司的权责关系与风险利益分担模式予以明确规定。同时也要认识到各地商业保险公司的专业力量不一，在法律制定中要为各地根据实际情况变通规定留有余地，允许地方在获得中央部门批准后因地制宜调整具体的经办承办关系。

二　参与内容的规范制约：对投保人一方提供充分保护

保险产品具有专业性与复杂性，投保人一方与保险人相比知识与力量均悬殊，因此商业保险公司在通过前述途径参与医疗保障体系构建的工作中，法律应对其保险产品予以规范，以保障保险相对人一方的合法权益。《办法》修订的指导思想之一即是为了合理界定保险公司、投保人一方之间在健康保障方面的权利、义务和责任，切实保护消费者合法权益。② 以下笔者将对《办法》中新增或新修改的涉及投保人一方利益保护的规定予以评析，为相关制度的进一步完善提出建议。

---

① 参见马福云《地方政府以商业保险协同社会救助机制研究》，《北京科技大学学报》（社会科学版）2016 年第 4 期。

② 参见《中国银保监会有关部门负责人就新修订的〈健康保险管理办法〉答记者问》，2019 年 11 月 12 日，银保监会官网（http：//www.cbirc.gov.cn/cn/view/pages/ItemDetail.html?docId＝853695&itemId＝917&generaltype＝0）。

（一）合同犹豫期

1. 产生背景

根据《保险术语》规定，犹豫期是指，投保人收到保险合同并书面签收后仍然拥有撤销保险合同权利的一段时间。[①] 保险合同中的犹豫期制度与消费者合同中的冷静期制度极为相似，是消费者权利在保险领域中的适用。《消费者权益保护法》规定，除部分特殊商品外，远程交易的消费者可以在收到商品之日起7日内无理由退货。[②] 根据通常的法理，合同当事人就主要条款达成一致，合同即为成立，双方即应受到合同约束，不得任意撤销合同，即契约严守原则。但在远程交易中，由于消费者无法亲眼见到商品，仅能依靠卖方描述了解，因而可能会在收到商品时才发现商品与其原有认识存在差异，因此有必要突破契约严守原则，赋予消费者撤销权。该制度存在的理由即是消费者在远程交易中可能遭受信息不对称和意思表示瑕疵，因此为了保护缔约的公平与实质自由而设立此制度。[③] 因而基于此种法理，在健康险合同缔结中，由于保险产品具有极强的专业性与复杂性，投保人无法真实全面地了解合同条款的具体含义，为了充分保障投保人的意思真实自由，同样有必要对投保人予以消费者的同等待遇，给予其一段合理的"冷静期"，允许其在这段时间内撤销原不真实的意思表示。

《保险法》规定，投保人享有保险合同的任意解除权。[④] 犹豫期制度是人身保险中的一项特别规定，其存在的价值是为了保障投保人缔约之意

---

① 参见国家市场监督管理总局、中国国家标准化管理委员会《保险术语》，GB/T 36687-2018，2018年9月17日发布。

② 参见《消费者权益保护法》第25条规定："经营者采用网络、电视、电话、邮购等方式销售商品，消费者有权自收到商品之日起七日内退货，且无需说明理由，但下列商品除外：（一）消费者定作的；（二）鲜活易腐的；（三）在线下载或者消费者拆封的音像制品、计算机软件等数字化商品；（四）交付的报纸、期刊。除前款所列商品外，其他根据商品性质并经消费者在购买时确认不宜退货的商品，不适用无理由退货。消费者退货的商品应当完好。经营者应当自收到退回商品之日起七日内返还消费者支付的商品价款。退回商品的运费由消费者承担；经营者和消费者另有约定的，按照约定。"

③ 参见刘承韪《消费者撤销权制度的适用与完善》，《人民司法（应用）》2016年第31期。

④ 参见《保险法》第15条规定："除本法另有规定或者保险合同另有约定外，保险合同成立后，投保人可以解除合同，保险人不得解除合同。"

思表示真实自由，使合同双方真正处于平等地位；而任意解除权的存在是因为保险合同存在机会性特征，当保险期间内被保险人之风险状况发生变化时，为保障投保人一方利益而允许投保人放弃保险保障。在具体行使效果中，犹豫期内投保人行使权利使合同归于无效后，保险人应退还全部保费，而在投保人行使任意解除权的情形中，保险人只需退还合同解除权后的部分保费。

2. 取消合同权利的性质及法律后果

（1）权利性质

对于冷静期或犹豫期内消费者或投保人所享有权利的性质认定，理论上存在争议。有学者认为此种权利属于撤销权，消费者所享有的取消合同的权利是因为这些特殊的购物方式一定程度上影响或扭曲了消费者订立合同的意思自由，导致其意思表示存在瑕疵，因而应当通过撤销权制度予以救济。[1] 有学者则主张此种权利具有解除权性质，认为"在商品买卖合同中，凡属于退货，就是解除合同"，因而从权利行使的内容观察认定其为解除权，属于《合同法》第 94 条所规定的"法律规定的其他情形"[2] 在《消费者权益保护法》中的应用。[3] 此种理论上的争议也反映在犹豫期相关规定中，《保险术语》对犹豫期内投保人权利的定义为投保人享有"撤销"合同的权利，而《保险法》修改的征求意见稿中则规定投保人有权"解除"保险合同。

笔者认为，从制度设立的目的角度观察，此种取消合同的权利应属撤销权的类型。合同履行可能会因主观或客观情况的变化成为不必要或不可能，解除制度的目的即在于，通过使合同提前终了而使当事人脱离此种不利益。[4] 而前已论及，这种犹豫期或冷静期存在的合理性在于，双方当事人在合同缔结阶段具有的信息不对称，致使消费者意思形成的不真实与不自由，此种意思表示的瑕疵是在合同缔结阶段即存在的，而非在合同履行

---

① 参见刘承韪《消费者撤销权制度的适用与完善》，《人民司法（应用）》2016 年第 31 期。

② 参见《合同法》第 94 条规定："有下列情形之一的，当事人可以解除合同……（五）法律规定的其他情形。"

③ 参见杨立新《非传统销售方式购买商品的消费者反悔权及其适用》，《法学》2014 年第 2 期。

④ 参见韩世远《合同法总论》，法律出版社 2018 年版，第 648 页。

时才产生。因此，远程销售中消费者的无条件退货权属于撤销权，基于相同法理，人身保险投保人在犹豫期期间享有的权利同样属于撤销权性质。参考域外相关立法，我国台湾地区的《人寿保险单示范条款》中对犹豫期权利的表达即使用了"撤销"的表达，对于犹豫期权利性质的判断可资借鉴。①

（2）法律后果及相关保险责任的承担

在犹豫期内，投保人可以撤销投保的意思表示，保险合同自始无效，保险人应当退还全部保费。但在投保人依据犹豫期条款撤销合同之前，由于保险合同已经成立并生效，保险人应当承担保险责任。我国台湾地区《人寿保险单示范条款》即存在类似规定。② 值得注意的是，在健康险产品中，为减少带病投保带来的风险，保险合同往往会约定等待期，而此等待期的期限远长于犹豫期，保险人在等待期内并不承担保险金给付责任。因此在约定有等待期的健康险合同中，虽然保险合同已然成立，但由于犹豫期在等待期的期限内，如果发生保险事故，保险人并不需要承担保险责任。

3. 犹豫期的期限

新修订的《办法》将长期健康险产品的犹豫期的底线延长至 15 天，③ 有利于对投保人利益保护的加强，符合《办法》"保护健康保险活动当事人的合法权益"的价值取向。有学者提出犹豫期期限应进行动态化的设置，对特定年龄的群体设置更长的犹豫期，并应当参照欧盟规定，将犹豫期的起算时间点与保险人说明义务挂钩。④

---

① 参见我国台湾地区《人寿保险单示范条款》第 2 条第 1 项规定："（办理电子商务适用）要保人于保险单送达的翌日起算十日内，得以书面或其他约定方式检同保险单向本公司撤销本契约。"

② 参见我国台湾地区《人寿保险单示范条款》第 2 条第 2 项规定："（办理电子商务适用）要保人依前项规定行使本契约撤销权者，撤销的效力应自要保人书面或其他约定方式之意思表示到达翌日零时起生效，本契约自始无效，本公司应无息退还要保人所缴保险费；本契约撤销生效后所发生的保险事故，本公司不负保险责任。但契约撤销生效前，若发生保险事故者，视为未撤销，本公司仍应依本契约规定负保险责任。"

③ 参见《健康保险管理办法》第 15 条规定："长期健康保险产品应当设置合同犹豫期，并在保险条款中列明投保人在犹豫期内的权利。长期健康保险产品的犹豫期不得少于 15 天。"

④ 参见孙雨尧《从保险纠纷案件看我国保险业冷静期的设置》，《中国保险》2017 年第 8 期。

对于区分群体设置不同犹豫期期限的观点，笔者认为缺乏合理性与可操作性。首先，年龄并非影响投保人对保险合同认识程度的唯一因素，且其影响性也并不一定显著，真正影响投保人了解能力的是其是否具备保险等相关领域的专业性。中老年人有丰富的职业经验和生活阅历，其对保险合同的认识程度未必弱于年轻人。而且，即使以年龄作为犹豫期长度的区分标准，40 岁的投保人与 39 岁的投保人相比，难道就有明显的劣势需要法律予以特别保护吗？笔者对此不敢苟同。其次，以专业知识为标准对投保人予以区别保护，尽管相对年龄因素具有较强的合理性，但如何设置具体标准则面临难题。投保人从事的职业与所学专业虽然具有一定影响力，但这些因素难谓是与保险人核保相关之因素，保险人并无合理理由要求投保人告知。最有效解决投保人信息不对称的方法应当是提高保险业务员的工作能力和职业素养，如果业务员可以在保险合同缔结阶段即将合同内容详细准确地向投保人说明，则投保人的表意初始即自由真实，犹豫期仅为最后一重保障而已。最后，法律对消费者的特殊保护应当存在限度，"法律不保护不知法律者"，对消费者的过度保护会使其滋生不正当转移风险的观念，消费者在进入保险领域时，应当对其购买行为做充分思考与风险评估，适用"买者自慎"的交易规则。①

综上，笔者认为，法律无须对犹豫期依据不同人群设置不同标准。而对于犹豫期的起算，笔者赞同其应与保险人的说明义务相关联的观点。如若保险人未充分履行说明义务，则投保人即使在犹豫期内也并不能对保险合同进行充分冷静的有效思考，犹豫期的价值将难以发挥，制度将形同虚设。因此在发生争议时，保险人应当对其已履行说明义务举证证明，否则犹豫期将未开始起算，投保人始终享有撤销保险合同的权利。

2015 年，国务院发布《关于修改〈中华人民共和国保险法〉的决定（征求意见稿）》，提出在长期人身保险合同中增加犹豫期法律制度，并规定犹豫期的期限不少于 20 天，② 以回应"保险消费者"条款的引入，

---

① 参见董彪《消费者权益保护视角下的互联网保险营商自由》，《国家检察官学院学报》2017 年第 2 期。

② 参见《关于修改〈中华人民共和国保险法〉的决定（征求意见稿）》："三、增加一条，作为第四十八条：'保险期间超过 1 年的人身保险合同，应当约定犹豫期。投保人在犹豫期内有权解除保险合同，保险人应当及时退还全部保险费。犹豫期自投保人签收保险单之日起算，不得少于 20 日。'"

突出保险消费者权益保护的监管导向，但很遗憾，现行的《保险法》以及司法解释仍未对此予以规定。笔者认为，犹豫期制度不只适用于健康险领域，也适用于其他人身保险合同，其涉及投保人重要利益的保护，因此不应当仅以部门规章的形式予以规制，而应该从法律的层面上加以规定，并对其适用范围、期限以及双方的权利义务等详细规定，以减少实践中的争议。

（二）等待期

1. 产生背景

《保险术语》规定，等待期又称免责期或观察期，是指从合同生效日或最后一次复效日开始，至保险人具有保险金赔偿或给付责任之日的一段时间。① 通常情形下，在投保人已履行如实告知义务的背景下，保险人本应对保险期间内发生的保险事故承担保险责任，而不论保险事故发生的时间为何。但在健康险合同中，由于很多疾病并非突发，而是逐渐累积至最终发病，因此为了减少出险率，健康险合同中会有等待期条款，使保险人对一定期限内被保险人发生的保险事故不负保险责任。从等待期制度产生的背景可以看出，该制度是为限制投保人一方权益而存在的一段期限，因此法律应当对其严格规制，防止投保人利益被过分侵害。

有学者及实务人士认为，等待期有防止投保人一方带病投保的道德风险之价值。② 但笔者认为，带病投保是指投保人一方已知其患病而仍为投保，此种道德风险应交由投保人告知义务规制即可，与等待期无关。等待期可规制的情形之一是投保人在投保前实已患病却不知而在等待期内发病，此时投保人一方在投保之时并不知晓自身的患病状况，难谓其有隐瞒之意，因而并不属于道德风险。因此，等待期制度的产生缘由仍应认定为应对疾病的潜伏性特征。③

2. 性质及内容

新《办法》与原《办法》均规定保险人应当以书面或者口头等形式

---

① 参见国家市场监督管理总局、中国国家标准化管理委员会《保险术语》，GB/T 36687-2018，2018 年 9 月 17 日发布。

② 参见陈灿《健康保险合同等待期条款研究》，《湖北警官学院学报》2015 年第 6 期；沙银华《重大疾病保险"等待期"收保费合理吗?》，《上海保险》2016 年第 1 期；曹明哲《健康保险合同中等待期条款的效力和裁判路径研究》，《法律适用》2019 年第 6 期。

③ 参见王天有《健康保险合同等待期条款的合理性探究》，《南方金融》2019 年第 8 期。

向投保人说明保险合同的内容，对等待期作出明确告知，并由投保人确认。① 但此项规定并未对违反等待期说明义务的后果予以明确，由此在司法实务中基于对该条性质认定的不同产生了如何处理违反该说明义务案件的争议。

对于等待期条款性质的认定，有两种观点，一种观点认为等待期是保险责任起始时间条款，等待期经过保险人才开始承担保险责任；另一种观点认为等待期属于免责条款，保险人的保险责任已经开始，只是在此期间内例外免责。《办法》第 39 条对保险人的说明事项作出列举性规定，其中"保险责任的减轻或者免除"与"保险责任等待期"二项内容并立，② 似乎表明等待期条款并非属于免责条款，而是一项独立的保险条款。广东省高院在其发布的指导意见中也明确指出等待期不属于免责条款。③ 实践中，保险人多主张等待期条款涉及的是保险人承担保险责任的期间问题，即在等待期结束之日后，保险人才实际承担重大疾病保险责任，等待期内保险责任本身就没有产生，何谈免责，因而等待期条款实为保险责任起算时间的条款而并非免除责任条款。有法院即支持此观点，认为等待期条款是保险责任条款，并非责任免除条款，保险人不需要履行明确说明义务。④ 但也有法院认为，从免责条款的定性来看，其本质上为约定的风险排除事项，其效果就是为了减轻和免除保险人责任。等待期的约定从实际效果上看就是减轻了保险人的保险责任，因而应当认定为免责条款。⑤

---

① 参见《健康保险管理办法》第 39 条规定："保险公司销售健康保险产品，应当以书面或者口头等形式向投保人说明保险合同的内容，对下列事项作出明确告知，并由投保人确认：……（三）保险责任等待期……"

② 参见《健康保险管理办法》第 39 条规定："保险公司销售健康保险产品，应当以书面或者口头等形式向投保人说明保险合同的内容，对下列事项作出明确告知，并由投保人确认：……（二）保险责任的减轻或者免除；（三）保险责任等待期……"

③ 参见《广东省高级人民法院关于审理保险合同纠纷案件若干问题的指导意见》："二、保险合同中投保人的告知义务及保险人的提示、说明义务：8. 保险合同约定的免赔率、免赔额、等待期、保证条款以及约定当投保人或被保险人不履行义务时，保险人全部或部分免除赔付责任的条款不属于《保险法》第十七条规定的 '免除保险人责任的条款'。"

④ 参见彭永辉、毛玉杰等与中国太平洋人寿保险股份有限公司青岛分公司人身保险合同纠纷案，山东省平度市人民法院（2016）鲁 0283 民初 10780 号民事判决书。

⑤ 参见富德生命人寿保险股份有限公司湖北分公司与胡锦春保险纠纷案，湖北省高级人民法院（2019）鄂民申 14 号民事裁定书。

　　免除责任的前提是在承担责任的前提下根据特定条款对责任进行减轻或免除。笔者认为，根据上述《保险术语》对于等待期的定义可以看出，合同生效后，保险人本应对保险期间内发生的保险事故承担保险责任，但在等待期内，保险人的保险责任却被例外地免除，因此符合《保险法》第 17 条规定的"免除保险人责任的条款"。① 从立法目的出发，法律之所以对责任免除条款加以多重限制，正是因为由于该条款的存在致使被保险人无法获得或无法完全获得保险人的赔偿，只能自己承担此种损失，使投保人的投保目的不能达到，因此为了使投保人充分了解此类条款，也为了防止保险人利用此类条款不合理逃脱保险责任，法律对免责条款多加限制。《关于适用〈中华人民共和国保险法〉若干问题的解释（二）》对免除责任条款的范围作出了明确的规定，② 可以发现这些条款具有共同特征，均为投保人或被保险人未有任何不当行为，但保险人却无须承担或完全承担保险责任的情形。等待期条款同样具此性质，保险合同已然生效且被保险人并非明知患病而投保，只是保险人出于风险控制的考量而设置了这段于被保险人不利的期间，因此等待期条款应当属于责任免除条款。

　　对于保险人认为等待期条款属于保险责任起始时间的观点，笔者认为可以参考我国台湾地区关于保费收取与保险责任关系的实践。我国台湾地区《人寿保险单示范条款》将保险费之交付视为保险契约成立之要件，只要保险人收取保费即意味着其愿意承担保险责任。③ 但事实上保险契约作为诺成契约，其仍然需等待保险人为同意承保之意思表示始为成立，这

---

① 参见《保险法》第 17 条第 2 款规定："对保险合同中免除保险人责任的条款，保险人在订立合同时应当在投保单、保险单或者其他保险凭证上作出足以引起投保人注意的提示，并对该条款的内容以书面或者口头形式向投保人作出明确说明；未作提示或者明确说明的，该条款不产生效力。"

② 参见《关于适用〈中华人民共和国保险法〉若干问题的解释（二）》第 9 条第 1 款规定："保险人提供的格式合同文本中的责任免除条款、免赔额、免赔率、比例赔付或者给付等免除或者减轻保险人责任的条款，可以认定为保险法第十七条第二款规定的'免除保险人责任的条款'。"

③ 参见我国台湾地区《人寿保险单示范条款》第 3 条规定："本公司应自同意承保并收取第一期保险费后负保险责任，并应发给保险单作为承保的凭证。本公司如于同意承保前，预收相当于第一期保险费之金额时，其应负之保险责任，以同意承保时溯自预收相当于第一期保险费金额时开始。前项情形，在本公司为同意承保与否之意思表示前发生应予给付之保险事故时，本公司仍负保险责任。"

里是为了保护投保人一方之利益而为此特别规定，以禁止保险人收取保费却不承担保险责任情形的发生。笔者认为此规定具有合理性，于普通的投保人而言，当保险人收取其保费时，其主观上自然会产生保险人已同意对其承保的想法，对于保险人承担保险责任具有合理的期待，此种合理期待应受到法律的保护，如此也更符合保险合同双务合同的性质。因此保险人受领保费即可视为其具有同意承担"同意承保前"危险的默示之意思表示，在保险人尚未表示同意承保之意思表示时，保费受领即有保险责任开始计算的功能，遑论保险合同已然生效后的等待期，此时保险人的保险责任早已起算。

退一步讲，即使不认定等待期条款属于《保险法》所规定的免责条款，将此作为保险责任开始期间的理解，但由于其造成的法律后果与免责条款一致，均使已交纳保费的投保人在无不当行为的情形下却不能获得应有的风险保障，因此也应当对其实施以免责条款相同的规制方式，以充分保障投保人一方之利益，避免保险人逃避保险责任。同时笔者建议，如若将等待期条款视为保险责任开始期间的规定，应禁止保险人提前收取保费，待等待期结束之日起保险人再为保费收取，如此更符合一般大众的通常理解，有利于充分保障投保人一方权益。

3. 等待期期限

假设一种情形，疾病在保险合同生效后的第二天开始潜伏，之后疾病不断加速发展，最终在等待期内显现出来。因为处于等待期内，此时被保险人将无法获得保险赔偿，投保目的将无法达成，对于投保人一方而言难谓公平。虽然保险人会退还已交纳的保险费，但投保人订立保险合同所希望获得的保险保障却不能实现，只是因为疾病发生的时间较早，其就需要自己承担医疗费用，缺乏合理性，也不利于健康险在健康保障体系中作用的发挥，因此对于等待期的期限应予严格限制。

新《办法》增加了对等待期期限的最长限制，[①] 笔者认为此举合理。根据前述，等待期对投保人利益影响甚巨，如果不对期限予以限制，则可能会存在过分影响投保人利益的情形。因此与犹豫期的规定一致，《办法》对等待期的期限长度规定一个最长期限的限制，保险人为吸引客户

---

① 参见《健康保险管理办法》第 27 条规定："疾病保险、医疗保险、护理保险产品的等待期不得超过 180 天。"

投保可以约定更短的等待期，由此更利于投保人一方的利益保护。同时笔者建议，在具体的实施细则中，可以根据保险的类型、内容及保险责任期间的长度等因素设置不同的最长等待期，由此更能体现各保险产品的特征也更具合理性。

（三）费率调整

在保险市场的发展过程中，政府对于保险费率的监管通常会经历由宽松到严格再趋于宽松的循环演进过程：在保险市场建立的初期，作为一个新鲜事物其自由度相对较高，随着保险市场的不断扩大，自由发展带来的无序竞争现象加重，政府为规范市场行为必然会采取严格的管制措施，而当管制过严时，价格机制的发挥受到限制、保险产品的创新发展受到抑制，保险费率的监管又会转向宽松或市场化。[①] 我国健康险产品具有同质化的现象，对于费率厘定的严格控制会造成保险产品价格与服务的相似，通过推进费率市场化改革，可以为投保人提供更为丰富的差异性保险产品，丰富保险市场供给。

《办法（征求意见稿）》中对于短期个人健康保险费率增加了 30% 的浮动范围限制，[②]《办法》则删除了短期个人健康保险费率浮动的相关表述。[③] 有观点认为此举"将定价权交予市场决定，符合当前费率市场化的方向"。[④] 在《办法》出台后，银保监会发布《关于规范短期健康保险业务有关问题的通知（征求意见稿）》，在短期健康险的定价规范方面，规定"保险公司可以根据不同风险因素确定差异化的产品费率，并严格按照审批或者备案的产品费率销售短期个人健康保险产品"。通过将定价权完全交予保险公司，由其根据经验数据以及自身经营状况等因素设置更符合对价平衡原则的体现差异性的费率标准，有助于增强保险公司开发销售健康险产品的内生动力。同时再配以信息披露制度、准备金制度等保障保险人赔付能力的其他制度，在保障被保险人能够获得充足赔付的前提下，

---

① 参见任自力《中国保险费率监管制度的改革与思考》，《政法论丛》2019 年第 2 期。

② 参见《健康保险管理办法（征求意见稿）》第 16 条第 1 款规定："短期个人健康保险产品可以进行费率浮动。短期健康保险费率浮动范围不超过基准费率的 30%。"

③ 参见《健康保险管理办法》第 16 条规定："保险公司应当严格按照审批或者备案的产品费率销售短期个人健康保险产品。"

④ 参见《健康险新规落地　允许长期医疗险费率可调》，《第一财经日报》2019 年 11 月 13 日第 A07 版。

将定价权交予保险人，不仅不会使被保险人的利益受损，还可以使其得到多样化且更贴合市场的保险产品。

《办法》增加了长期医疗保险费率可调整的规定，同时规定了调整的限度，兼顾了保险双方当事人的利益衡平。[①] 对于被保险人而言，短期医疗保险由于保险期间内被保险人身体状况发生变化，极易面临被拒保的问题，而长期医疗保险则可以为其提供稳定的保险保障，更符合其希望获得持续健康保障的投保需求；对于保险人而言，长期医疗保险也可以提供稳定的客户资源，同时长期医疗保险可以更好地融合健康管理服务，持续性地监测被保险人的健康状态，为其健康维持提供更有针对性的长期指导，如此健康管理减少疾病发生率、控制医疗费用支出的目的才能得以有效实现。由此可观，长期医疗保险更符合健康保障的长期性特征，应当成为健康险公司的重要业务之一。《办法》赋予保险公司长期医疗保险费率调整权利，可使保险公司有效 "应对疾病谱变化、医疗技术进步以及医疗费用结构变化等因素带来的医疗费用上涨，并支持保险公司健康保险产品结构向长期化方向发展"[②]。保监会在《办法》发布后下发了《关于长期医疗保险费率调整有关问题的通知（征求意见稿）》，并对费率调整的时间、条件以及向被保险人的告知提示等内容作出了明确规定，体现了我国在费率管理上的宽严并济政策，能够有效保障投保人一方的权益。

（四）保险金给付

传统观点认为，人身具有无价性，无法用金钱衡量所受损失，因此人身保险不适用损害填补原则，进而也没有重复保险与代位求偿制度的适用空间。但健康保险中的费用补偿型医疗保险是否当然不适用损害填补原则及其相关制度仍需进一步探讨。

1. 损害填补原则的适用

关于费用补偿型医疗保险是否适用损害填补原则，司法中有不同的判决观点。有法院认为，医疗保险合同以人的寿命和身体为保险标的，系人

[①] 参见《健康保险管理办法》第 27 条规定："保险公司可以在保险产品中约定对长期医疗保险产品进行费率调整，并明确注明费率调整的触发条件。长期医疗保险产品费率调整应当遵循公平、合理原则，触发条件应当客观且能普遍适用，并符合有关监管规定。"

[②] 参见《中国银保监会有关部门负责人就新修订的〈健康保险管理办法〉答记者问》，2019 年 11 月 12 日，中国银行保险监督管理委员会官网（http://www.cbirc.gov.cn/cn/view/pages/ItemDetail.html? docId = 853695&itemId = 915&generaltype = 0）。

身保险合同，人身保险合同的保险人没有追偿权，且不限制重复投保，投保人投保此类保险的目的往往是分散医疗风险，故此类保险不宜适用损失补偿原则，否则失去了投保的目的和意义。① 有法院则认为，随着保险行业的发展和保险产品的不断创新，人身保险合同中也开发出费用补偿型产品，用以填补被保险人因保险事故发生的费用和损失，《关于适用〈中华人民共和国保险法〉若干问题的解释（三）》第 18 条打破了传统人身保险合同为定额给付型保险的定性，将保险合同的分类分为补偿保险与定额保险，因此损害填补原则适用于补偿型保险。②

根据目前保险业对于人身与财产保险的区分，费用补偿型医疗保险作为健康险的一类虽属人身保险，但其保险金给付的原因实为可以定量化的医疗康复费用，而非不可估价的人身损害，因此应当适用损害填补原则，《办法》对此也作出了认可。③ 正如学者所言，"医疗费用支出"是在人身损害发生之后因当事人进一步采取治疗、住院等救护措施所产生的，而非人身损害所直接导致的人的精神痛苦与价值贬损，其属于一种消极利益的损失，医疗费用保险的保险标的并非人身或健康，而是投保人因求生本能以及亲属关系等外在强制因素的作用下所产生的医疗费用支付负担，具有财产保险性质。④ 笔者赞同此种观点，费用补偿型医疗保险与财产保险的运行机制类似，人身遭受损害与财产遭受损害在恢复费用方面都是可以实际量化的财产数额，人身的无价性体现在其价值减损的无法衡量上，以恢复其原有状态为目的的治疗费用实可衡量，因此费用补偿型医疗保险的运行应当适用损害填补原则。有学者持不同观点，认为健康保险的保险标的是"被保险人身体机能的完整性（健康状态）和身体的完满性"，"医

---

① 关于案涉医疗保险合同的类型，笔者认为由合同约定的保险责任条款"被保险人每次住院自住院之日起实际发生并支付的医疗必需且合理的本合同约定的住院费用，保险人按照本合同医疗保险金计算方法的约定给付住院医疗费用保险金"中的"实际发生并支付"可以认定该合同属于费用补偿型医疗保险合同。参见中国人寿保险股份有限公司山东省分公司与邢秀红人身保险合同纠纷案，山东省滨州市中级人民法院（2019）鲁 16 民终 663 号民事判决书。

② 参见高菊生与中国人寿保险股份有限公司常州市分公司意外伤害保险合同纠纷案，江苏省常州市中级人民法院（2018）苏 04 民终 3562 号民事判决书。

③ 参见《健康保险管理办法》第 5 条第 4 款规定："费用补偿型医疗保险的给付金额不得超过被保险人实际发生的医疗、康复费用金额。"

④ 参见夏明轲《医疗费用保险真的具有人身属性吗？——论医疗费用保险是一种保障消极保险利益的财产保险》，《上海保险》2015 年第 4 期。

疗费用的支付只是为弥补人身和健康损害的表象化的一种物质技术手段，即使被保险人通过治疗而痊愈，但其所遭受的身体上的痛苦和精神上的痛苦仅靠医疗费是无法弥补的"。而健康保险之目的在于弥补抽象人格利益之损失，包括肉体的痛苦和精神痛苦以及人格尊严和人格快乐的减损等无形损失，这类损失显然不能以金钱来衡量，因此不能适用损失补偿原则。① 但需要思考的是，如若将费用补偿型医疗保险的投保目的定义为恢复健康状态，为何其要以实际支付费用为限，难道仅实际支付之费用一项即可将被保险人的健康状态恢复吗？学者所提到的精神痛苦以及人格尊严和人格快乐减损等无形损失显然并不是实际支付的医疗费用一项所能完全赔偿的。笔者认为，从《办法》对于费用补偿型医疗保险的定义即可看出，② 该类保险保障的仅仅只是实际发生的医疗康复的支出——一项金钱支出，并未牵涉其他更深意义的保障内容。医疗费用的性质当然可以理解为"人格利益抽象损失所附带之损失"，但费用补偿型医疗保险本身并未包含人格利益保护之目的，于保险而言，其关注的是医疗费用的支出数额而非医疗费用的支出目的，将人格价值强加于一份补偿费用支出的保险之上实无必要。至于学者提出的如若适用损害填补原则，那投保人为何不投保"以保险事故之发生（罹患疾病或遭受意外伤害）为保险金给付条件、以人身抽象利益损失之补偿为目的之人身保险"的问题，如此于被保险人更为有利。③ 笔者认为如若保险公司愿意开发此种保险，将人格价值融入保单中，则当然回归"人身无价"理论，排除损害填补原则之适用，但这并不影响没有保障人格利益之目的仅致力于费用补偿的费用补偿型医疗保险的运行机制。

2. 重复保险

在肯定费用补偿型医疗保险适用损害填补原则的背景下，同一被保险人被多份费用补偿型医疗保险保障就有可能出现重复保险的情形，如何处理理赔关系即需解决。《保险法》第 56 条对于重复保险的理赔方式作出

---

① 参见于海纯《论人身保险不应适用损失补偿原则及其意义》，《政治与法律》2014 年第 12 期。

② 参见《健康保险管理办法》第 5 条第 2 款规定："费用补偿型医疗保险，是指根据被保险人实际发生的医疗、康复费用支出，按照约定的标准确定保险金数额的医疗保险。"

③ 参见于海纯《论人身保险不应适用损失补偿原则及其意义》，《政治与法律》2014 年第 12 期。

了比例分别理赔的规定,① 而《办法》则新增一条对于多份费用补偿型医疗保险理赔顺序的规定,将选择权交予被保险人。② 虽然《办法》只是对被保险人求偿的对象作出了规定,但笔者认为该条暗含着被保险人可以向任一保险人索赔保险责任内的全部保险金,否则索赔顺序的自由将没有实际价值。而保险人在承担超越其实际应承担范围内的保险金给付责任后,其可向其他保险人追偿,但不得据此拒绝被保险人的保险金给付请求。

　　3. 保险代位

　　与重复保险相关的另一问题是,费用补偿型医疗保险的保险人是否享有代位求偿权,《办法》对此未有规定。《保险法》禁止人身保险中的保险代位权,③ 有法院据此规定认为,被保险人基于侵权事实所获得的赔偿,与其基于保险合同关系所获得的保险人的保险金,不是同一法律关系,保险人不具备向侵权人追偿的权利,亦不能以被保险人已经获得侵权人的赔偿为由而拒绝给付保险金。④ 但也有法院持不同观点,2010 年,上海市高级人民法院民事审判第五庭印发《关于审理保险代位求偿权纠纷案件若干问题的解答(一)》,指出:"补偿性医疗保险适用补偿原则和保险代位制度,非补偿性医疗保险不适用补偿原则和保险代位制度。"

　　在前已肯定费用补偿型医疗保险适用损害填补原则的基础上,保险代位权的禁止不再理所当然。之所以在人身保险中禁止保险代位权的适用,立法者是考虑到被保险人遭受人身侵害,造成的损害是无法用金钱衡量的,任何金钱的补偿都不能填补受害者遭受的痛苦以及人身价值的减损,因此加害人对受害者的赔偿不能被保险人代位。但正如前述,医疗费用赔偿项目所赔偿的并非被保险人的人身价值或对其痛苦的抚慰,而是其因诊疗所花费的具体金钱,是对其财产损失的一种赔偿。在因侵权行为导致被

---

① 参见《保险法》第 56 条第 2 款:"重复保险的各保险人赔偿保险金的总和不得超过保险价值。除合同另有约定外,各保险人按照其保险金额与保险金额总和的比例承担赔偿保险金的责任。"

② 参见《健康保险管理办法》第 25 条规定:"被保险人同时拥有多份有效的费用补偿型医疗保险保险单的,可以自主决定理赔申请顺序。"

③ 参见《保险法》第 46 条规定:"被保险人因第三者的行为而发生死亡、伤残或者疾病等保险事故的,保险人向被保险人或者受益人给付保险金后,不享有向第三者追偿的权利,但被保险人或者受益人仍有权向第三者请求赔偿。"

④ 参见中国太平洋财产保险股份有限公司长春中心支公司与艾兴海人身保险合同纠纷案,长春市中级人民法院(2019)吉 01 民终 1549 号民事判决书。

保险人人身损害的情况下，被保险人虽然遭受不幸，但并不意味着其在医疗费用赔偿方面有获得超额赔偿的权利，否则其因为侵权行为获得了远超实际花费的医疗费用赔偿，有诱发其制造保险事故的危险。《社会保险法》规定了基本医疗保险基金享有向第三人追偿的权利，[①] 基本医疗保险作为一种社会福利性质的社会保险都享有代位求偿的权利，以对价平衡为原则的商业健康保险无此权利着实缺乏合理性。此外保险代位权的价值还在于让不法行为人承受最终的损失，[②] 以及通过减少保险赔付进而降低保费并维持保险人的持续经营。保险代位权制度有效平衡了被保险人、保险人、第三人之间权利义务关系，[③] 在认可费用补偿型医疗保险适用损害填补原则的前提下，应当引入保险代位制度。

而在定额给付型医疗保险中，保险金代表的是对被保险人人身利益价值的约定或预估，具有很强的人身属性，因而不存在适用损害填补以及引申出的重复保险与代位求偿的问题。[④]

《办法》只是部门规章，效力层级远低于作为法律的《保险法》，多有学者提出法律可以从允许当事人约定出发开放对代位求偿权的限制。笔者认为此建议具有合理性。在保险合同的拟定中，保险人处于强势地位，对于非强制性规定其可以决定是否列入。代位求偿权是保险人的一项权利，如若保险人基于招揽客户、追偿效率等因素愿意放弃此项权利，自然不无不可，法律没有必要将此规定强加入法律中。如若赋予保险人代位求偿权，则在赔偿义务人已向被保险人给付赔偿金的情况下，保险人只需在扣减被保险人已取得的赔偿金额后剩余的保险金给付范围内承担保险金给付义务，对于被保险人而言，该项规定与减轻保险人责任条款有相同效果。因此若将代位求偿条款订入保险合同中，则其应作为一种"免除保险人责任的条款"受到告知义务等限制，以提醒被保险人一方注意其权

---

① 参见《社会保险法》第 30 条第 2 款规定："医疗费用依法应当由第三人负担，第三人不支付或者无法确定第三人的，由基本医疗保险基金先行支付。基本医疗保险基金先行支付后，有权向第三人追偿。"

② See F. Joseph Du Bray, "A Response to the Anti-Subrogation Argument: What Really Emerged from Pandora'sBox", *S. D. L. Rev.*, Vol. 41, 1996, p. 269.

③ 参见温世扬、武亦文《论保险代位权的法理基础及其适用范围》，《清华法学》2010 年第 4 期。

④ 参见任自力《保险损失补偿原则适用范围思考》，《中国法学》2019 年第 5 期。

利有可能受到的减损。如此，双方利益得以兼顾，既赋予保险人可以代位求偿的权利，同时也对被保险人合法利益进行了保护。

虽然从表面看，适用损害补偿原则限制了被保险人利益的获得，但从长远角度考虑，只有公平合理的保险关系才有长期健康发展的基础。如若一味不顾保险原理片面保护被保险人一方，长此以往将会制造产生道德风险的温床，造成保险公司经营成本上升，并进而影响保险费率的计算，最终受损的还是被保险人群体。

（五）隐私保护

《办法》在"经营管理"一节对隐私保护的规定中，扩展了隐私保护范围的主体，除原有的被保险人之外，还加入了投保人与受益人；同时《办法》的用词从"高度重视"变为"加强"，笔者认为也有更具实践要求性的意味。[1] 此举将隐私保护网织得更密，符合我国对个人信息保护越来越严格的立法与实践趋势。保险公司在健康险经营过程中，除获得传统的联系方式、身份信息、家庭信息等个人基本信息外，还会获得客户的病史、病情以及理赔的各类相关信息，此类信息如若发生泄露，将会对被保险人等群体造成严重损害。

《办法》新增对基因信息应用的管理，回应了社会关切。[2] 法律之所以允许将被保险人的体检情况纳入核保条件，是因为通过体检可以准确认定被保险人已患有某种疾病。而普通的遗传信息、基因信息等都只能说明被保险人有一定概率会患病，而非确定，被保险人因为一种患病的可能性而付出更高的保险费，将患病风险加诸风险分散能力弱的投保人一方显然不利于投保人利益之保护。在保险领域，仅在基因信息具有科学上的可靠性和保险精算的相关性时，保险公司在核保中使用基因信息的行为才具有公平性。[3] 在未来对基因信息与健康状况关系的研究更为深入精确的背

---

① 参见《健康保险管理办法》第 27 条规定："保险公司应当加强投保人、被保险人和受益人的隐私保护，建立健康保险客户信息管理和保密制度。"

② 参见《健康保险管理办法》第 17 条规定："除家族遗传病史之外，保险公司不得基于被保险人其他遗传信息、基因检测资料进行区别定价。"第 38 条规定："保险公司销售健康保险产品，不得非法搜集、获取被保险人除家族遗传病史之外的遗传信息、基因检测资料；也不得要求投保人、被保险人或者受益人提供上述信息。"

③ See David Weisbrot and Brian Operskin, "Insurance and Genetics: Regulating a Private Market in the Public Interest", in Michela Betta (ed.), *The Moral, Social, and Commercial Imperatives of Genetic Testing and Screening: The Australian Case*, Springer, 2006, p. 148.

景下，可以考虑将已有充分数据证明确对健康状况有影响的基因信息纳入投保人告知义务的内容，若投保人投保前确已获知自身的该类遗传信息，则应如实告知。为防止基因信息的滥用，还须通过规范的方式明确基因信息的应用限度，明晰保险人获取基因信息的方式，设定保险人使用基因信息的条件，规定保险人对于依据基因信息作出不利被保险人决定之理由的披露义务以及强化基因咨询师的咨询与建议职责，完善对被保险人的救济机制及其具体运作规范。① 当然该条规定仅是禁止以基因信息作为保费区别条件，并非禁止基因技术在健康保险中的应用。前已多次论及，健康保险如今的发展目标已不仅限于简单的费用保障，而是通过健康管理的提供以保持被保险人的健康状态。基因技术在健康管理中，可以提供基因风险筛查、遗传咨询、靶向药物检测、大病诊疗指导等多项服务，以确定个性化的有效预防与治疗策略。② 通过基因检测，对于重大疾病可以实现早预防、早发现、早诊断、早治疗的健康保持目标，对于被保险人而言，有利于保持健康状态，提升疾病治愈率；对于保险公司而言，一方面提升了健康险产品的吸引力，另一方面可以有效实现医疗费用的控制，提升营利性。③ 以泰康保险的实践为例，其与基因科技公司华大基因以及健康管理公司长生树健康共同开发了"基因检测+健康管理+保险保障"的防癌险产品，对特定的几类肿瘤提供个性化的咨询、预防、筛查、诊断、治疗、保险理赔等综合服务，实现精准预测、精准诊断、精准治疗和精准康复，而这些服务所需资金由保险公司予以保障。④

综上所述，商业保险公司参与多层次医疗保障体系的建设需要法律的规范与引导。在商业保险公司参与政府委托业务的经办与承办中，目前缺乏法律的明确规定，客观上导致各地商业保险公司参与的程度不同，影响基本医保与大病保险的运行效率。在商业健康保险的创新发展中，新修订

---

① 参见武亦文《基因信息在保险核保中的应用及其限度》，《北方法学》2020 年第 1 期。

② See Kathy L. Hudson, Karen H. Rothenberg, Lori B. Andrews, Mary Jo Ellis Kahn and Francis S. Collins, "Genetic Discrimination and Health Insurance: An Urgent Need for Reform", *Science*, Vol. 270, No. 5235, October 1995, pp. 391-393.

③ 参见王方怡《从"买保险送基因"到"基因+保险"利普康如何深挖基因服务》，2017 年 12 月 11 日，健康界（https://www.cn-healthcare.com/article/20171211/content-498132.html）。

④ 参见《基因科技携手健康保险　合力打造健康命运共同体》，2017 年 5 月 19 日，企查查（http://news.qichacha.com/postnews_827a1825950d6fdc8ebf774865df2e72.html）。

的《办法》回应了健康险发展的现实问题，但仍存在部分内容未予规定以及规定不明确的问题，且《办法》的效力层次较低，难以发挥引导商业健康保险规范发展的统领作用。因此，未来需加强立法对商业保险公司参与多层次医疗保障体系建设的支持，规范政府权力运用，减少商业保险公司的发展疑惑，为商业保险公司建构稳定的发展预期，从而鼓励其更积极地投入体系建设。同时在立法中需将投保人一方利益的保护作为规定的出发点和落脚点，对涉及投保人一方利益的规定加强合理性论证并予以细致周全的保护，以更好地发挥健康险的保障作用。

第五章

商业保险公司作为多层次医疗保障
体系的共建主体之实践

第一节 商业保险公司对社会医疗保险
经办管理的参与

满足人民群众的健康保障需求是党和国家一以贯之的工作目标，"医疗保障是减轻群众就医负担、增进民生福祉、维护社会和谐稳定的重大制度安排"。在2020年新发布的《中共中央、国务院关于深化医疗保障制度改革的意见》（以下简称《深化医保改革意见》）中，指出应当坚持"治理创新、提质增效"原则，提出通过"积极引入社会力量参与医疗保障经办服务，探索建立共建共治共享的医保治理格局"以及"规范和加强与商业保险机构、社会组织的合作，完善激励约束机制"等措施来推动医保治理的创新，实现医疗保障公共管理服务的优化，从而最终在2030年实现"全面建成以基本医疗保险为主体，医疗救助为托底，补充医疗保险、商业健康保险、慈善捐赠、医疗互助共同发展的医疗保障制度体系"的改革发展目标。国家宏观政策上的支持，鼓励商业健康保险作为一种市场化手段来介入医疗保障体系的发展，明确了商业健康保险在健康保障体系中的地位。商业保险公司应发挥专业能力支持国家多层次医疗保障体系建设，除了加强商业健康保险与社会医疗保险的互补衔接，还应积极参与社会医疗保险的经办管理。为进一步深化医疗保障制度改革、完善我国多层次医疗保障体系，商业保险公司应当在借鉴他国先进经验的基础上，完善参与社会医疗保险经办管理的模式，在经办基本医疗保险、承办大病补充保险的过程中发挥精准定价、风险管控等专业优势及科技优势、人力资源优势，助力医保基金监管。同时，商业保险公司可以运用医疗健康大数据等工具，积极推动医保支付方式改革，参与医疗控费工作，提升医疗保障体系的运行效率及其可持续性。

一   商业保险公司参与社会医疗保险经办管理的背景及国际经验

（一）商业保险公司参与社会医疗保险经办管理的背景

1. 现行社会医疗保障体系的发展及运行中的问题

社会医疗保障体系的构建与运行，是实现医疗服务融资、为人民群众提供风险保障的重要方式，也是通过经济激励引导医疗体制改革、促进卫生事业发展进步的重要机制，国家为完善我国社会医疗保障体系投入了大量的人力、物力和财力。自 20 世纪 50 年代初期我国建立公费医疗制度起，我国社会医疗保障体系已经历了数十年的探索与发展。如今我国正处在全面深化改革的重要时期，社会医疗保障体系的完善与发展也进入了关键时期。我国社会医疗保障体系主要由基本医疗保险制度、社会医疗救助制度等构成，基本医疗保险制度是社会医疗保障体系的主要组成部分，包括城镇职工基本医疗保险、城镇居民基本医疗保险和新型农村合作医疗，其中后两种保险自 2016 年起整合为城乡居民基本医保。自 2009 年我国启动新一轮医药卫生体制改革以来，我国社会医疗保险制度在参保人数及保障范围等方面取得了一些成就。据相关统计数据显示，自 1998 年《国务院关于建立城镇职工基本医疗保险制度的决定》发布至今，我国基本医疗保险的参保人数从 1998 年的 1877.7 万人增长到 2018 年的 13.44 亿人，参保率自 2011 年以来一直维持在占全国总人口 95% 以上。[①] 依据国家医疗保障局于 2020 年 3 月 30 日发布的《2019 年医疗保障事业发展统计快报》，截至 2019 年年底，全口径基本医疗保险参保人数 135436 万人，比 2018 年净增 977 万人，参保覆盖面依然稳定在 95% 以上，并且在参保面增速上已经处于基本稳态。同时，基本医疗保险基金的规模也在不断扩大，国家医保局的统计快报显示，2019 年全年基本医疗保险基金总收入为 23334.87 亿元、总支出为 19945.73 亿元，年末累计结存 26912.11 亿元。[②] 可见，从新一轮医改的结果看，近年来社会医疗保险制度建设确实在扩大制度覆盖面上取得了显著成效，基本形成了"全民医保"的制度

---

① 参见谢明明《我国基本医疗保险全覆盖的挑战及对策》，《中国医疗保险》2020 年第 1 期。

② 参见《2019 年医疗保障事业发展统计快报》，2020 年 3 月 30 日，国家医疗保障局网站（http://www.nhsa.gov.cn/art/2020/3/30/art_ 7_ 2930.html）。

格局，建立起世界上规模最大的基本医疗保障网。① 但在《深化医保改革意见》发布后，国家医疗保障局负责人在答记者问时也指出，随着人民群众对健康福祉的美好需要日益增长，医疗保障体系自身发展不平衡、不充分的问题逐渐暴露，为了增强人民群众的获得感，有必要进一步深化医疗保障制度改革。②《深化医保改革意见》中指出，应当以"增强医疗保障的公平性、协调性"为指导思想，"着力解决医疗保障发展不平衡不充分的问题"。可见，我国医疗保障体系的发展改革目标不再是单一的提高参保率、扩大覆盖范围，而开始向兼顾公平与效率、保障可持续性转变。在我国现行社会医疗保障体系的发展过程中，体系的运行确实暴露出一些问题，比如社会医疗保障体系呈现碎片化、社会医疗保险管理力度不足、医保基金利用效率尚待提高等问题，亟待通过深化改革寻求出路。

首先，虽然我国基本医疗保险参保率较高，但我国社会医疗保障体系在组织和制度上存在着碎片化问题，即社会保险制度在不同人群、不同区域之间被人为地分割成若干板块，进而导致城镇职工与城乡居民保障待遇差距明显、不同地区基本医疗保险筹资水平相差较大。③ 医保体系的碎片化问题根源在于我国社会医疗保险体系的渐进式形成过程。正是因为作为我国社会医疗保障体系重要组成部分的城镇职工医保与城乡居民医保建立于不同时期、受不同历史背景限制、目标定位于不同的人群、采用不同的制度和组织架构，才导致我国社会医疗保险制度的设计缺乏统一性、完整性。④ 社会医疗保险的碎片化使整个体系染上不公平的色彩，严重影响着我国社会医疗保障体系的良好运转，各地域间不互通的基金风险池影响着医保基金的运行效率，不利于我国社会保障体系的健全。

其次，我国现行社会医疗保险制度在管理与运行方面也面临着诸多挑

① 参见体制改革司《新中国成立 70 周年深化医药卫生体制改革相关成就》，2019 年 9 月 24 日，中国政府网（http：//www.nhc.gov.cn/tigs/s7847/201909/548c3274c1be41e2b1d15624c0d18337.shtml）。

② 参见《关于深化医疗保障制度改革答记者问》，2020 年 3 月 5 日，国家医疗保障局网站（http：//www.nhsa.gov.cn/art/2020/3/5/art_ 38_ 2810.html）。

③ 参见熊志国、阎波、锁凌燕等《中国商业健康保险发展模式探索——兼论医疗保障体系发展的价值与取向》，北京大学出版社 2012 年版，第 32—33 页。

④ 参见顾昕《中国医疗保障体系的碎片化及其治理之道》，《学海》2017 年第 1 期。

战。一方面，我国社会医疗保险制度需要应对人口老龄化、慢性病患者增加、医疗费用不断上升等外部挑战。根据第七次人口普查的数据，我国 65 岁以上人口为 19064 万人，占总人口比例为 13.50%。按照国际标准，我国目前已进入老龄化国家，并且我国老龄化程度不断加深。与此同时，老龄人口的增加导致慢性疾病的发生率上升，我国的疾病谱已转变为以慢性病等与生活方式相关的疾病为主。而慢性病的病程长、治愈率低，治疗费用却很高，导致人民群众的医疗费用支出与日俱增。[1] 增加的医疗费用支出加重了人民群众的负担，进一步转化为对社会医疗保险制度之保障能力的要求。另一方面，我国社会医疗保险制度内部的管理问题却弱化了制度功能，导致我国社会医疗保险制度难以应对人口结构和疾病谱的变化。社会医疗保险制度的内部管理问题，主要在于政府"大包大揽"的集权管理模式。我国管理社会医疗保险，采取的是"官设、官管、官办、官督"为特色的政府集权管理模式，即政府制定医疗保险体系运行规则、政府各部门管理医保运行、政府直接参与医保事务、政府自我监督的模式，政府扮演着执行者与监管者的双重角色。[2] 这样的管理模式会给政府工作人员带来巨大的工作压力，受行政编制、财政投入的约束，政府工作人员的人数有限、管理力量不足。2016 年的统计数据显示，我国基本医疗保险经办机构的工作人员仅有 4.3 万余人，相比全国 13 亿的参保人数，服务人数比例近 1∶33000，呈现出"小马拉大车"的局面。[3] 面对群众快速增长的社会医疗保险需求、专业的医保基金监管难题，政府工作人员往往疲于应付、心有余而力不足，难以满足医保管理工作专业化、精细化的要求。并且，"管办不分"的管理模式还会带来监管力度不够的弊端，政府内部缺乏监管动力而外部力量难以进入。[4] 在我国社会医疗保障体系中，医保管理部门的监管力度不足首先会导致过度医疗、一病多治等浪费

---

① 参见熊志国、阎波、锁凌燕等《中国商业健康保险发展模式探索——兼论医疗保障体系发展的价值与取向》，北京大学出版社 2012 年版，第 37 页。

② 参见吴海波《社会医疗保险管办分离：理论依据、制度框架与路径选择》，《保险研究》2014 年第 1 期。

③ 参见杨燕绥、廖藏宜主编《健康保险与医疗体制改革》，中国财政经济出版社 2018 年版，第 111 页。

④ 参见于莹、阎建军主编《中国健康保险发展报告（2019）》，社会科学文献出版社 2019 年版，第 16—17 页。

医疗资源的行为不能得到遏制，医疗费用支出持续不正常攀升。一些医疗、药业机构图谋自身利益，向患者提供不合适的诊疗服务、不合理的高价药品，而社会医疗保险参保人则把医保当成"大锅药"，在医疗机构的诱导下过度消费，甚至还会进行骗保。

最后，在缺乏有力基金监管机制的情况下，上述医保领域不良现象的出现也是导致我国基本医保基金利用效率不高的重要原因。医疗费用的不正常攀升趋势会给医保基金的收支平衡带来极大压力、给医保基金运行带来风险，基本医疗保险的资金可持续性面临威胁，最终导致真正需要享受社会医疗保障的人民群众的需求不能得到满足。

社会医疗保障体系的建构是一个复杂的制度安排，其在发展与运行过程中不可避免地会遭遇种种严峻的挑战。虽然经过数十年的发展，我国基本医疗保险参保人数迅速增加、基金的规模也在不断扩大，已基本实现了覆盖全民、统筹城乡的目标，但我国现行的社会医疗保障体系也暴露出一定的问题，亟待在改革中不断完善。此外，除了扩大制度覆盖面外，社会医疗保险制度还同时肩负着推动实现缩小收入差距、提高医疗服务利用效率、改善公平性以及提高居民健康水平等一系列宏观和微观政策目标的责任。而这些政策目标是否得以实现以及在多大程度上得以实现，又与社会医疗保险制度的合理性、有效性与可持续性紧密关联。[1] 因此，在新时代，社会医疗保障体系的改革目标应为着重解决众多制度性缺陷问题，尽力减少医保体系自身发展不公平、不充分对满足人民群众日益增长的健康福祉需要的影响，让各项医保制度走向成熟；同时发挥社会医疗保险制度在提高医疗服务利用效率、促进居民健康等方面的作用，促进社会医疗保障体系的可持续发展。

2. 商业保险公司参与社会医疗保险经办管理的意义

保险业助力深化医疗保障体制改革的重要途径为推动商业保险公司参与社会医疗保险管理，商业保险公司可以利用其市场机制优势、统一平台优势及具有风险控制等专业技术的优势，提升社会医疗保障体系的整体运行效率，对政府、参保群众及商业保险公司自身来说都具有重要意义。

首先，商业保险公司的参与有利于推动社会医疗保障体系改革，提升

---

① 参见于大川《社会医疗保险政策效果评估的理论与实证研究动态》，《社会保障研究》2017 年第 6 期。

其整体运行效率。如上所述，我国社会医疗保障体系存在监管力度不足、医保基金利用效率尚待提高等问题。而商业保险公司参与社会医疗保险管理，一方面能够协助政府加强对医保工作的监管力度，形成政府监管力量与市场效率的优势互补，通过预警、巡查、诊疗干预、费用审核等专业技术手段强化对医疗药业机构、社会医疗保险参保人的行为约束与监控，从而控制不合理的医疗费用支出。[①] 另一方面，商业保险公司又能够通过推动我国医保支付方式改革、参与建设中国版 DRGs 制度，来有效控制医疗费用的快速攀升。商业保险公司有参与医保支付方式改革工作的充分动因，也具备推动改革的优势条件。商业保险公司作为以营利为目的的企业法人，参与社会医疗保险管理的最终目的还是实现其经济利益最大化，而对医疗费用进行控制、减少保险赔付支出，是有利于商业保险公司控制经营成本、获取更多利润的。与政府机构相比，商业保险公司作为市场主体，具备加强与医疗、药业机构合作的现实条件。商业保险公司可以利用自身的资金优势与医药机构签订经济合同，通过参股或控股的方式构建保险、医、药一体联盟，发展管理式医疗控制医疗风险，形成"利益共享、风险共担"的医保合作关系，从而实现有效控费。[②] 如此而言，商业保险公司参与经办管理对提高我国社会医疗保险基金的利用效率、完善我国社会医疗保障体系具有重要意义。

其次，对政府机构来说，商业保险的参与有利于通过"公私合作"打破政府扮演执行者与监管者双重角色的困境，从而减轻政府机构的工作压力、提升行政效能，是改革政府公共服务提供方式、创新社会事业管理、促进多元治理格局形成的有益探索。受行政编制的约束，政府工作人员的人数有限，而通过增加行政编制来增强政府经办力量的方式较难施行，面向市场引入商业健康公司的力量、赋予其以非营利的方式提供公共服务的机会，才能解决政府所面临的困境。政府可以在确保医保基金安全的前提下，做好制定医疗保险体系运行规则、监督制度运行的工作，通过购买基本医保经办服务的方式，委托具有资质的商业保险公司参与社会医疗保险管理工作，由其负责日常经营、费用审核、报销支付等具体事务性

---

① 参见熊志国、阎波、锁凌燕等《中国商业健康保险发展模式探索——兼论医疗保障体系发展的价值与取向》，北京大学出版社 2012 年版，第 23 页。

② 参见吴海波《社会医疗保险管办分离：理论依据、制度框架与路径选择》，《保险研究》2014 年第 1 期。

工作。并且，对社会医疗保险的管理应满足专业化、精细化要求，政府与掌握精算技术、管理经验的商业保险公司合作，能够弥补政府机构在专业技术、专业人才等方面的欠缺，更好地应对专业的医保基金监管难题。此外，具有网络优势的商业保险公司可以成为全国各地区、多个政府部门的技术系统对接枢纽，整合资源，一定程度上减轻社会医疗保障体系在地域上的碎片化程度。

再次，商业保险公司参与社会医疗保险的管理，能够提高经办服务质量、提升经办服务水平，最终有利于使参保群众日益增长的医疗保障需求得到满足，减少"因病致贫、因病返贫"等情况的发生。一方面，商业保险公司推动管理式医疗发展，构建保险、医、药一体联盟，能够为参保群众提供更全面的服务，提高其保障水平。商业保险公司具有提供健康管理服务的优势之处，可以在经办各类基本医疗保险的过程中满足参保群众的健康管理需求，通过提供附加的健康管理等服务扩展基本医疗保险参保人的受益内容。另一方面，商业保险公司还具有跨地域经营的优势，商业保险公司可以利用其遍布全国的服务网络，实现对参保群众的全国联网服务。由商业保险公司经办基本医疗保险，可以让参保群众享受就近看病就医、异地理赔的便利、享受可携带的医疗保障，而不必受地方政府地域管辖权的限制。① 与此同时，商业保险公司促进医保付费方式改革、控制医疗费用不合理攀升，不仅仅是为了保障医保基金的可持续，还能减轻参保群众的医疗费用负担。在整个医疗体制改革中，避免医疗费用的快速增长，让群众看得起病、病有所医，也是保障民生的要求。

最后，对于商业保险公司自身而言，参与社会医疗保险管理能够促进商业保险公司的发展、拓宽其发展前景。虽然商业保险公司在参与管理社会医疗保险时难以获得直接的经济利益，要在"保本微利"甚至"保本无利"的原则下开展社商合作，但商业保险公司的参与合作能够为其主营的商业健康保险积累潜在的客户资源、大量的数据资料。事实上，如果商业保险公司能够获得有关医疗机构服务费用的数据，那么将释放其巨大的潜在发展空间。保险公司通过参与公私合作获得大量数据资料，能够为商业健康保险赖以生存的保险精算提供基础，有利于拓展延伸商业健康保

---

① 参见吴海波《社会医疗保险管办分离：理论依据、制度框架与路径选择》，《保险研究》2014 年第 1 期。

险业务，为其未来的长期发展奠定基础。① 此外，商业保险公司在参与社会医疗保险管理的同时，其研发其他商业健康保险产品的能力也将得到进一步的提高，有利于更好地满足居民更加多样化的医疗保障需求。最重要的是，通过参与管理社会医疗保险，商业保险公司可以在业内获得更高的公信力、知名度。商业保险公司与政府开展合作、向政府提供经办基本医疗保险等服务，既有助于其良好的行业形象的树立、社会认可度的提升，又有助于保险公司优质品牌的打造，进而能够在其今后拓展更宽广的保险市场时有所助益。② 因此，从长远来看，参与社会医疗保险管理可以带动商业保险公司业务的发展，使其获得更大的经济效益。

（二）商业保险公司参与社会医疗保险经办管理的国际经验

国际上仅有极少数国家允许具有营利性的商业保险公司参与社会医疗保险管理、经办基本医疗保险，大多数国家的社会基本医疗保险经办工作都是由政府自办机构或非营利性的基金组织负责，而营利性的商业保险公司不能直接参与基本医疗保险的经办服务，只能经营商业健康保险。目前，完全由商业保险公司承办基本医疗保险的国家有瑞士和荷兰，而美国和英国由商业保险公司承担了部分承办基本医疗保险等工作。③ 下文将主要对欧洲国家荷兰与瑞士商业保险公司参与基本医保经办服务的经验进行介绍，以为我国商业保险公司参与社会医疗保险管理的实践提供启示。

1. 荷兰商业保险公司参与基本医保经办服务的情况

为了控制医疗费用、向居民提供更高质量的医疗保健服务，荷兰于2006 年颁布了《健康保险法案》，建立起强制性私立健康保险制度。事实上，自 20 世纪 90 年代以来，荷兰健康保险系统一直处于从供给侧政府监管向有管理的竞争过渡的阶段，这一过渡进程的一个重要步骤就是 2006 年颁布了《健康保险法案》。《健康保险法案》的基础是在国家健康保险制度范围内引入有管理的竞争原则，根据新法案建立的健康保险制度，在荷兰合法生活或工作的所有居民都有每年从私立保险公司购买基本健康保

---

① 参见中国经济体制改革研究会公共政策研究中心、长策智库《湛江模式的启示：探索社会医疗保险与商业健康保险的合作伙伴关系》，《中国市场》2011 年第 3 期。

② 参见熊志国、阎波、锁凌燕等《中国商业健康保险发展模式探索——兼论医疗保障体系发展的价值与取向》，北京大学出版社 2012 年版，第 42 页。

③ 参见宋大平、崔雅茹《商业保险机构参与基本医疗保险经办服务：国际经验、国内现状与机制完善》，《中国卫生经济》2019 年第 1 期。

险的义务；而商业保险公司没有挑选参保人的权利，必须代表其客户成为谨慎的医疗服务购买者，可以选择性地与任意医疗服务提供者签订合同或者通过投资入股与医疗服务提供者进行纵向融合，并可以通过谈判与医疗服务提供者协商医疗服务收费、督促其提高医疗服务水平。[1] 荷兰《健康保险法案》建立的健康保险制度兼具公共与私人两种属性，其制度目标是公共的，旨在为所有人提供支付得起的医疗服务；其私人属性体现在由私人保险公司负责经营基本健康保险。[2] 有管理的竞争是荷兰健康保险制度的突出特征，即在政府的管理下引入商业保险公司之间的竞争，同时在市场竞争下仍要坚持政府的监管者角色。在实践中，有管理的竞争理论的核心假设大约包括四个层次：第一，被强制要求购买健康保险的成本意识强、消息灵通的消费者会寻求最能满足其当前和未来保健需求的保险；第二，为了满足消费者的需求，互相竞争的商业保险公司将代表其被保险人谨慎地购买对患者更好、质量更高和更便宜的服务；第三，医疗服务提供者将在价格、质量和消费者反馈等方面进行竞争；第四，政府将在很大程度上后退，由市场力量分配稀缺资源。[3]《健康保险法案》规定荷兰居民有每年向商业保险公司购买基本健康保险的义务，每份保险合同的期限最多为一年，这意味着允许基本健康保险的参保人在每年年底转投另一家商业保险公司，从而鼓励竞争。并且保险公司有义务接受所有基本医疗保险的参保人，禁止对客户进行风险评级。[4] 如此一来，参保人被赋予了更多的选择权，可以在对比各保险公司的保费、保障项目、消费者满意度等信息后做出选择。各商业保险公司需要在竞争性的保险市场通过拟定不同的保险合同、选择优秀的医疗服务提供者等措施来争取参保人，商业保险公

① See Lieke H. H. M. Boonen and Frederik T. Schut, "Preferred Providers and the Credible Commitment Problem in Health Insurance: First Experiences with the Implementation of Managed Competition in the Dutch Health Care Yystem", *Health Economics, Policy and Law*, Vol. 6, No. 2, 2011, pp. 219–220.

② 参见陈文辉《我国城乡居民大病保险发展模式研究》，中国经济出版社 2013 年版，第 44 页。

③ See Kieke G. H. Okmaa and Luca Crivelli, "Swiss and Dutch 'Consumer-driven Health Care': Ideal Model or Reality?" *Health Policy*, Vol. 109, 2013, pp. 105–106.

④ See Hans Maarse, Patrick Jeurissen and Dirk Ruwaard, "Results of the Market-oriented Reform in the Netherlands: a Review", *Health Economics, Policy and Law*, Vol. 11, No. 2, 2016, pp. 161–164.

司之间的竞争被强化。激烈的市场竞争能够促使商业保险公司改进服务、降低成本，避免因低效率而被市场所淘汰，从而促进商业保险公司的发展。此外，由于健康保险公司可以自由选择不同的医疗服务提供者并与其进行谈判协商，商业保险公司的市场竞争又能够促进医疗服务提供者之间在价格、服务及质量等方面展开竞争，间接督促医疗机构提高医疗服务水平。① 事实上，通过竞争促进保险公司、医疗机构服务水平这一举措颇有成效，能够有效提升民众满意度。相关统计数据显示，在 2006 年荷兰就有 18% 的投保人更换了保险公司，近年来荷兰民众对医疗体系的满意度在欧洲排名第二。②

在荷兰改革后的健康保险制度之下，商业保险公司成为基本健康保险的经营者，政府也不再是保险市场竞争的直接参与者，而转变为保障健康险市场合理运营、有序竞争的监管者。政府作为监管者，一方面要完善市场出入标准、建立衡量医疗保障和医疗服务的指标体系，加强对保险公司和医疗机构的监管，保障市场有序竞争；另一方面，政府要健全医疗卫生信息披露制度、确保信息披露通道畅通，保障参保人有效行使选择权。除此之外，荷兰政府还采取了向低收入和高风险人群提供补贴、建立风险均等化制度等措施，发挥平衡制约的职能，保障制度的平稳运行。③ 政府向居民提供的补贴不受消费者对保险公司的不同选择影响，大约有 2/3 的荷兰家庭从政府那里领取了与收入相关的补贴（"护理津贴"），在 2008 年，每个家庭最多可获得 1464 欧元的补贴。18 岁以下的儿童无须缴纳保险费，由政府通过风险均等化基金向保险人补偿其医疗费用。④ 政府向部分人群提供补贴有利于实现健康保险制度的实质公平，保障人人都能公平享有医疗保障。而建立风险均等化制度则是政府通过设立风险均等化基金对不同保险人进行补贴，保险人因承保对象个体差异面

① 参见吴亚玲《荷兰管理竞争模式对中国健康保险的启示》，《金融经济》2011 年第 20 期。

② 参加孙东雅、范娟娟《荷兰医疗保险制度改革研究》，《中国医疗保险》2012 年第 5 期。

③ 参见张小娟、朱坤、刘春生《荷兰健康保险制度改革经验及启示》，《中国卫生政策研究》2012 年第 3 期。

④ See Wynand P. M. M. van de Ven and Frederik T. Schut, "Universal Mandatory Health Insurance in the Netherlands: a Model for the United States?", *Health Affairs*, Vol. 27, No. 3, 2008, pp. 771-774.

临财务风险不均衡的风险，该制度可以避免商业保险公司因无权拒绝参保人而遭受损失。①

2. 瑞士商业保险公司参与基本医保经办服务的情况

1996 年，瑞士为了控制医疗保健费用的快速增长，通过全民公投通过了《联邦健康保险法》，取代了自 1911 年起实施的《联邦疾病和意外保险法》。《联邦健康保险法》强制要求家庭购买私人健康保险，以获得强制性的、相当全面的健康保障，各个家庭可以从 90 多家私人保险公司中选择一家来进行投保。② 在《联邦健康保险法》实施之后，瑞士的医疗卫生系统发生了重大的结构性变化，全体居民被强制纳入基本医疗保险体系，瑞士永久居民必须购买强制性的基本医疗保险，并且在瑞士具有稳定工作和收入的非居民及受雇公司总部位于瑞士的非居民，也必须参加强制性基本医疗保险。③《联邦健康保险法》的规定改变了政府当局在医疗卫生系统中的角色，采用了新的公共管理规则，强调了市场参与原则，引入竞争机制。在基本医疗保险体系内，由商业保险公司向瑞士居民销售基本医疗保险产品，各个商业保险公司之间互相竞争，基本医疗保险的商业化运营成为瑞士医疗保险制度的突出特征。

在商业化运营基本医疗保险的模式下，瑞士联邦政府不再承担供给的职责，而由独立于政府的商业保险公司负责基本医疗保险的经办工作。政府需要对保险待遇、保障项目等问题进行统一规定，同时明定基本医疗保险的保费可以根据参保人的年龄、地理位置、居住地的城市化程度等因素进行调整。此外，联邦政府和州政府会对收入较低的群体提供有针对性的联邦补贴，帮助弱势群体支付基本医疗保险的保费，鼓励个人投保。④《联邦健康保险法》及其修正案赋予了商业保险公司更大的自由。为了增加医疗保险行业的竞争，新法规定商业保险公司有依据保险合同自行确定

---

① 参见张小娟、朱坤、刘春生《荷兰健康保险制度改革经验及启示》，《中国卫生政策研究》2012 年第 3 期。

② See Uwe E. Reinhardt, "The Swiss Health System: Regulated Competition without Managed Care", *The Journal of the American Medical Association*, Vol. 292, No. 10, September 2004, pp. 1227-1228.

③ 参见刘玉娟《发达国家商业保险参与社会医疗保险的经验与启示》，《改革与战略》2017 年第 2 期。

④ 参见孙嘉尉、顾海《国外基本医疗保险体系中的商业参与——兼论公共物品供给》，《社会保障研究》2013 年第 4 期。

保费的自由。参保人也随之拥有了更多的选择，可以自由选择任意商业保险公司参保，还可以选择不同的医疗保险合同。由于保险公司的核心角色是承担医疗服务的费用，为了有利于商业保险公司进行成本控制，新法也规定了一些在医疗服务付款方式等方面的新的激励措施。商业保险公司可以与医疗服务提供者进行协商谈判，来确定具体付费方式、付费标准或价格。[①] 商业保险公司在经办基本医疗保险时，必须保持非营利运作，因此商业保险公司一般会设立一个非营利的支部来开展该项业务，以便更好地分散风险。[②]

　　从瑞士由商业保险公司参与基本医保经办服务的成效来看，市场化运营机制的形成确实赋予了参保人及商业保险公司更大的自主选择的权利，参保人可以自由选择，商业保险公司之间可以平等竞争。但依据相关统计数据，这一改革举措的主要目标并没有实现。1996—2003 年，瑞士人均实际卫生支出总额平均每年增长 2.8%，远高于消费物价指数。这清楚地表明，商业保险公司参与基本医保经办服务未能实现其控制医疗费用支出的主要目标。学者分析认为，未成功实现医疗费用控制的部分原因是体制障碍，部分原因是改革措施执行不力。而在门诊医疗中，难以进行医疗费用控制的主要原因是缺乏限制医师授权行为及医师自身报酬的工具，医保体系改革的重点仍应放在更改医疗服务提供者的支付机制上。[③]

　　3. 国际经验对我国商业保险公司参与社会医疗保险经办管理的启示

　　考察国际上为数不多的几个国家在将基本医疗保险交由商业保险公司经办后的发展现状，可知由于各国的基本国情、制度背景不同，各国商业保险公司参与经办服务的绩效成果、过程中出现的问题也不尽相同。当前我国正处在深化医疗体制改革攻坚克难的关键时期，经济社会的发展情况与上述各国并不相同，显然不能完全照搬、盲目借鉴其他国家的改革经验。然而，"他山之石，可以攻玉"，我国在推动商业保险公司参与社会

---

①　参见刘玉娟《发达国家商业保险参与社会医疗保险的经验与启示》，《改革与战略》2017 年第 2 期。

②　参见孙嘉尉、顾海《国外基本医疗保险体系中的商业参与——兼论公共物品供给》，《社会保障研究》2013 年第 4 期。

③　See Stefania Moresi-Izzo, Vaida Bankauskaite and Christian A. Gericke, "The Effect of Market Reforms and New Public Management Mechanisms on the Swiss Health Care System", *International Journal of Health Planning and Management*, Vol. 25, No. 4, November 2010, pp. 368-370.

医疗保险管理的过程中，应当立足国情取精去糟，既要学习国际上其他国家的先进理念，同时也要充分吸取他国的教训、引以为戒。

从荷兰、瑞士等国家的经验来看，由商业保险公司参与社会医疗保险经办管理并引入市场竞争因素，有利于提高医保服务的质量，并且能够促进保险方作为第三方对医疗服务提供者的监督和制约，形成保险公司与医疗机构相互促进的局面。但在通过公私合作减轻政府工作压力的同时，也要明确政府在市场中的定位，由政府扮演好规划引领、监督管理、平衡制约等重要角色，保证商业保险公司的参与给社会医疗保险的发展带来积极影响。

第一，政府应履行好制定相关法律法规进行规制的职能，推进精细化标准化管理。我国可以学习荷兰在这方面的经验，荷兰出台了近 800 部与医疗保险相关的法律法规，规定了经办医疗保险的各个环节的详细标准和流程，明确了商业保险公司的责任。我国也应尽快制定商业保险公司参与社会医疗保险管理的相应标准和流程，统一全国各地的经办行为，减少未来的纠纷。[①] 第二，必须明确政府的监管职责，避免因将社会医疗保险经办管理服务交由具有逐利性的商业保险公司负责，而导致医保服务、医疗服务质量下降。例如荷兰设立了健康服务管理局、竞争管理局、健康服务督察部门等机构，负责监管健康保险市场、维持商业保险公司市场竞争的良好秩序，以及监督基本医保制度下医疗服务的质量与安全性。[②] 我国政府也必须在向商业保险公司购买经办服务的同时做好监管工作，发挥市场竞争与政府监管各自的优势。

此外，瑞士的商业保险公司设立一个专门的非营利的支部来开展基本医疗保险经办业务的经验值得借鉴，这一举措既能满足由非营利性机构经办社会医疗保险这一准公共物品的正当性要求，又能够实现商业保险公司内部常规营利性业务与非营利性业务的区分，以消解因商业保险机构本质上的营利性而带来的经办基本医保过程中的潜在和实际的风险。[③] 而从瑞士医疗保障体系改革未能实现控制医疗费用支出的主要目标的教训而言，

---

① 参见刘晴《荷兰医改启示：有管理的竞争》，《中国社会保障》2011 年第 1 期。

② 参见陈文辉《我国城乡居民大病保险发展模式研究》，中国经济出版社 2013 年版，第 46 页。

③ 参见宋大平、崔雅茹《商业保险机构参与基本医疗保险经办服务：国际经验、国内现状与机制完善》，《中国卫生经济》2019 年第 1 期。

我国在推动商业保险公司参与社会医疗保险管理的过程中，只有对医疗服务的支付方式进行改革、对医疗服务提供者的不良行为进行限制，才能达成有效控制医疗费用上升的目标。

二　商业保险公司参与社会医疗保险经办管理的现状及典型模式

（一）我国商业保险公司参与社会医疗保险经办管理的发展现状

1998 年至今的《中国保险年鉴》显示，我国的商业保险公司最早于 2003 年开始进入基本医疗保险的管理领域，首先参与的是新农合的经办服务，参与了费用报销、账单审核、理赔服务等专业业务的管理，随后逐渐扩展至城镇居民医保、城镇职工医保、工伤保险、生育保险等制度。[①] 国家政策的支持推动了商业保险公司参与社会医疗保险管理的发展。2009 年，《中共中央、国务院关于深化医药卫生体制改革的意见》指出"在确保基金安全和有效监管的前提下，积极提倡以政府购买医疗保障服务的方式，探索委托具有资质的商业保险机构经办各类医疗保障管理服务"。为贯彻落实上述意见的要求，2012 年卫生部等四部门下发《关于商业保险机构参与新型农村合作医疗经办服务的指导意见》，对商业保险机构受政府委托参与新农合经办服务的工作制定了基本规范。同年，国家发展改革委、财政部、保监会等六部委又出台了《关于开展城乡居民大病保险工作的指导意见》，规定应通过政府招标选定承办大病保险的商业保险机构，商业保险机构中标后以保险合同形式承办大病保险，承担经营风险，自负盈亏。2016 年，国务院在《"十三五"深化医药卫生体制改革规划》中再次重申由商业保险机构经办各类医疗保障管理服务的重要性，提出"在确保基金安全和有效监管的前提下，以政府购买服务方式委托具有资质的商业保险机构等社会力量参与基本医保的经办服务，承办城乡居民大病保险"。2020 年，银保监会等 13 部委联合下发《关于促进社会服务领域商业保险发展的意见》，其中的一条意见明确要求"提升商业保险机构参与医保服务质效"，即鼓励商业保险机构完善大病保险承办机制、经办基本医保与医疗救助、参与国家长期护理保险试点，同时积极参与医保控费、推进信息共享、推动支付方式改革，更好地服务医保政策制

---

① 参见宋大平、崔雅茹《商业保险机构参与基本医疗保险经办服务：国际经验、国内现状与机制完善》，《中国卫生经济》2019 年第 1 期。

定和医疗费用管理。在各项政策的鼓励与支持下，商业保险公司积极参与社会医疗保险管理工作，形成"基本医疗保险+大病保险+医疗救助+长期护理保险"的委托经办业务链条，全方位助力医药卫生体制改革和医疗保障体系建设。①

实践中，商业保险公司在 2010—2015 年累计管理基本医疗保险基金约 380 亿元，② 在 2017 年管理各类医保基金达 265.38 亿元。2017 年，商业保险公司承办大病保险业务规模为 388.6 亿元，同比增长 16.7%；经办基本医疗保险业务 227 亿元，同比增长近 70%；共承办各类政府委托经办业务规模约 780 亿元，同比增长 30%。截至 2016 年，中国人寿、人保健康、太平洋寿险、新华人寿、中华联合等商业保险公司已在全国经办管理 200 个县市区的新型农村合作医疗和 168 个县市区的城镇居民基本医疗保险、城镇职工基本医疗保险项目，受托管理基本医疗保险基金规模接近 150 亿元。③

(二) 我国商业保险公司参与社会医疗保险经办管理的典型模式

如上文所述，为引入市场力量、由商业保险公司参与管理社会医疗保险业务，国内许多地区都进行了开拓性的实践活动，在实践中积累了经验，形成了几种具有地方特色的参与管理模式。这些不同的地区模式各具特色，按照委托经办方式的标准，可以被区分为基金管理型、保险合同型和混合型。对不同的参与模式进行对比分析，有助于以期为其他地区推进商业保险公司参与社会医疗保险管理的发展提供参考借鉴。

1. 商业保险公司参与社会医疗保险经办管理的代表性地区模式介绍

我国各地从当地社会医疗保险的发展现状和改革需求出发，因地制宜，在实践中不断摸索创新商业保险公司参与社会医疗保险经办管理的不同方式，鼓励商业保险公司尝试开展不同的委托经办业务，使得商业保险公司参与社会医疗保险管理的模式日趋多样化，各种新的模式层出不穷。目前，我国商业保险公司参与社会医疗保险管理的地区模式取得良好改革

---

① 参见于莹、阎建军主编《中国健康保险发展报告（2019）》，社会科学文献出版社 2019 年版，第 13 页。

② 参见阎建军等《健康保险发展的逻辑》，中国金融出版社 2017 年版，第 198 页。

③ 参见于莹、阎建军主编《中国健康保险发展报告（2019）》，社会科学文献出版社 2019 年版，第 13 页。

效果的有以下几种：洛阳模式、新乡模式、襄樊模式、太仓模式、江阴模式、厦门模式、湛江模式等。下文将重点对比较具有代表性的江阴、洛阳、湛江、太仓模式进行介绍。

（1）江苏江阴模式

2001 年，江苏省江阴市创建了作为新农合前身的农村住院医疗保险制度，并引入商业保险公司参加农村医疗体系建设，形成了政府组织、卫生部门监管、商业保险公司实施专业化管理的独特模式，后来这种模式被命名为"江阴模式"。① 2001 年 11 月，太平洋人寿保险公司受江阴市政府委托，成立了第三方机构太平洋保险江阴新农合业务管理中心，由其负责管理新农合项目。"江阴模式"的发展经历了不断完善和创新的过程，不仅新农合的参保对象从本地籍农民扩展到了外来农民工、医疗补偿范围由大病住院扩大到普通门诊，"江阴模式"也已经成为江苏保险业参与新农合经办的主要运作模式。② 太平洋人寿保险公司受托经办的保险项目也逐渐扩展，2005 年起受托经办了低保人员医疗救助和民政优抚医保项目，2009 年起受托经办了城镇居民基本医保，随后开始承担经办城镇职工基本医保的部分职责、开办商业补充医疗保险，并不断提升参与管理的专业水平，成为保险业参与政府基本医疗保险管理服务的先行者。

"江阴模式"的特点是坚持"征缴、经办管理、监管"相分离的原则，即由政府组织征缴保障资金、商业保险公司提供经办管理服务、卫生行政部门进行监管，政府、商业保险公司、卫生行政部门各司其职并相互合作、互相监督。其中，当地政府承担着制定医疗保险整体方案、政策法规的职责，还要负责通过行政系统开展的宣传并推广社会医疗保险制度、征缴保险费的工作。③ 征缴来的资金存放在财政设立的基金专项账户中，由财政部门保管，基金运作采取"单独立户、专款专用、封闭运行"的方式，若基金有结余则转入下一年度，若有亏损则由政府承担。④ 商业保

---

① 参见刘京生《中国健康保险发展研究》，中国社会科学出版社 2011 年版，第 93 页。

② 参见熊志国、阎波、锁凌燕等《中国商业健康保险发展模式探索——兼论医疗保障体系发展的价值与取向》，北京大学出版社 2012 年版，第 71 页。

③ 参见宋宝香、孙文婷《商业保险机构参与医疗保障体系的模式比较研究——以城乡居民大病保险为例》，《中国卫生管理研究》2016 年第 1 期。

④ 参见冷明祥、胡大洋、张建军等《商业健康保险公司介入社会医疗保险的可行性以及模式探讨》，《南京医科大学学报》（社会科学版）2011 年第 4 期。

险公司受委托，与政府建立合作伙伴关系，负责基金补偿结报和专业化管理等工作。太平洋人寿保险公司江阴支公司成立了农村医保业务管理中心，负责参保人及定点医疗机构的费用结算工作。业务管理中心负责提供结报服务，资金是经审批划拨而来的，通常由业务管理中心以月或季为单位提前向财政申报。同时在各定点医疗机构负责参保人员的政策咨询、资格核准、住院登记、转院管理以及现场现金结报支付等日常工作的专管员也是由业务管理中心选聘并派驻的，这些专管员通常熟悉医疗业务、具备专业技能。并且，在业务管理中心和各定点医院之间，还建立了传输数据的远程审核结报网络平台，经医疗机构的专管员初审后的结报人的医疗费用等数据，将通过该网络平台传输到业务管理中心，再由业务管理中心即时核准，使补偿结报工作能够快捷高效、公平公正地完成。① 此外，保险公司还要承担测算新农合的征缴补偿标准、拟定征缴补偿标准和方法的工作，并向政府提出关于下一年度医保基金使用效率和目标等专业化建议。而卫生行政部门应当履行监管的职责，一方面要监督商业保险公司提供的医保业务经办管理服务，以确保其提供的结报服务公平高效；另一方面要监督定点医疗机构的诊疗行为，杜绝医疗机构的不合理诊疗行为。②

对于如何让商业保险公司更好地参与到社会医疗保险的委托经办业务中来，以及如何在政府领导的前提下发挥市场的决定性作用，"江阴模式"提供了一些值得借鉴的经验与启示。

第一，在商业保险公司参与社会医疗保险管理的过程中，政府仍然要发挥主导作用。江阴市政府向太平洋人寿保险公司购买服务，改变了由政府包揽新农合等社会医疗保险管理工作的传统，但并不意味着政府在这一过程中的缺位。江阴市在引入商业保险公司参加农村医疗体系建设之处，便明确了政府的主导地位，由政府积极引导商业保险公司、医疗机构等参与主体。江阴市成立了江阴市新农合领导小组、江阴市新型农村合作医疗管理委员会等组织机构，负责全市新农合政策法规制定、组织实施和监督

---

① 参见毛明华、邹烨《新型农村合作医疗"江阴模式"的创新与启示》,《卫生经济研究》2008 年第 2 期。

② 参见江苏省江阴市人民政府《江阴模式：征缴、经办、监管、服务相分离》,《中国金融》2011 年第 4 期。

检查等工作，保障新农合的良性运作。① 可见，政府是"江阴模式"下各种参与新农合医疗系统的主体中最不可或缺的一部分。目前我国市场经济发展还不完善，为了保障社会医疗保险管理工作的效率与公平，必须由政府履行好其应尽的职责。

第二，"江阴模式"的成功实践说明，在医保领域，可以充分利用商业保险公司保障设计、费率厘定、理赔审核等方面的专业优势来提高社会医疗保险管理水平，在政府主导的前提下充分发挥市场的优势，弥补政府在基金运营、资金运作等方面的不足。江阴市政府与太平洋人寿保险公司达成合作，保险公司提供了人力物力、技术上的支持，不仅为制定科学的保障方案和管理政策提出了专业的建议，还通过成立业务管理中心、建立远程审核结报网络平台来提供高效的信息网络化服务，从而实现了江阴市新农合体系高效率、高水准、高质量的运作，促进了新农合筹资能力和医疗保障水平的提高。

第三，商业保险的参与有助于构建多元主体相互监督约束的完善机制，确保监管的有效性、结报的公平性、基金的安全性。在"江阴模式"下，一方面由卫生行政部门履行监管职责，对商业保险公司、医疗机构进行监督，避免其为了取得经济利益而损害社会利益，从而保障市场的介入不会影响新农合的持续发展；另一方面，由商业保险公司负责新农合基金补偿结报等工作、由政府负责征缴资金及承担医保基金赤字和透支的风险，形成了"收支两条线、收钱不管钱"的机制，能够使参与新农合的各方在发挥各自优势的同时相互制约，从机制上保障新农合结报的公平公正及基金的运行安全。②

（2）河南洛阳模式

2006 年，为推进新农合工作，洛阳市政府提出了在社会医疗保险领域政府购买服务、引入商业保险公司参与经办管理的思路。自 2007 年起，洛阳市政府通过购买服务的方式，委托中国人寿河南洛阳分公司开始参与管理洛阳市五县七区的新农合基金。在积累了一定经办经验后，中国人寿公司在洛阳参与的社会医疗保险范围不断扩大。2008 年，中国人寿公司

---

① 参见毛明华、邹烨《新型农村合作医疗"江阴模式"的创新与启示》，《卫生经济研究》2008 年第 2 期。

② 参见江苏省江阴市人民政府《江阴模式：征缴、经办、监管、服务相分离》，《中国金融》2011 年第 4 期。

开始受委托管理洛阳市城镇居民基本医疗保险和大学生基本医疗保险，同时经办补充医疗保险、医疗救助。2009年，洛阳市在伊川县开展试点，委托中国人寿公司开始经办城镇职工基本医疗保险业务。[①] 经过几年的运作，洛阳市这种由中国人寿公司参与社会医疗保险管理的模式逐渐取得了良好的实践效果，形成了独具特色的"洛阳模式"。

"洛阳模式"的核心特点是"五险合一"与购买服务、委托管理，即将原五项社会保险的经办机构合并统一，政府以向商业保险公司购买服务的形式将社会医疗保险的部分业务委托给商业保险公司具体承办。

首先，"五险合一"具体指的是在2006年洛阳市将市、县（区）两级企业和机关事业单位的养老保险、医疗保险、失业保险、工伤保险、女工生育保险，这五项社会保险的经办机构合并统一起来，最终成立洛阳市社会保险事业管理局和各县（市、区）社会保险中心。"五险统一"后，各县（市、区）社会保险中心作为洛阳市社会保险事业管理局的派出机构，由其进行垂直管理；各县（市、区）社会保险中心的内设机构、业务经办流程和制度管理等实行全市统一。"五险合一"的改革措施为民众和企业办理社保业务提供了便利、提高了政府办事效率，统一后办理五项不同的社保业务时无须分别到五个不同的经办机构，只需要在社保服务大厅一站式办理即可。然而社会保险业务量的增加与机构设置的精简会产生矛盾，为了减轻社保服务大厅繁重的工作负担，洛阳市在以"五险合一"为核心内容的"洛阳模式"下增加了政府购买服务、实行委托管理的举措。其中，在社会医疗保险方面，洛阳市采取了购买服务的方式，将医疗保险的部分事务性工作委托商业保险公司经办。[②]

其次，"洛阳模式"下购买服务、委托管理体现了"三不变"和"三统一"的原则。"三不变"指的是：第一，社会保险管理职能不变；第二，社会医疗保险基金的筹集、财政专户管理制度不变，社保经办机构依然负责社会医疗保险基金的征缴筹集、设立财政专户的工作，并且依然由社保经办机构负责同定点医院进行结算拨付；第三，社保经办机构的部分管理权限不变，依然负责开发城镇居民医保信息系统、统一管理参保人员

---

① 参见熊志国、阎波、锁凌燕等《中国商业健康保险发展模式探索——兼论医疗保障体系发展的价值与取向》，北京大学出版社2012年版，第71页。

② 参见杨江蓉、张玲《洛阳市"五险合一"模式中社保服务体系的创新》，《粮食流通技术》2014年第3期。

信息，以及依然要负责门诊大病审批、异地就医审批等管理工作。"三统一"则是指对商业保险公司的委托管理制度、经办项目、业务流程进行统一。洛阳市先后制定并发布了《洛阳市社会医疗保险委托管理制度》《洛阳市社会医疗保险待遇支付初审管理制度》和《洛阳市城镇居民医疗保险审核支付程序的通知》等文件，对政府委托商业保险公司经办社会医疗保险业务进行了具体规定。依据相关规定，社会医疗保险的业务经办与监管相分离，商业保险公司负责费用审核、报销支付等事务性工作，而政府负责对商业保险公司的工作进行监督制约。政府的监督措施包括设置履约保证金制度、对商业保险公司的经办工作实行指标考核等。商业保险公司的委托管理费用应为年度居民医保基金筹资总额的1%，《委托管理协议》规定管理费先由财政拨付费用总额的90%，剩余的10%必须在年终经审计部门审核商业保险公司无违约行为时才能支付。除了通过分批支付委托管理费用来制约商业保险公司的经办行为之外，政府还要对商业保险公司初审业务的月差错率等指标、一段时间内的工作量、经办服务质量进行考核，若商业保险公司的经办管理工作不符合任何一项考核标准，其管理费将被扣除一部分。①

　　"洛阳模式"运行平稳，取得了较好的成效。洛阳市社会医疗保险的一系列改革，对政府、参保群众、商业保险公司来说，都是有益的探索。"洛阳模式"取得的成效说明，政府向商业保险公司购买服务，不仅能够提高行政效率，还可以降低政府的管理成本。根据相关统计数据计算，2010年城镇居民基本医疗保险的参保人数达96.67万人，若按照参保每万人需要一个经办人员的比例来计算，全市经办机构需人员编制近100人，那么员工工资和各项费用约需支出600万元，而委托商业保险公司管理的费用为160万元，则洛阳市一年可减少财政支出440多万元。② 对参保群众来说，"五险合一"、商业保险公司介入管理等举措，能够为参保群众办理社保业务提供更多便利，也有利于社会医疗保险经办服务质量的提高。而对于商业保险公司自身来说，在"洛阳模式"下，商业保险公司通过参与社会医疗保险委托管理能够树立品牌形象、积累客户资源、促进其商业健康保险业务发展。在洛阳，中国人寿公司自经办社会医疗保险

---

① 参见陈维良《基本医保委托管理"洛阳模式"剖析》，《中国医疗保险》2010年第6期。
② 参见陈维良《基本医保委托管理"洛阳模式"剖析》，《中国医疗保险》2010年第6期。

业务后，不少群众在办理社会医疗保险的同时又办理了商业健康险，因而扩大了中国人寿经营的商业健康险业务。[①]

（3）广东湛江模式

2007年9月，广东省湛江市启动了城乡居民医保一体化改革，并于2009年实现了将城镇居民医疗保险和新农合合并为城乡居民医疗保险，建立起城乡居民统一参保的社会医疗保障体系。与此同时，为解决政府经办人员不足和资金短缺的问题，湛江市政府引入了中国人民健康保险股份有限公司湛江中心支公司（下文简称"人保健康湛江支公司"）参与社会医疗保险的建设和管理，形成了商业保险公司参与社会医疗保险管理的典型模式——"湛江模式"。[②]"湛江模式"的特点可以总结为"政府主导、合署办公、专业运作、优质服务"。在湛江市政府的主导下，人保健康湛江支公司同时参与了基本医疗保险和补充医疗保险的管理服务。在基本医疗保险方面，人保健康湛江支公司参与了基本医疗保险基金的运作；在补充医疗保险方面，人保健康湛江支公司负责承办全部业务，具体项目包括"湛江市直公务员补充医疗保险""湛江市城镇职工大额医疗救助保险""湛江市城乡居民基本医疗大病补助保险"。[③]人保健康湛江支公司的参与为政府构建城乡一体化、基本医疗保险与补充医疗保险一体化的医保体系提供了助力，并取得了一定成效。

"湛江模式"的主要做法包括以下五点：第一，引入人保健康湛江支公司参与湛江市城镇和农村社会医疗保障体系的建设与运作，政府与商业保险公司开展合作，共同打破城乡医疗保障二元分割，推动基本医疗保险体系的城乡一体化。[④]第二，在政府部门的主导下，人保健康湛江支公司同时参与了基本医疗保险和补充医疗保险的业务管理，推动基本医疗保险与补充医疗保险的一体化。人保健康湛江支公司充分发挥了商业保险公司

---

① 参见中国人寿保险股份有限公司洛阳分公司《洛阳模式：一分二合三统》，《中国金融》2011年第4期。

② 参见陈文辉《我国城乡居民大病保险发展模式研究》，中国经济出版社2013年版，第52页。

③ 参见中国经济体制改革研究会公共政策研究中心、长策智库《湛江模式的启示：探索社会医疗保险与商业健康保险的合作伙伴关系》，《中国市场》2011年第3期。

④ 参见陈文辉《我国城乡居民大病保险发展模式研究》，中国经济出版社2013年版，第52页。

的专业优势，与社保部门共同创建了一站式管理服务平台，在湛江市各级社保部门办公大厅设立公司的服务窗口，向基本医疗保险或补充医疗保险的参保人员提供政策咨询、凭证审核、费用报销等一站式服务。此外，人保健康湛江支公司与社保部门合作搭建医保管理信息系统、一体化支付结算平台，实现了共享参保人员的诊疗信息、费用结算信息。① 第三，在不改变居民个人缴费标准的前提下，通过缴费拆分、利用保险机制的杠杆作用来提高城乡居民基本医疗保险保障金额。在人保健康湛江支公司参与的过程中，湛江市将城乡居民医疗保险个人缴费部分的15%提取用于购买人保健康的大额医疗补助保险服务，剩余85%继续用于基本医疗保险支出。同时，以不同的缴费档次为区分，将城乡居民基本医保的保障限额由原来的1.5万元分别提高到3.5万元和6.5万元。② 湛江市这种从基本医疗保险基金中提取一部分、以保费的形式支付给商业保险公司的方式，实际上构成了一种类似再保险的业务模式，即政府社会部门作为原保险者，就其参保者一部分医药费用的支付，向商业健康保险进行再投保。这正是湛江模式的创新之处。③ 第四，发挥人保健康湛江支公司在医疗核查方面的优势，建立"阳光运行"机制，实施对就医诊疗行为的全程监控，以强化对医疗机构及参保人员的监督约束，避免医疗资源的浪费。人保健康湛江支公司的医保专员组建了数十人的医疗巡查队伍，通过长期驻扎在医院、流通巡查等方式对就医诊疗行为进行监督，控制参保群众的道德风险。人保健康湛江支公司还与政府社保部门共同构建了一套医疗服务质量的评价制度，以控制医疗机构的过度医疗、大病不治等不良诊疗行为，减少不合理的医疗支出、确保患者享受到合格的诊疗服务。④ 第五，由人保健康湛江支公司向参保人员延伸提供多样化的商业健康保险以及健康管理服务，丰富医疗保险保障内容、扩大医疗保险服务范围。除了参与社会医

---

① 参见广东保监局《保险业服务全民医保的"湛江模式"》，《中国医疗保险》2010年第9期。

② 参见陈文辉《我国城乡居民大病保险发展模式研究》，中国经济出版社2013年版，第53页。

③ 参见中国经济体制改革研究会公共政策研究中心、长策智库《湛江模式的启示：探索社会医疗保险与商业健康保险的合作伙伴关系》，《中国市场》2011年第3期。

④ 参见陈文辉《我国城乡居民大病保险发展模式研究》，中国经济出版社2013年版，第54页。

疗保险的管理，人保健康湛江支公司已开发或将要开发多种多样的商业健康保险，包括重大疾病保险、失能收入损失保险、长期护理保险等，为参保群众提供更加全面的保障。并且，人保健康湛江支公司还为参保群众提供了多元化的健康管理服务，如建立健康档案，开展健康保健知识讲座，提供健康咨询服务等，致力于提高参保群众健康水平。[①]

"湛江模式"的成功实践，证明这种政府与商业保险公司合署办公的新模式能够实现多方共赢的目标，不仅能够促进社会医疗保险与商业健康保险的协同发展，还有助于提高参保群众的保障水平、降低政府的行政成本、促进医疗卫生资源的充分利用、推动商业保险公司的健康发展。"湛江模式"对于转变政府职能、创新公共服务提供方式、发挥商业保险公司的专业优势等方面具有重要理论价值和现实意义，能够为商业保险公司参与社会医疗保险管理提供一些成功经验。

首先，"湛江模式"的实践说明，政府与商业保险公司建立良好的合作伙伴关系，有利于节约政府社保部门的人力成本和运营成本，在不增加财政投入与行政资源投入的情况下借助商业保险公司的力量来提升行政效率和公共服务水平。在湛江市政府与人保健康湛江支公司的合作过程中，人保健康湛江支公司在构建一站式管理服务平台与一体化支付结算平台、搭建医保管理信息系统等方面投入了大量经费；并且为实现与社保部门合署办公投入了大量人力资源，人保健康湛江支公司的工作人员参与到了社会医疗保险基金征缴、就医诊疗行为监督及医保费用报销等环节。同时，政府与人保健康湛江支公司的合作对社会医疗保险管理水平的提高、经办服务能力的提升，都能够产生一定的推动作用。在湛江市社会医疗保险领域的社商合作、合署办公，提高了保险统筹层次，简化了医疗保险的理赔报销流程，使参保群众享受到了城乡一体、方便快捷的一站式服务。

其次，对商业保险公司来说，积极参与社会医疗保险管理服务，能够在服务大局的同时实现自身发展，同时也对发展商业健康保险业务具有重要意义。商业保险公司可以通过管控基本医疗保险与补充医疗保险的单证审核和理赔报销业务，来获取规模效益。[②] 人保健康湛江支公司通过与当

---

① 参见中国经济体制改革研究会公共政策研究中心、长策智库《湛江模式的启示：探索社会医疗保险与商业健康保险的合作伙伴关系》，《中国市场》2011年第3期。

② 参见丁少群、许志涛、薄览《社会医疗保险与商业保险合作的模式选择与机制设计》，《保险研究》2013年第12期。

地政府合作，获得了很强的品牌竞争优势，在湛江市商业健康保险市场份额达到了 75%以上。[①] 并且，商业保险公司可以通过参与管理社会医疗保险、嵌入到社会医疗保险的全业务流程，来获取医疗机构诊疗和医药服务费用的数据，从而在掌握参保人员相关数据的前提下更好地进行保险精算，开发出多样化的畅销的商业健康保险产品。人保健康湛江支公司通过与政府社保部门合署办公、搭建医保管理信息系统来实现数据共享，对社会医疗保险的客户资源进行深度开发，以发展多层次、多样化的健康保险业务以及健康管理服务。[②]

最后，"湛江模式"验证了通过引入商业保险公司的力量来推动社会医疗保险可持续发展的有效性，证明了商业保险公司的参与、市场力量的介入能够促进医疗保障体系改革，提升其整体运行效率。在湛江模式下，人保健康湛江支公司承办了补充医疗保险业务，承担了基本医疗保障之上的全部医疗费用风险，其利润来源于补充医疗保险的经营盈亏。为获取更多的利润，一方面，人保健康湛江支公司有动力去进行疾病预防和健康管理来提高参保群众的健康水平，以有效降低疾病发生的概率和医疗费用支出。[③] 另一方面，人保健康湛江支公司强化了对定点医院诊疗行为、患者就医的监督与约束，有效控制了不合理的医疗费用支出。

(4) 江苏太仓模式

2011 年 4 月 15 日，江苏省太仓市人力资源和社会保障局出台了《关于社会医疗保险大病住院医疗实行再保险的规定（试行）》，提出了"运用社会医疗保险统筹基金，通过向商业保险机构招标，引入商业保险管理优势，加强医疗保险管理；为社会医疗保险参保人员在享受社会医疗保险待遇的基础上，对发生的大额住院自负医疗费用，由商业保险进行再次补偿的补充保险"的发展计划。[④] 并于 2011 年 7 月与中国人民健康保险股份有限公司江苏省分公司（下文简称"人保健康公

---

① 参见熊志国、阎波、锁凌燕等《中国商业健康保险发展模式探索——兼论医疗保障体系发展的价值与取向》，北京大学出版社 2012 年版，第 73 页。

② 参见中国经济体制改革研究会公共政策研究中心、长策智库《湛江模式的启示：探索社会医疗保险与商业健康保险的合作伙伴关系》，《中国市场》2011 年第 3 期。

③ 参见刘海兰《商业保险参与社会医疗保险的实践——番禺模式与湛江模式的比较研究》，《卫生经济研究》2017 年第 6 期。

④ 参见徐林南《大病医疗再保险"太仓模式"剖析》，《金融纵横》2014 年第 1 期。

司"）达成合作，开始共同运行"社会医疗保险大病住院补充医疗保险"项目。这种由政府主导、利用基本医疗保险基金向人保健康公司购买大病保险、建立起统一覆盖全体基本医疗保险参保人群的大病保险制度的模式就是"太仓模式"。① "太仓模式"的运作成效显著，在 2011 年为共计2604 名参保群众提供再次补偿，并且 2011 年度太仓市职工和城镇居民大病报销比例从在此之前的 50% 左右上升到了 80% 和 70.1%，对 207 名全年住院治疗总费用超过 15 万元的大病患者，实际报销比例达到了 80% 以上。② 实践证明，"太仓模式"能够在防止大病患者"因病致贫、因病返贫"等方面发挥积极作用。2012 年，国家发展改革委等六部门颁布了《关于开展城乡居民大病保险工作的指导意见》，提出应采取"向商业机构购买大病保险"的方式。其后我国许多省份开始借鉴现有成功模式、积极启动大病保险试点，而运作良好的"太仓模式"成为全国大病医疗保险制度的蓝本。③

"太仓模式"的特点是通过政府与商业保险公司的合作，在"普惠"基础上实现了"特惠"，让城镇职工与城乡居民互助共济。④ "太仓模式"的具体做法包括以下四点：第一，直接利用基本医保基金结余向商业保险公司购买商业大病保险，无须政府和个人增加资金投入来扩大社会医疗保险的保障半径。在政府的主导下，按照城镇职工每人每年 50 元、城乡居民每人每年 20 元的保费标准，由太仓市人社局从基本医保基金的结余中筹集资金向人保健康公司一次性缴费，购买大病保险。按照太仓市大病保险的赔偿方案，需要对在基本医保报销后单次住院自负费用达 1 万元以上或年度累计超过 1 万元的参保人员，按照分为 13 个档次的分级累进比例补偿标准，由大病保险基金予以上不封顶的补偿。⑤ 在"太仓模式"下，将对参保人员个人自付费用部分进行二次补偿，并且按照个人实际支付的

---

① 参见张颖《商业健康保险与社会医疗保险制度的对接机制研究》，中国社会科学出版社2014 年版，第 162 页。

② 参见钟宏菲、宋平凡《商业保险机构参与大病保险的实践及前景分析》，《上海保险》2013 年第 10 期。

③ 参见钟宏菲、宋平凡《商业保险机构参与大病保险的实践及前景分析》，《上海保险》2013 年第 10 期。

④ 参见徐林南《大病医疗再保险"太仓模式"剖析》，《金融纵横》2014 年第 1 期。

⑤ 参见徐林南《大病医疗再保险"太仓模式"剖析》，《金融纵横》2014 年第 1 期。

医疗费用来确定补偿标准，而不再受病种和报销封顶线的限制，从而能够使参保人员的高额自付费用得到再次补偿，提高医疗保险的实际报销比例、减轻个人负担。[①] 第二，按照"差异化缴费、公平化待遇、倾斜性补偿"的原则向城镇职工和城乡居民提供大病保险服务，促进社会医疗保障在城乡居民之间的均等化。所谓的"差异化缴费、公平化待遇"是指在首个保险年度，城镇职工参保人数占太仓大病保险总参保人数的67.5%，城乡居民参保人数占比32.5%，且城镇职工缴费占总保费比例为84%，城乡居民仅占16%；但是从补偿情况看，城镇职工实际获得的补偿占总补偿金额的48%，而城乡居民获得的补偿占比52%。可见通过"差异化缴费、公平化待遇"的措施，城镇职工与城乡居民之间实现了"二次分配"，城乡居民缴纳了较少的费用，但能够享受与城镇职工同样的保障待遇。尤其是农村居民，保障待遇得到了极大改善，实现了"太仓模式"向弱势群体的倾斜性补偿，体现出"太仓模式"城镇反哺农村、城乡居民互助共济的设计目的。[②] 第三，引入市场机制，遴选优质的商业保险公司按照政府招标确定的保险方案、服务标准以及资源投入标准等提供大病保险服务，并推行政府与商业保险公司联合办公。太仓市通过对外公开招标的方式来确定承办大病保险的商业保险公司，最终遴选出各项指标得分最高的人保健康公司。[③] 太仓市与人保健康公司通过签订合同约定双方共享结余、共担损失，尽量保证商业保险公司能够"保本微利"。如年度大病保险基金有结余，双方各得结余的50%；如果年度筹资亏损，则双方各承担损失的50%。[④] 同时太仓市医保中心与人保健康公司开展联合办公，人保健康公司在社保办公大厅设立了服务窗口、结算窗口，共同设计研发了配套的信息管理系统、实现理赔结算的全过程规范化。人保健康公司的参与能够促进基本医疗保险与大病保险管理服务一体化，为城乡居

---

　　① 参见张颖《商业健康保险与社会医疗保险制度的对接机制研究》，中国社会科学出版社2014年版，第163页。

　　② 参见徐林南《大病医疗再保险"太仓模式"剖析》，《金融纵横》2014年第1期。

　　③ 参见陈文辉《我国城乡居民大病保险发展模式研究》，中国经济出版社2013年版，第59页。

　　④ 参见钟宏菲、宋平凡《商业保险机构参与大病保险的实践及前景分析》，《上海保险》2013年第10期。

民办理基本医保和大病保险提供更多的便利。① 第四，借助商业保险公司的力量来加强对医保基金的监管，控制不必要的医疗费用支出，确保了社会医疗保险基金的安全和高效。人保健康公司推出"三位一体"的风险管控机制，即将病前健康管理、病中医疗管理、病后赔付管理统一起来，覆盖医疗费用发生的全过程。人保健康公司充分利用自身优势，向参保人员提供专业化的健康管理服务，包括健康咨询、开展健康管理讲座、发放健康管理资料等。在病中医疗管理方面，人保健康专门招聘了 6 名药学方面的大学生做驻院代表，并且建立医院巡查队伍经常去定点医院不定期巡查，对医疗机构的诊疗行为进行监督，组织专家对可能存在的过度用药、过度检查行为进行评估。② 此外，在赔偿给付环节，人保健康公司整合了具有权威性的医疗审核专家队伍资源，建立起大额病案审核制度，提高了审核结果的权威性。③

　　太仓市的成功实践证明，在基本医疗保险结余基金充足的地区，政府直接利用基本医保结余基金向商业保险公司购买商业大病保险是可行的，实质上是运用现代金融保险工具、发挥保险的经济杠杆效用，来达到在不增加政府与参保群众保费支出的前提下提高保障水平的目的。同时，"太仓模式"体现了医疗保障体系具备收入再分配、促进社会公平的功能。大病保险制度覆盖了基本医疗保险全体参保人群，能够对基本医疗保险补偿之后余下的自负医疗费用部分进行再次补偿，在这一过程中促进了社会医疗保障在城乡居民之间的均等化。④ 除此之外，还应注意到的是，在引入商业保险公司承办大病补充医疗保险时，商业保险公司应当端正"保本微利"的经营理念，坚持以为民服务为重、兼顾经济效益的原则。如此不仅能够控制商业保险公司的损失风险，防止商业保险公司因与政府开展合作而遭受经济损失，还能够避免公众对商业保险公司的暴利猜测，赢

---

① 参见徐林南《大病医疗再保险"太仓模式"剖析》，《金融纵横》2014 年第 1 期。
② 参见钟宏菲、宋平凡《商业保险机构参与大病保险的实践及前景分析》，《上海保险》2013 年第 10 期。
③ 参见徐林南《大病医疗再保险"太仓模式"剖析》，《金融纵横》2014 年第 1 期。
④ 参见张颖《商业健康保险与社会医疗保险制度的对接机制研究》，中国社会科学出版社2014 年版，第 162—163 页。

得政府信任，维护其良好的社会形象。[①]

2. 商业保险公司参与社会医疗保险经办管理的典型模式比较分析

上文对商业保险公司参与社会医疗保险经办管理的几种代表性地区模式进行了介绍分析，江阴、洛阳、湛江、太仓等几种模式有各自的运作方式与机制特点，且分别在本地区取得了良好的运作效果。在不同模式下，商业保险公司参与社会医疗保险管理的业务类别不同。在一些地区，商业保险公司只参与了新农合或城乡居民基本医疗保险、城镇职工基本医疗保险的业务管理；在另一些地区，商业保险公司则主要负责大病补充医疗保险的业务管理；而还有一些地区，商业保险公司同时参与到了基本医疗保险和补充医疗保险的管理服务当中，实现了社会医疗保险业务的全面委托外包。按照商业保险公司参与社保管理的运作方式不同这一标准，可以将我国商业保险公司参与社会医疗保险管理的典型模式划分为基金管理型模式、保险合同型模式和混合型模式三种。下文将按照这种划分方式，对我国商业保险公司参与社会医疗保险管理的典型模式进行比较分析。

（1）基金管理型模式

基金管理型模式也称委托管理型，是指商业保险公司作为第三方管理者，受政府委托代为管理社会医疗保险基金、提供经办服务，并由政府向商业保险公司支付适当的管理服务费用。在这种模式下，商业保险公司与政府之间的实质关系是政府购买商业保险公司的服务，政府向商业保险公司购买的服务内容一般包括医疗费用的报销、结算、审核、支付，以及提供咨询建议和定点医疗机构的监督检查等；[②] 政府通常以地方财政拨款的形式向商业保险公司支付服务费用，保险公司不得擅自从其代为管理的社会医疗保险基金中提取任何费用，并且保险公司也无须承担医保基金赤字和基金透支风险。政府需要对社会医疗保险基金的盈亏和投资风险负责，若当年基金有盈余，则留存全部盈余并转入下一年度；若医保基金出现赤字，则基金透支的风险由政府承担。在我国商业保险公司参与社会医疗保险管理的几种代表性地区模式中，"洛阳模式"以及"江阴模式""湛江模式"下商业保险公司参与基本医疗保险管理的部分，都属于基金管理

---

① 参见钟宏菲、宋平凡《商业保险机构参与大病保险的实践及前景分析》，《上海保险》2013 年第 10 期。

② 参见熊志国、阎波、锁凌燕等《中国商业健康保险发展模式探索——兼论医疗保障体系发展的价值与取向》，北京大学出版社 2012 年版，第 70—71 页。

型模式，都是由政府委托商业保险公司代为管理社会医疗保险基金、商业保险公司不承担任何基金透支风险。[①]

基金管理型模式是目前商业保险公司参与社会医疗保险管理的主流模式。该模式的优点有以下几点：第一，政府向商业保险公司购买服务，能够利用商业保险公司在人力资源、提供专业化服务、分布广泛的营业网点资源等方面的优势，弥补政府机构在专业技术、专业人才等方面的欠缺；第二，政府委托商业保险公司进行管理，体现了社会医疗保险基金"征、管、监"相分离的原则，各参与主体各司其职并相互监督，有利于保障基金安全；第三，政府承担基金盈亏和投资风险，对商业保险公司来说更为安全，有利于其规避政策风险。但是，这种模式也为商业保险公司参与社会医疗保险管理带来一些弊端：第一，商业保险公司不承担基金盈亏的风险，则难以对其行为进行约束，并且会加大地方政府承担的风险、加重财政负担；第二，"征、管、监"相分离的模式，使得商业保险公司无法参与保险费征缴的环节、资金的征缴完全依赖于政府的工作；第三，在这种模式下商业保险公司在经办过程中可能会受到政府的不当干预，并且商业保险公司缺乏管控医疗机构的制度基础，难以对其诊疗行为进行监督控制；第四，商业保险公司的盈利可能遭到来自社会公众的质疑，而若政府支付的委托管理费用不足，会影响商业保险公司的参与积极性。[②]

（2）保险合同型模式

保险合同型即风险保障型，指政府在与商业保险公司就保险责任、赔付比例、赔付限额等方面协商一致后签订医疗保险合同，代表全体参保人员向商业保险公司统一投保，由商业保险公司按照合同约定向参保者提供医疗保险。在保险合同型模式下，政府是投保人，被保险人是参保居民，政府用筹集到的社会医疗保险基金为全体参保人员投保；而商业保险公司作为承保人，自主承办政策性社会医疗保险并且自负盈亏，承担保险基金的透支风险。实践中，"太仓模式"属于保险合同型模式，还有"湛江模式"与"江阴模式"下管理补充医疗保险的一部分

---

① 参见丁少群、许志涛、薄览《社会医疗保险与商业保险合作的模式选择与机制设计》，《保险研究》2013年第12期。

② 参见冷明祥、胡大洋、张建军等《商业健康保险公司介入社会医疗保险的可行性以及模式探讨》，《南京医科大学学报》（社会科学版）2011年第4期。

也采用了保险合同型模式。①

　　保险合同型模式的优点在于，自主经营的商业保险公司可以充分发挥其在风险管理等方面的专业优势，保险公司的参与有助于提高社会医疗保险的运营效率、降低行政成本。由于商业保险公司的利润来自医保支出低于医保收入的一定比例，商业保险公司有着足够的激励去投入一定的成本来节约医保基金的支出，因此保险合同型模式还可以解决在基金管理型模式下缺乏对商业保险公司有意控制医保基金支出的激励问题。② 但该模式也存在一些缺点，商业保险公司具有营利性，而社会医疗保险具有政策性、公益性，两种特征之间存在一定矛盾，为迎合政府的公益性目的，商业保险公司对产品的定价容易出现问题、面临亏损的风险，影响其参与社会医疗保险管理的可持续性。并且，在保险合同型模式下，商业保险公司承办社会医疗保险离不开政府市场化理念的支持，因而可能会面对政策转变的风险。③

　　(3) 混合型模式

　　混合型模式介于基金管理型模式和保险合同型模式之间，也称共保联办型模式。是指政府与商业保险公司签订合同，从社会医疗保险基金中划出一定比例资金给商业保险公司代为管理，并向商业保险公司支付管理费用，同时双方联合开展监督医疗机构的诊疗行为、审核医疗费用等工作，并按照约定比例共同分担基金的透支风险。④ 这该种模式下，保险公司在一定的基金盈亏区间内承担风险或享有盈利，若超出该盈亏区间，则风险由政府承担、盈利归入医疗保险基金内。⑤ 在我国目前商业保险公司参与社会医疗保险管理的实践中，北京的"平谷模式"正是混合型模式，创建了政府与商业保险公司联合办公、共担风险的合作机制，实现了商业保险公司参与社会医疗保险管理的方式创新。

---

　　① 参见丁少群、许志涛、薄览《社会医疗保险与商业保险合作的模式选择与机制设计》，《保险研究》2013 年第 12 期。

　　② 参见贾宇云《我国基本医疗保险市场化研究》，《四川行政学院学报》2019 年第 3 期。

　　③ 参见冷明祥、胡大洋、张建军等《商业健康保险公司介入社会医疗保险的可行性以及模式探讨》，《南京医科大学学报》(社会科学版) 2011 年第 4 期。

　　④ 参见阎建军等《健康保险发展的逻辑》，中国金融出版社 2017 年版，第 224—225 页。

　　⑤ 参见熊志国、阎波、锁凌燕等《中国商业健康保险发展模式探索——兼论医疗保障体系发展的价值与取向》，北京大学出版社 2012 年版，第 72 页。

相较于基金管理型模式和保险合同型模式，混合型模式的优势之处在于能够更好地平衡政府与商业保险公司之间的利益关系、规避基金管理型模式和保险合同型模式的弊端，从而促进商业保险公司参与社会医疗保险管理的持续稳定发展。在混合型模式下，商业保险公司与政府共担风险，既可以便于政府更好地对商业保险公司的行为进行监管约束，同时又能够对商业保险公司提供更简洁有效的经办服务和降低医疗费用的行为提供激励。①

三　商业保险公司参与社会医疗保险经办管理的机制完善

上文对商业保险公司参与社会医疗保险管理的现状及典型模式进行了介绍，可知在我国相关政策的支持下，国内许多地区纷纷推行了商业保险公司参与社会医疗保险经办管理的实践活动，并且经过几年因地制宜的探索实践，逐步形成几种具有地方特色的参与管理模式。从我国部分地区商业保险公司参与社会医疗保险管理的典型案例中可以看出，实践中仍然存在一些问题，不利于制度优势的发挥。引入商业保险公司参与社会医疗保险业务管理，是保险业服务医药卫生体制改革和医疗保障体系建设的重要途径，应当在实践中不断坚持这一制度，并对其运行机制进行完善。

（一）商业保险公司参与社会医疗保险经办管理的问题分析

在商业保险公司参与社会医疗保险经办管理的实践过程中，虽然已形成了几种典型的参与模式，商业保险公司的经办管理工作也获得了各级政府和参保群众的肯定，但在此过程中仍然暴露出一些问题。通过对实践经验进行分析总结，具体而言，在商业保险公司参与经办管理的过程中体现出的问题主要包括以下几点：

第一，商业保险公司参与管理的体制机制尚未完全理顺，政府与市场的定位尚未明晰。在最开始的政府公开招标采购环节，一方面政府招标受投标公司意愿、制度设计问题等多方面因素影响，目前存在流标情况，影响公开招标进程及成功率；②另一方面，政府设定的最低价中标机制并不合理。目前，各地政府在商业保险公司招标环节中，价格所占权重最高，

---

① 参见贾宇云《我国基本医疗保险市场化研究》，《四川行政学院学报》2019 年第 3 期。

② 参见宋大平、赵东辉、汪早立《关于商业保险机构参与基本医疗保险经办服务的思考》，《中国卫生经济》2017 年第 6 期。

既无法驱动投标的商业保险公司提高经办服务质量，也不利于促进保险市场的良性竞争。① 而在商业保险公司的经办过程中，又存在政府与商业保险公司定位、分工不明确的问题，政府如何转变职能以实现经办业务的管办分离、商业保险公司如何能坚持"保本微利"的经营原则、如何化解商业保险公司的营利性与社会医疗保险的公益性之间的矛盾等具体问题都需要进一步解决。此外，在制度监管方面，一方面由于商业保险公司提供的经办服务具有特殊性、难以量化，存在隐蔽风险或行为，导致对商业保险公司工作进行考核的指标设计较为复杂，需要进行讨论;② 另一方面，保险业在参与社会医疗保险经办管理领域的行业监管力度和行业自律力度也有待加强。

第二，目前缺乏法律法规对商业保险公司的参与予以明确规定，相关政策尚不完善，缺失有力的顶层设计。当前国内的相关政策性文件发挥着在宏观层面进行引导的作用，仅作原则性规定，没有在实施层面做出具体的制度安排，例如缺失对商业保险公司受委托经办基本医保的费用来源及标准、发生基本医保重大政策性调整时的应对策略、续约与重新招标条件等方面的规定，导致实践中容易出现操作无据可循的问题。③ 对于商业保险公司以何种模式参与管理也有待进一步明确统一，实践中各地形成的几种典型模式各具特色，各种模式下政府的招标文件、合同文本、绩效考核框架等工具也各不相同，缺失明确规定的指导将导致不规范情形广泛存在。④ 此外，与法律法规相比，国内的相关政策文件有较强的变动性，还有进一步调整的可能性，使商业保险公司在经办过程中面临政策变更的风险、缺乏稳定的政策预期，不利于建立稳定的商业保险公司参与机制，还会影响商业保险公司的参与程度。⑤

第三，商业保险公司在与政府机关及医疗机构的合作中，难以建立起

---

① 参见宋大平、崔雅茹《商业保险机构参与基本医疗保险经办服务：国际经验、国内现状与机制完善》，《中国卫生经济》2019 年第 1 期。

② 参见汤质如、周苑、赵林海等《商保公司经办城乡居民基本医保理论基础、运行模式与机制研究》，《中国卫生事业管理》2018 年第 12 期。

③ 参见阎建军等《健康保险发展的逻辑》，中国金融出版社 2017 年版，第 228 页。

④ 参见宋大平、崔雅茹《商业保险机构参与基本医疗保险经办服务：国际经验、国内现状与机制完善》，《中国卫生经济》2019 年第 1 期。

⑤ 参见汤质如、周苑、赵林海等《商保公司经办城乡居民基本医保理论基础、运行模式与机制研究》，《中国卫生事业管理》2018 年第 12 期。

相对平等的、相互配合的良性合作关系。部分政府的行政管理理念尚未与时俱进，对参与管理的商业保险公司存有防备心理、不愿放权，导致商业保险公司的介入程度较低。还有一些曾经主管社会医疗保险业务的部门作为既得利益者，为避免自身权力和利益遭受损害而反对、抵触商业保险公司的参与，影响商业保险公司的经办工作推进。① 现阶段政府还存在一定程度的行政指令式工作方法，如出现零管理费、不认可商业保险公司经办服务的间接成本等不公平的做法，给商业保险公司带来巨大压力，影响商业保险公司的参与积极性。② 我国的医疗机构社会地位较高、病源充足，而商业健康保险占整个医疗卫生总费用的份额较小，商业保险公司拥有的话语权较小、谈判能力有限，也并没有医疗服务的定价权。③ 并且，商业保险公司一系列监督医疗机构诊疗行为的措施可能会影响到医疗机构获取经济利益。因此医疗机构对配合商业保险公司的经办工作存在一定程度的抵触，双方难以达成构建医疗服务联合共同体的友好合作，商业保险公司既难以通过市场谈判来压低医疗产品的价格，也没有对医疗机构过度医疗等违规行为的处罚权，使得商业保险公司在医疗卫生服务和药械的价格与质量谈判、费用控制等方面略显乏力。④

第四，目前商业保险公司的管理经办水平有待提高，难以凸显其参与社会医疗保险管理的优势。现阶段，商业保险公司之间主要通过降低价格来竞争进入社会医疗保险的经办领域，大多仅遵循政府政策的框架来参与事务性的经办工作，难以发挥更大的作用。并且，大多数商业保险公司对国家相关政策的理解和认识不够到位，管理经办水平也有待提高。相关资料显示，在人员素质和业务能力等方面，目前我国商业保险公司中参与基本医疗保险业务管理的工作人员仍有不足，⑤ 商业保险公司内部的数据基

① 参见熊志国、阎波、锁凌燕等《中国商业健康保险发展模式探索——兼论医疗保障体系发展的价值与取向》，北京大学出版社 2012 年版，第 79 页。

② 参见宋大平、崔雅茹《商业保险机构参与基本医疗保险经办服务：国际经验、国内现状与机制完善》，《中国卫生经济》2019 年第 1 期。

③ 参见冷明祥、胡大洋、张建军等《商业健康保险公司介入社会医疗保险的可行性以及模式探讨》，《南京医科大学学报》（社会科学版）2011 年第 4 期。

④ 参见孟彦辰《商业保险公司经办城乡居民大病保险业务现状分析》，《医学与社会》2015 年第 2 期。

⑤ 参见宋大平、崔雅茹《商业保险机构参与基本医疗保险经办服务：国际经验、国内现状与机制完善》，《中国卫生经济》2019 年第 1 期。

础建设也相对滞后，保险行业内部、保险行业和医保行业之间尚没有建立起有效的数据共享机制，使得商业保险公司在参与社会医疗保险管理的过程中没有显现出自身优势。① 此外，由商业保险公司参与社会医疗保险管理的初衷是为了引入市场竞争，在充分的市场竞争下，能够提高公共服务的服务质量和效率。但从目前引入商业保险公司参与经办新农合服务的市场格局来看，事实上并没有形成充分的市场竞争，而且商业保险公司主要是利用价格上的差异来进行市场竞争，并非比拼各自的服务质量和服务效率。则由于市场竞争的不充分，商业保险公司的参与难以发挥其应有的作用。②

（二）完善商业保险公司参与社会医疗保险经办管理机制的对策

为提升商业保险公司参与社会医疗保险经办管理质效，应积极应对机制运行中存在的问题，完善商业保险公司参与社会医疗保险经办管理的机制。针对上文提出的几点问题，可以提出如下完善对策：

第一，明确政府与市场的合理定位，进一步界定政府部门和商业保险公司的职能和责任。由商业保险公司参与社会医疗保险管理，实质上是引入市场化的手段来介入医疗保障体系的改革，形成多元主体治理的局面。在医疗保障体系下，政府与市场的定位不能混淆，政府应该重点保障社会医疗保险的公平性及可及性，也要对引入市场的经办力量持开放态度，为商业保险公司的参与留出空间，以平等协作而不是行政指令的方式与商业保险公司合作，充分发挥市场调节的效率优势。在政府部门和商业保险公司合作的过程中，应当明确界定二者的分工与职责，避免因二者界限不清而导致的保障责任分工不明、审核权限不清等问题，影响商业保险公司参与机制的有效运作。其中，对于基本医疗保险的管理工作，占据主体地位的还应当是政府部门，政府可以向商业保险公司购买服务来弥补其经办能力上的不足，由商业保险公司管理部分服务项目；而商业保险公司在经办基本医疗保险时，应发挥补充政府机构经办能力的作用，采取非营利的方

---

① 参见冷明祥、胡大洋、张建军等《商业健康保险公司介入社会医疗保险的可行性以及模式探讨》，《南京医科大学学报》（社会科学版）2011 年第 4 期。

② 参见孟彦辰《商业保险公司经办城乡居民大病保险业务现状分析》，《医学与社会》2015 年第 2 期。

式运作。① 对于大病医疗补充保险的管理工作，应充分发挥商业保险公司的优势，由商业保险公司采用市场化运作的方式承办；与此同时，政府部门应大力支持保险公司的工作，加快推进医疗卫生体制的改革，创造良好的外部环境。②

第二，对于参与社会医疗保险经办管理的商业保险公司，应当建立有效的激励和约束机制，以实现商业保险公司的营利性与社会医疗保险的公益性之间的平衡。商业保险公司具有营利性这一本质属性，如果缺乏一定的激励机制，则难以激发商业保险公司在控制风险、降低赔付率等方面的积极性，不利于提高社保基金利用效率。因此在向商业保险公司购买服务的环节，政府部门应将招标条件和信息完全公开，与商业保险公司进行平等谈判，给保险公司参与讨论确定经办期限、经办费用的机会。而在履行合同的过程中，政府应按照服务合同的约定履行职责，避免拖欠经办费用而使商业保险公司遭受损失。政府还须对商业保险公司参与管理的过程和结果进行监管，完善经办服务绩效考核与评估机制，可以将考核评估结果与商业保险公司经办费用的核算、是否在下一期招投标中享有优先权等方面挂钩，实现对商业保险公司的激励与约束。③

第三，制定并落实商业保险公司参与社会医疗保险经办管理的相关政策及法律规范，完善商业保险公司参与的顶层设计，确定与发展进程相适应的参与模式。顶层设计的缺失不利于商业保险公司参与社会医疗保险管理机制的完善与发展，国家应尽快出台相应的配套政策及统一的法律文件，进一步细化商业保险公司参与经办管理的实施细则，明确规定委托管理的资质条件、范围内容、双方的权利和义务、管理费用支付标准等内容，提高人们对于商业保险公司参与管理的认识，为其营造良好的政策与舆论环境，减少实践中的顾虑与阻碍。同时，商业保险公司参与管理模式的选择在现实中仍然存在争议，对于实践中形成的几种典型参与模式是否应该全面推广仍然缺乏定论，需要有明确的规定来引导推广一些已经为实

---

① 参见丁少群、许志涛、薄览《社会医疗保险与商业保险合作的模式选择与机制设计》，《保险研究》2013 年第 12 期。

② 参见孟彦辰《商业保险公司经办城乡居民大病保险业务现状分析》，《医学与社会》2015 年第 2 期。

③ 参见宋大平、崔雅茹《商业保险机构参与基本医疗保险经办服务：国际经验、国内现状与机制完善》，《中国卫生经济》2019 年第 1 期。

践证明行之有效的商业保险公司参与经办管理的模式。① 从我国社会医疗保险制度的发展现状和现实需要出发，在借鉴国内典型地区保险公司参与管理的成功经验的基础上，目前可以规定在基本医疗保险领域采用基金管理型模式进行运作，由政府购买服务，将部分管理业务交由商业保险公司来负责管理；而对于基本保障之上的大病医疗补充保险，应采取保险合同型模式。② 同时，必须注意的是，我国各地保险业的发展程度不一致，在由法律法规进行统一规范的同时要为各地因时制宜、变通规定留有余地。

第四，确定商业保险公司参与社会医疗保险管理的严格的准入标准，促使商业保险公司提高其管理服务水平、稳健经营，真正发挥商业保险公司的经办优势。不同于传统的人身保险和财产保险，社会医疗保险涉及多个利益相关方、管理链条长，选择什么样的商业保险公司来参与管理决定了社会医疗保障体系改革的成败。若参与管理的商业保险公司的专业化水平不足，则会影响其参与管理经办的深度，不能发挥商业保险公司在市场机制、管理体制、专业能力等方面的优势。③ 因此，商业保险公司的准入资格、准入标准尤为重要，政府在遴选商业保险公司时不一定首选招投标方式、不宜采用低价中标机制，应当保证参与管理的公司具有较高的专业化程度和服务水平。从商业保险公司的角度而言，专业化运营是商业保险公司能够参与社会医疗保险管理的重要优势，商业保险公司要主动迎合社会医疗保险制度的改革趋势，从各个方面切实提高自身的专业化管理能力，打造商业保险公司参与管理社会医疗保险的比较优势和核心竞争力。一方面，商业保险公司要设计合理、高效的业务流程，简化费用审核及报销程序，加快与医疗机构、医保部门和监管机关对接的信息系统建设，同时做好参保人员的信息保密工作。另一方面，商业保险公司应抓紧加强专业化人才建设、在实践中培养专业人才；不仅要提升工作人员对于商业保险公司参与社会医疗保险管理的认识，还应提高其工作人员在核保、理

---

① 参见熊志国、阎波、锁凌燕等《中国商业健康保险发展模式探索——兼论医疗保障体系发展的价值与取向》，北京大学出版社 2012 年版，第 79 页。

② 参见丁少群、许志涛、薄览《社会医疗保险与商业保险合作的模式选择与机制设计》，《保险研究》2013 年第 12 期。

③ 参见孙洁《商保经办基本医保需强化专业化水平》，《中国医疗保险》2016 年第 6 期。

赔、精算、风险管理等方面的专业水平。[1]

第五，加强商业保险公司与医疗机构的合作，探索医共体与商业保险公司经办服务衔接的有效机制。商业保险公司在参与社会医疗保险管理的过程中，需要通过与医疗机构的合作来提高管理效率、实现控制医疗费用支出的目的。从商业保险公司的角度出发，一方面商业保险公司要扮演好医疗服务的购买者与监督者的角色，作为医疗服务的付费方来制定科学的控费措施，积极探索医保付费方式改革；另一方面，商业保险公司应加强信息化建设，推动商业保险公司与医疗机构的信息系统对接，加强双方的数据交换，实现对参保人员就医行为的全程跟踪，提供诊疗干预服务。[2] 欲加强商业保险公司与医疗机构的合作，需要政府部门发挥推动作用，促使医疗机构积极配合、支持商业保险公司的工作。政府部门可以与商业保险公司合作，共同监督、遏制不合理的医疗行为；还可以向参保群众开展医疗机构诊疗行为满意度调查，评估定点医疗机构的服务质量，取消不合格者的定点医院资格。[3]

（三）推动商业保险公司参与医保支付方式的改革

社会医疗保险支付制度是保险经济补偿制度的一种，是指医疗保险机构依据《社会保险法》，按照保险合同的有关规定，在被保险人接受医疗机构提供的医疗服务后，对被保险人支付的规定范围内的医疗费用给予补偿的制度。[4] 医保支付是医保体系下涉及医患保三方利益的重要环节，是医保职能最终得以实现的基本途径，其重要性不言而喻。而医保支付方式改革则是完善支付制度的重要内容，医保支付方式的选择关系到医保基金利用效率的提高，关系到参保群众所享受到的医药服务的质量，以及医保在医疗卫生体制改革中的基础性、调节性作用的发挥。在引入商业保险公司参与经办管理社会医疗保险的同时，政府也要通过社商合作推进医保支付方式改革，发挥商业保险公司在推动医保支付方式改革工作中的重要

---

① 参见冷明祥、胡大洋、张建军等《商业健康保险公司介入社会医疗保险的可行性以及模式探讨》，《南京医科大学学报》（社会科学版）2011年第4期。

② 参见汤质如、周苑、赵林海等《商保公司经办城乡居民基本医保理论基础、运行模式与机制研究》，《中国卫生事业管理》2018年第12期。

③ 参见刘京生《中国健康保险发展研究》，中国社会科学出版社2011年版，第99页。

④ 参见李乐乐《我国基本医疗保险支付方式改革研究——基于两个典型案例的探索性分析》，《当代经济管理》2018年第3期。

作用。

1. 医保支付方式改革的必要性

在国务院办公厅印发的《关于进一步深化基本医疗保险支付方式改革的指导意见》（下文简称《指导意见》）中，强调了医保支付的重要地位，指出"医保支付是基本医保管理和深化医改的重要环节，是调节医疗服务行为、引导医疗资源配置的重要杠杆"，其合理性直接影响着社会医疗保险制度的实施效果。深化医保支付方式改革、实施更高效合理的医保支付方式，不仅能够保障社会医疗保险制度长期可持续发展、充分发挥医保在医疗卫生体制改革中的基础性作用，还能够实现"牵一发动全身"，撬动医疗服务行业和医药产业等领域的改革。因此，在新医改的背景下实行医保支付方式改革很有必要，国内各地开展的医保支付方式改革都承担着一定的政策目标。

首先，在医保基金的使用这一方面，医保支付方式改革应当致力于实现控制医疗费用支出与保障医疗服务质量之间的平衡。一方面，需要通过医保支付方式的改革来实现控制医保费用支出、保证医疗保险基金收支平衡的目标。医保支付制度是直接控制医保基金流量的"阀门"，不同的医保支付方式会对医疗保险供给方与需求方的行为造成影响。我国在社会医疗保险费用的支付上，一贯采用的是比较接近于按服务项目支付的方式，这种支付方式属于后付制，其特点是医疗机构先按照确定的医疗服务项目收费标准提供医疗服务，而后由医保部门支付实际发生的医疗费用，医疗机构的收入同提供的医疗服务项目的多少直接相关，提供的服务项目越多，获得的补偿就越丰厚。这种医疗服务发生先于医疗费用补偿的医保支付方式会激励医疗服务供给方过度供给和需求方过度消费的行为，医疗机构在经济利益的驱动下可能会出现多开药、多检查、大处方等增加服务量的过度医疗行为，而参保人员在供需双方医疗信息失衡和医疗费用由医保部门买单的情况下，可能会受医疗机构的诱导过度消费医疗服务和产品，从而推动了医疗费用的上涨、浪费医疗资源。[①] 基于国内外医疗保险的经验教训，在判定医疗费用不合理上涨的原因时，通常会归因于按服务项目支付这种后付制的单一支付方式，单一支付方式不仅会导致医保基金收支

---

① 参见杨燕绥、廖藏宜主编《健康保险与医疗体制改革》，中国财政经济出版社 2018 年版，第 117 页。

失衡，还会造成医疗资源的浪费。支付方式是管理卫生保健系统的重要工具，是鼓励医疗机构提高效率的重要手段。近几十年来，大多数经合组织国家都改革了公立医院的筹资方式，引入了预付制，意图促进医疗机构运营效率的提高。[①] 为了遏制医疗费用的快速上涨，我国必须对现有的医疗保险支付方式进行改革，实现对医疗机构过度医疗行为、参保人员过度消费行为的控制。另一方面，医保支付方式的改革，还被视为激励医疗机构规范医疗行为、提高医疗服务质量和效率、切实保障广大参保人员的基本医疗权益的有效途径。社会医疗保险制度承担的职能不仅仅是进行费用补偿、解决参保人员"看不起病"的问题，还要保障参保人员能够享受到低价但优质的医疗服务，解决参保人员"看不好病"的问题。而合理的医保支付方式作为一种激励手段，不仅要能够给予医疗机构控制医疗成本、提供合理诊疗行为的内在动力，还要发挥一定引导作用，促使医疗机构主动提高医疗服务质量和效率，进而促进整个医疗服务体系的良性运行。[②] 在我国目前进行的医保支付方式改革实践中，改革目标偏重于控制费用支出，却缺乏对医疗服务质量的激励和引导，使参保人员接受的医疗服务的质量得不到保证。按人头付费和总额预付等预付制的支付方式在促进医疗机构主动控制服务成本、减少过度服务行为等方面的效果较好，但无法给予医疗机构及医务人员提高服务质量的激励，容易导致医疗机构为迎合降低医疗费用的要求，做出减少服务内容、降低服务质量、推诿病人等行为，损害参保人员的健康权益。[③] 因此，医保支付方式的改革迫在眉睫，且应当在提高医疗服务质量和控制医疗费用之间寻求一个平衡点。

其次，需要通过改革医保支付方式来促使医疗机构主动规范药品使用行为，发挥医保对医药服务领域的激励约束作用，推动医药产业供给侧结构性改革。在 2017 年下发并实施的《国务院办公厅关于进一步改革完善药品生产流通使用政策的若干意见》中，提出了一些促进合理用药、降

---

① See Javier García-Lacalle and Emilio Martín, "Efficiency Improvements of Public Hospitals Under a Capitation Payment Scheme", *Health Economics, Policy and Law*, Vol. 8, No. 3, January 2013, pp. 335-336.

② 参见谢春艳、胡善联、孙国桢等《我国医疗保险费用支付方式改革的探索与经验》，《中国卫生经济》2010 年第 5 期。

③ 参见张源、谭卉妍、吴洋等《我国基本医疗保险支付方式存在的突出问题及对策》，《中国卫生经济》2015 年第 3 期。

低群众医药费用负担的改革措施。针对药品的使用环节，该意见指出应"强化医保规范行为和控制费用的作用"，实行"大力推进医保支付方式改革，全面推行以按病种付费为主，按人头付费、按床日付费等多种付费方式相结合的复合型付费方式"等举措。根据按病种付费、总额预付等医保支付方式的要求，医保支付的医疗费用的总额将受到严格限制，超出额度的部分将由医疗机构自行承担。这意味着药品耗材、检查化验等服务将成为医疗机构的成本项，而不再是收入项，医疗机构为降低运行成本、防止费用超标，就需要主动规范其药品使用行为，合理选择疗效好、性价比高的药品，减少高价辅助药、营养药的使用。在这种趋势下，医保支付方式的改革不仅能使医药服务领域药品价格虚高、药物滥用等问题得到一定程度的解决，让药品回归治病功能，还会推动医药产业自上而下的变化，重塑医药市场的格局。医疗机构的合理用药行为将改变药品市场依靠高额的临床营销来拉动药品销量的传统惯例，从而促使药企重视产品质量、积极研发有疗效的高性价比品种，最终使我国药品研发创新能力、药品质量疗效得以提高，实现让人民群众用上质量更高、价格合理的药品的改革目标。

最后，医保支付方式的改革还可以促进我国分级诊疗的实现，促进患者下沉基层，引导社会医疗保险的参保人员优先到基层医疗卫生机构或家庭医生团队处就诊。在 2017 年国务院办公厅印发《指导意见》后，人社部医疗保险司司长陈金甫在解读《指导意见》时指出，医保支付方式改革能够从三个方面为分级诊疗制度的建立与实施提供有力支持。第一，为了引导患者优先在基层就诊，可以在对基层医疗服务实行按人头付费的医保支付方式的同时，先将签约居民的门诊基金按人头支付给基层的医疗卫生机构或家庭医生团队，让患者先在基层看病就诊，如果患者需要转诊至医院，则直接由基层医疗卫生机构或家庭医生团队支付转诊费用。第二，对于不同层级医疗机构支付体系不连通的问题，"对符合规定的转诊住院患者可以连续计算起付线"，还可以"探索对纵向合作的医疗联合体等分工协作模式实行医保总额付费"，从而避免对单个医院实行总额预付制而给患者上下转诊带来二次付费的困扰，合理引导双向转诊。第三，为了促进基层医疗机构和儿童医疗机构的发展，在实行预算总额管理的过程中，可以采取让总额控制指标"向基层医疗机构、儿童医疗机构等适当倾斜"

的方式。① 通过采取上述措施，医保支付方式改革能够助益于分级诊疗制度的发展落实。

2. 医保支付方式改革的实施进程与发展路径

2017 年 6 月，国务院办公厅下发《指导意见》，为深化我国医保支付方式改革的实践提供了指导。《指导意见》明确了医保支付方式改革的主要目标，要求"全面推行以按病种付费为主的多元复合式医疗保险支付方式，各地要选择一定数量的病种实施按病种付费，国家选择部分地区开展按疾病诊断相关分组（DRGs）付费试点，鼓励各地完善按人头、按床日等多种付费方式"。从而要在 2020 年实现"医保支付方式改革覆盖所有医疗机构及医疗服务，全国范围内普遍实施适应不同疾病、不同服务特点的多元复合式医保支付方式，按项目付费占比明显下降"。围绕《指导意见》提出的主要目标，我国各地推动了医保支付方式的改革，都从最初单一的按项目付费转变为尝试综合运用按病种付费及按单元、人头、床日等多种付费方式。2019 年，国家医疗保障局网站发布《国家医保局、财政部、国家卫生健康委、国家中医药管理局关于印发〈按疾病诊断相关分组付费国家试点城市名单〉的通知》，确定了 30 个城市作为 DRG 付费国家试点城市，同时列出了时间表，明确自 2020 年起模拟运行该付费方式，2021 年启动实际付费，大力推动按疾病诊断相关分组付费的发展。事实上我国医疗支付方式的改革进展状况良好，依据国家医保局公布的《2019 年医疗保障事业发展统计快报》，2019 年"全国 97.5% 的统筹区实行了医保付费总额控制，86.3% 的统筹区开展了按病种付费。30 个城市纳入了国家 CHS-DRG 付费试点范围。60%以上的统筹区开展对长期、慢性病住院医疗服务按床日付费，并探索对基层医疗服务按人头付费与慢性病管理相结合"②。而在 2020 年，公布的《2020 年医疗保障事业发展统计快报》显示，医保支付方式改革持续推进，"在 30 个城市开展 DRG 付费国家试点工作，30 个试点城市全部通过模拟运行前的评估考核，进入模拟运行阶段；中期确定了 71 个城市开展区域点数法总额预算和 DIP 付费

① 参见《人社部医疗保险司司长陈金甫解读〈关于进一步深化基本医疗保险支付方式改革的指导意见〉》，2017 年 7 月 3 日，中华人民共和国人力资源和社会保障部网站（http：//www.mohrss.gov.cn/SYrlzyhshbzb/shehuibaozhang/gzdt/201707/t20170703_ 273446.html）。

② 参见《2019 年医疗保障事业发展统计快报》，2020 年 3 月 30 日，国家医疗保障局网站（http：//www.nhsa.gov.cn/art/2020/3/30/art_ 7_ 2930.html）。

试点工作"。① 从快报公布的数据来看，我国医保支付方式改革已经完成了阶段性目标，并且已经积累了一定的工作基础与经验。作为医保制度运行的重要环节、一种能够规范医疗行为及配置卫生资源的有力的政策工具，对于医保支付方式的改革不能止步于初步的、阶段性的成效，还有很多需要进一步健全完善的领域和环节，深化医保支付方式改革是一个漫长的过程。2020 年发布的《深化医保改革意见》也再次强调了要健全完善医保支付机制，提出应持续推进医保支付方式改革。根据我国现有的卫生服务和管理能力，统筹考虑我国医保支付方式改革目前的进展情况与欲通过医保支付方式实现的预设卫生政策目标，深化我国医保支付方式改革的主要措施应包括以下几点：

（1）坚持实行多元复合式医保支付方式

按病种付费、总额预付费、按床日付费、按人头付费等各种医保支付方式各有其优缺点，至今不存在任何一种十全十美的医保支付方式能够适用于所有医疗服务。国际上也存在由医保支付机制下单一的支付方式逐渐转变为多元化支付方式组合并存的趋势，如美国的医疗保险支付机制就从最初的单一按项目付费，逐渐发展为按人头付费、按床日付费、按病种付费、以资源为基础的相对价值支付等多种医保支付方式并存。② 因此我国的医保支付方式改革不能简单地为了改革而改革，改革方案不能只包含某一种医保支付方式。目前应当立足我国医改全局、统筹设计，坚持在基金总额预算管理的基础上，实行多元复合式医保支付方式，使得多种支付方式并存。③ 对于不同的医疗服务，应当依据不同医疗服务的特点，按照有利于费用控制、质量保障和管理简便的原则，选择与其相匹配的医保支付方式。

（2）进一步完善按人头付费、按床日付费等支付方式

按人头付费（capitation payment）是指按照医疗服务的人头人次的服务成本和质量制定付费标准，根据医疗机构提供服务的人头人次计算医保基金应向医疗机构支付金额的医保支付方式。依据此种付费方式，医保经

---

① 参见《2020 年医疗保障事业发展统计快报》，2021 年 3 月 8 日，国家医疗保障局网站（http：//www.nhsa.gov.cn/art/2021/3/8/art_7_4590.html）。

② 参见钱海波、黄文龙《医疗保险支付方式的比较及对我国的发展前瞻》，《中国医疗前沿》2007 年第 1 期。

③ 参见倪沪平《新时期深化医保支付方式改革的思考》，《中国医疗保险》2019 年第 6 期。

办机构作为支付方，将按照制定好的付费标准预先向医疗机构支付参保人员的医疗服务费用。因此按人头付费可以通过设定费用封顶线直接控制医疗费用的支出，还能够发挥预付制的优势，从机制上促使医疗机构自觉采取控费措施，鼓励医疗机构通过健康管理等方式来最大限度地降低患者发病率、减少费用开支。但按人头付费也会带来一些问题，根据人头人次计算费用的方式意味着医疗机构服务对象的人数越多、其能获得的补偿越多，则可能诱导医疗机构和医务人员做出推诿重症患者、分解患者住院次数等行为。并且可能导致大型医疗机构为获得更多人头费而多开门诊，不利于分级诊疗制度的实施。① 因此，推行按人头付费不能依托于大型医疗机构，而应当在基层医疗卫生机构实行，并且需要满足各级医疗机构功能定位明确、转诊体系有序建立的基础上，同时要明确按人头付费的基本医疗服务范围。并且，为保证基层医疗卫生机构提供的医疗服务质量，应当在选择按人头付费的同时规定服务对象最高人数限制，防止医疗机构因招收的患者人数过多而对患者照顾不周、降低服务质量。此外，对于不宜打包付费的特殊慢性病应当适用按人头付费，建立起"钱跟病人走"的竞争机制，促进医疗机构之间为争取更多患者而提高服务质量的良性竞争；同时，鼓励医疗机构树立"以病人为中心"的服务理念，对糖尿病、高血压、慢性肾功能衰竭等慢性病患者做好疾病预防、健康教育、定期体检等健康管理服务。②

按床日付费（Payment for Inpatient Days）是指按照各类疾病的患者住院一天的成本确定定额付费标准，即医院往期年度成本除以患者住院日数得出的数额，再按照参保人员实际住院天数向医疗机构支付补偿金额的支付方式。这种支付方式较为简便易行，便于医保经办部门计算审核，但存在难以确定不同种类疾病合理支付标准的问题，部分疑难疾病、急危重症日均医疗成本显著较高。③ 因此，按床日付费这种方式适合需要长期住院治疗、治疗单纯且日均费用较稳定的疾病，例如精神病、安宁疗护、医

---

① 参见杨燕绥、廖藏宜主编《健康保险与医疗体制改革》，中国财政经济出版社 2018 年版，第 116 页。

② 参见谢春艳、胡善联、孙国桢等《我国医疗保险费用支付方式改革的探索与经验》，《中国卫生经济》2010 年第 5 期。

③ 参见杨燕绥、廖藏宜主编《健康保险与医疗体制改革》，中国财政经济出版社 2018 年版，第 116 页。

疗康复等。长期保健性医院、老年康复护理医院、精神病防治机构等服务提供者的住院医疗占总床位数比重较大、床位利用率较高，可以选择按床日付费的支付方式。①

（3）继续推进单病种付费方式

单病种付费是指以患者所患疾病的第一诊断确定的疾病名称（病种）为依据，确定医保基金应支付的全部医疗费用的一种支付方式，是基于我国国情形成的一种极度简化的按病种付费模式。单病种付费首先需要依据国际疾病分类（ICD）确定参保人员的病种，再根据制定的病种医疗费用支付标准来支付医疗费用。在制定医疗费用支付标准时，可以依据病种的医疗费用历史均值或临床诊疗规范和医疗服务项目的收费标准来予以确定，或者通过建构医疗费用模型来预测费用作为支付标准。②

单病种付费是一种能够有效控制医疗费用支出、减少医疗资源浪费的易操作的付费方式。我国山东省开展了单病种付费的试点工作，其后据调查，当地 90% 的医疗机构认为单病种付费能够有效降低医疗费用，81% 的医疗机构认为其使得医疗机构的内部管理更规范，46% 的医疗机构认为总体成本下降，61% 的医院在实施单病种付费后实际利润下降。③ 可见单病种付费方式在实践中确实能够发挥一定的有益影响。然而，单病种付费也存在一些缺陷。一是单病种付费不适合所有病种，所选病种大多为外科领域，局限于少数一些疾病，覆盖的病种及病例范围有限，无法实现全病种覆盖，因而对医疗服务整体影响的作用有限，还可能出现病种间的转移支付。二是单病种付费仅以病种为付费依据，医疗机构能获得的补偿数额多少仅取决于每个病例的诊断，而不考虑其他实际状况，与医疗机构治疗该病例所付出的实际成本也无关，从而导致承担着成本风险的医疗机构可能会为了降低自身成本风险而挑选接收病情较简单的患者，或者在缺少外部质量监管的情况下通过减少医疗服务、降低服务质量来控制成本。④ 受我

---

① 参见谢春艳、胡善联、孙国桢等《我国医疗保险费用支付方式改革的探索与经验》，《中国卫生经济》2010 年第 5 期。

② 参见薛迪《按病种付费的发展和管理关键点》，《中国卫生资源》2018 年第 1 期。

③ 参见刘同芎、郭健美、唐红梅《单病种付费改革存在的问题与对策：基于山东省单病种实施现状调查》，《中国保险》2014 年第 2 期。

④ 参见薛迪《按病种付费的发展和管理关键点》，《中国卫生资源》2018 年第 1 期。

国人口众多、地域差异大、医疗信息技术发展水平不高等现实条件的桎梏，我国暂时难以在全国范围内全面推广更加先进的按疾病诊断分组付费方式，仍需继续推行更为简单、易操作的单病种付费。因此，现阶段我国应对单病种付费方式进行完善，同时着力搭建单病种付费与按疾病诊断分组付费之间的桥梁，为未来我国医保支付方式的发展奠定基础。[1]

为进一步推行按单病种付费方式，应该从合理确定病种、合理确定支付标准、加强监管等方面对其进行完善。首先，应当对诊疗方案清楚、诊疗技术比较成熟、医疗费用相对稳定的疾病实行按单病种付费，并且此病种应当要有一定的覆盖面。可以通过逐步统一疾病分类编码（ICD—10）、加快制定医疗服务项目技术规范、完善行业技术标准，来为合理确定病种奠定良好基础。其次，应当以医保基金支付能力为基础，通过结合临床路径测算、既往费用等数据，保障中西医各病种的支付标准之确定科学合理。对支付标准应进一步细化，考虑到个体患者的年龄、性别、病情严重程度及并发症等特征；以及应当设置费用调整机制、增长机制，考虑到物价上涨导致成本上升及医疗新技术、新方法的发展降低医疗成本等情况。最后，应加强对单病种付费的监管，需要在统一手术与操作编码系统、明确病历及病案首页书写规范的基础上进行病案检查、审核病种诊断和编码的正确性的工作，以及通过加强监管来规避医疗机构降低医疗服务质量等问题。[2]

（4）开展按疾病诊断相关分组（DRGs）付费方式试点

DRGs 付费是单病种付费的升级版，具有更广的应用范围和更强的科学性。随着我国经济与科技的发展，在我国部分医疗条件优越的地区开展 DRGs 付费的时机逐渐成熟，应当在有条件的地区试行 DRGs 付费方式。DRGs 即按照疾病诊断相关分组收付费，是一种起源于美国的基于疾病病种分类、组合的科学付费方法，是现代化的卫生经济管理工具。按照 DRGs 支付方式，需要综合考虑患者的年龄、性别、住院天数、疾病诊断、治疗方式、合并症与并发症等因素，依据病例的临床路径治疗相似性及医疗资源消耗相似性将病例分成一定数量的疾病相关组，并以疾病组为

---

① 参见崔晴川、王朝昕、蒋炜《我国单病种支付方式改革十年发展的系统回顾及效果评价》，《中国循证医学杂志》2016 年第 9 期。

② 参见薛迪《按病种付费的发展和管理关键点》，《中国卫生资源》2018 年第 1 期。

单位制定医疗费用标准，最终以此标准对医疗机构进行预先支付。[①] 相较于传统的以按服务项目付费为主的后付制，DRGs 的预先支付方式避免了后付制存在的医疗机构诱导服务的风险，可以把医疗费用的增长控制在合理的范围内、保障社会医疗保险基金收支趋于相对平衡；相较于单病种付费方式，DRGs 对付费单元的标准制定更为精细化，在支付标准等方面凸显出更强的科学性；DRGs 制度也能够避免在总额预付方式下因对费用预算的刚性约束而导致医疗机构推诿患者的潜在风险。[②] DRGs 付费方式在医疗卫生体制改革中能够发挥积极作用。首先，在社会医疗保险制度改革中，这种对医疗服务打包收付费的方式使得药品与耗材成为医疗机构的内部成本，为了削减成本，公立医院将不得不进行改革，从而能够调动医院和医务人员进行成本管理的积极性，激励医疗机构改进工作，在提供服务过程中能尽量提高诊断率，减少医疗机构的诱导需求行为，在提高工作效率的同时保证服务质量；[③] 其次，通过疾病诊断分组可以实现同一个病组治疗水平高低的量化比较，针对不同病种给出具体可行的费用结构，既能够为群众就医搭建透明公开的平台，又能够促进医疗机构之间的良性竞争、医疗服务行业的健康发展；最后，推行 DRGs 的过程中需要制定一些病种分组、付费的技术规范，这些技术规范有利于促使诊疗流程与诊疗行为的规范化、标准化，还使得诊疗行为进一步透明化，能够在一定程度上减少医疗服务供需双方的信息不对称，从而提升患者的就医满意度。

国外的医疗保险支付方式改革起步较早，而我国实行 DRGs 支付方式改革的实践起步较晚，仍处于不断摸索完善的阶段。北京市是国内首个开展 DRGs 制度试点的省/直辖市级行政区域，自 2004 年起启动了对 DRGs 制度的研究工作，在借鉴国际成熟经验、结合北京市实际情况的基础上，实现了本土化的 650 个病种分组方案。2011 年 8 月 1 日，北京市人力资源和社会保障局、北京市卫生局、北京市财政局、北京市发展和改革委员会

---

① 参见胡广宇、刘婕、付婷辉等《我国按疾病诊断相关分组预付费改革进展及建议》，《中国卫生政策研究》2017 年第 9 期。

② 参见胡广宇、刘婕、付婷辉等《我国按疾病诊断相关分组预付费改革进展及建议》，《中国卫生政策研究》2017 年第 9 期。

③ 参见李乐乐《我国基本医疗保险支付方式改革研究——基于两个典型案例的探索性分析》，《当代经济管理》2018 年第 3 期。

联合印发《关于开展按病种分组（DRGs）付费试点工作的通知》。① 并自同年 10 月起，北京市人力社会保障局选取北京大学人民医院、北京大学第三医院等六家三级综合医院，正式启动了 DGRs 付费试点工作。在开展试点工作的过程中，以近年来北京市定点医疗机构实际发生医保费用数据为基础，从前期的 650 个病组方案中选取了医疗费用比较接近、病例数量相对集中的 108 个病种分组作为试点范围，将在上述六家试点医院住院治疗、纳入 108 个病种组的本市医保覆盖人员纳入试点人员范围。② 北京市的 DRGs 制度试点取得了较好的效果，这种付费方式能够有效控制住院费用的支出，相较于按项目付费的医保支付方式，DRGs 付费方式保持了医保基金支付额的稳定、减少了费用异常高的病例占比。与此同时，DRGs 付费并没有导致医疗机构的收益减少或损害医务人员的利益，六家试点医院均有获益，且平均收益率为 15.2%；临床医生的接受度较高，没有出现医院、医生和医保机构之间明显对立的情况。在北京市取得良好试点效果之后，北京市公共卫生信息中心承担起国家 DRGs 质控中心职能，在全国范围内推广 DRGs 制度。③ 按照我国国家医疗保障局 2019 年 5 月公布的开展 DRGs 付费的 30 个试点城市名单，在 2020 年将有 4 个直辖市和 26 个地级市开始模拟运行该付费方式，于 2021 年启动实际付费。2019 年 10 月 16 日，国家医疗保障局印发了《关于印发疾病诊断相关分组（DRG）付费国家试点技术规范和分组方案的通知》，正式公布了《国家医疗保障 DRG 分组与付费技术规范》和《国家医疗保障 DRG（CHS-DRG）分组方案》两个技术标准。规范和科学分组是实施 DRGs 付费的重要前提，两个技术标准的公布为在全国范围内开展 DRGs 付费工作提供了统一标准，初步实现了"制定一组标准"的目标，一定程度上缓解了实践中出现的推行按疾病诊断分组试点工作的技术难题。

对信息化程度和分组技术要求很高的 DRGs 支付方式在美国等发达国家已经过了数十年的发展，而我国在疾病诊断相关分组技术、信息系统及

---

① 参见胡广宇、刘婕、付婷辉等《我国按疾病诊断相关分组预付费改革进展及建议》，《中国卫生政策研究》2017 年第 9 期。

② 参见周瑞、金昌晓、乔杰等《从北京市 DRGs 试点看医保费用支付方式改革方向选择》，《中国医院管理》2013 年第 3 期。

③ 参见董乾、陈金彪、陈虎等《DRGs 国内发展现状及政策建议》，《中国卫生质量管理》2018 年第 2 期。

病案质量控制管理等方面的发展均明显不足，在推进 DRGs 支付方式改革的过程中还需综合世界先进国家的经验与我国各地医疗实际发展水平，探索出一条循序渐进、由点到面的发展道路。

3. 商业保险公司参与医保支付方式的改革

医保支付方式改革的重要性不言而喻，是一个需要不断探索、一以贯之的过程。虽然 DRGs 付费等医保支付方式是当今世界公认的比较先进的支付方式，并已经成为发达国家的主流医疗服务付费方式，但在我国进行医疗支付方式改革、推进国际先进支付方式的"本土化"仍然是一项复杂、系统的工作。而我国医保部门本质上是管理部门，其有限的专业技术与人才资源可能会局限医保支付方式改革的进一步深化。在医保支付方式改革过程中，需要政府医保部门与医疗机构通力合作，同时调动社会各方力量参与，来为医保支付方式改革提供信息技术、管理技术、监管技术的外部支撑。① 商业保险公司作为具有专业优势、人才优势、资金优势的社会主体，在参与管理经办社会医疗保险的过程中积累了丰富的经验、与政府医保部门形成了良好的社商合作关系。因此，在推行医保支付方式改革的过程中，商业保险公司同样能够与地方政府部门开展合作，发挥其优势之处，共同攻克深入推进医保支付方式改革的难关。而对于商业保险公司来说，为推动医保支付方式改革提供助力是有益无害的，医保支付方式的改革能够为商业保险公司参与经办基本医保提供更大的空间。

一方面，商业保险公司可以协助政府医保部门提高管理能力、加强监督管理，以配合支付方式的改革。实施多元复合式支付方式的举措对医保部门的管理能力提出了更高的要求，并且医保部门需要加强对医疗服务全程的监管来保障选用的支付方式能够实现其预期效果。而商业保险公司的参与，有利于推动管理式医疗的发展、加强与医疗机构的合作，尽量降低医疗服务支付方与医疗服务供给方之间的信息不对称程度，更好地达到通过支付方式改革来实现控制医疗费用支出的目的。此外，商业保险公司还可以为医保部门提供业务帮助，与医保部门合作建立和完善医疗收费、考核指标和绩效评估体系，强化对医疗机构的监督，从而在控制医疗费用的同时保障医疗服务质量。② 在实践中，泰康保险集团作为参与经办基本医

---

① 参见倪沪平《新时期深化医保支付方式改革的思考》，《中国医疗保险》2019 年第 6 期。

② 参见谢春艳、胡善联、孙国桢等《我国医疗保险费用支付方式改革的探索与经验》，《中国卫生经济》2010 年第 5 期。

保、改革支付方式的先行者，不仅已在江西南昌、辽宁沈阳、山东青岛、山西太原、黑龙江哈尔滨、陕西铜川等 20 余个地市积极参与经办管理社会医疗保险、帮助当地医保部门监管社会医保基金，而且与地方政府部门合作开展了医保支付方式改革，探索总额预算管理下的按病种付费（DRGs）等以循证医学、临床路径、诊疗规范为基础的多措并举的改革方式，在咨询服务、制度设计、系统建设、效果评估等方面发挥商业保险公司的专业优势、为当地医保部门提供服务。

　　另一方面，商业保险公司能够为医保支付方式的改革提供专业技术支持。随着医保支付方式改革的进一步深化，受制于有限的专业技术与专业人才，政府医保部门在专业技术方面难免力不从心，需要积极引入具有专业优势的商业保险公司来为医保部门提供信息技术、管理技术、监管技术等方面的支撑。[1] 特别是对于对技术、专业性人才、信息化水平要求较高的 DRGs 付费制度，其建立发展更需要商业保险公司向政府医保部门提供专业技术支持。按照 DRGs 付费方式，需要通过测算 DRGs 基准值来确定支付费用，而测算基准值是一项基于大量标准病例数据统计的研究工作。也就是说 DRGs 付费是一种建立在数据基础上的支付方式，医保基金最终支付的费用数额要受到患者的年龄、性别、住院天数、疾病诊断、治疗方式、合并症与并发症等因素的影响，因此对于这些相关数据的采集、审核、清理和汇总工作至关重要，要保证数据的优质、真实与标准统一，以免使得最终的支付费用出现错误。并且对于大量标准病例数据统计的研究离不开健全的信息系统，需要较高的信息化水平提供支持。[2] 实践中，在参与推进 DRGs 制度的全面建立方面，商业保险公司凸显了自身的专业优势，其具有的精算专业性和技术人员专业性可以协助国家医保部门对大量标准病例数据进行统计分析。例如，泰康保险集团就全流程参与了山东日照市 DRGs 付费等医保支付方式改革等项目，在改革实施的各个阶段发挥自身优势，向当地政府提供了基金精算、政策制定、CHS-DRG 付费支付标准测算、结算流程梳理及 CHS-DRG 结算系统等多项服务，协助医保部门加强对定点医疗机构的绩效管理。泰康保险集团的参与推动了日照市推进医保支付方式改革的各种工作，日照市的医保 DRG 系统于 12 月 25 日

---

① 参见倪沪平《新时期深化医保支付方式改革的思考》，《中国医疗保险》2019 年第 6 期。

② 参见孙茜《医保商办与 DRGs：或成补救医保基金缺口良方》，《中国医院院长》2016 年第 22 期。

拟运行正式上线，为 2020 年模拟运行奠定了良好基础。

此外，应当注意的是，在商业保险公司协助医保部门、参与医保支付方式改革的过程中，应当注意对医疗数据信息安全的保护。大量的标准病例数据可能会涉及患者的个人信息和隐私，具有极强的私密性，政府医保部门在引入商业保险公司提供协助的同时，应当做好信息安全保护工作，需要完善相关制度来保障患者医疗信息的安全。[①] 同时，商业保险公司也应积极与政府医保部门合作，共同研究制定切实可行的信息安全监管方案。

第二节　商业保险公司健康险的发展模式创新与产品创新

在我国多层次医疗保障体系中，商业健康保险扮演着为社会医疗保险提供强有力补充的重要角色。商业健康保险的创新发展，不仅能够满足人民群众多元化、多层次的健康保障需求，还能够提高医疗卫生体系和医疗保障体系的整体运行效率，是深化我国医疗体制改革、推进"健康中国 2030"战略实施的内在要求。为发挥商业健康保险在多层次医疗保障体系建设及"健康中国"建设中的重要作用，商业保险公司作为商业健康保险的供给主体，应当大力发展商业健康保险，促进商业健康保险与社会医疗保险的紧密衔接。随着社会与经济的发展，在消费升级、疾病谱变化、老龄化的趋势下，社会对商业健康险产生了巨大的需求，商业健康险的发展前景良好。同时，相关政策性文件、法律法规的出台，为商业保险公司推动商业健康保险的发展、助力多层次医疗保障体系的完善提供了引导与支持。在近年来良好的发展环境中，我国商业健康保险业务发展势头较好，保费收入与赔付支出连年增加，国内健康保险行业迅速崛起。然而，与发达国家相比，我国商业健康保险的发展水平仍然较低，缺乏创新、风险控制能力不足等问题依然制约着我国商业健康保险的发展。

因此，为更好地发挥商业健康保险在我国医疗体制改革中的作用，本

[①]　参见孙茜《医保商办与 DRGs：或成补救医保基金缺口良方》，《中国医院院长》2016 年第 22 期。

节内容将具体阐述商业保险公司应当把握当下商业健康保险的发展机遇，推动商业健康保险在"互联网+"影响下的发展模式创新，促进商业健康保险产品的优化与创新，保障商业健康保险的长远发展。

一　商业健康保险的发展现状与制约因素

（一）我国商业健康保险的发展现状

1. 商业健康保险面临前所未有的发展机遇

在我国社会与经济发展日新月异、医疗体制改革不断深入的当下，商业健康保险面临前所未有的发展机遇，拥有极大的发展空间。一方面，从商业健康保险的需求端来看，人民日益增长的健康保障需求不断释放。近年来我国经济发展进入新常态，经济结构进一步优化，随之居民人均收入日益增加、财富水平得以提升，日益扩大的中产阶级人群对多样化、高质量的商业健康保险的需求也进一步提升，为商业健康保险的发展提供了新的动力。同时，受医疗服务费用快速上升、老龄化进程加速推进、疾病谱发生变化、慢性病患者人数增加等因素的影响，个人和家庭将越来越难以承受高额的医疗费用负担，而在社会医疗保障体制下的个人医疗支出比例过高，商业健康保险作为社会医疗保险的有力补充，逐渐成为我国居民的刚性需求。[①] 此外，在政策导向及社会舆论的影响下，我国居民的健康保障意识不断提高、健康消费意愿不断增强。而依据瑞士再保险公司发布的《亚洲健康保障缺口》报告，我国健康保障缺口居亚洲国家之首、达5.6万亿美元，[②] 体现了我国健康保障存在巨大缺口。另一方面，从商业健康保险发展的政策环境来看，近年来支持商业健康保险的政策日益明朗、密集出台，直接或间接地为商业健康保险的发展带来诸多助益。将商业健康保险纳入多层次医疗保障体系是我国一以贯之的政策目标。早在2014年国务院办公厅发布的《关于加快发展商业健康保险的若干意见》中，就明确指出要通过大力发展商业健康保险来夯实多层次医疗保障体系，以满足人民群众多样化的健康保障需求。这是中央政府首次就商业健康保险发布的政策性文件，为我国商业健康保险的发展提供了有力的政策

[①]　参见中国发展研究基金会《中国商业健康保险研究》，中国发展出版社2017年版，第1—2页。

[②]　参见于莹、阎建军主编《中国健康保险发展报告（2019）》，社会科学文献出版社2019年版，第26—27页。

支持。2016 年，中共中央、国务院印发了《"健康中国 2030" 规划纲要》，彰显了党和政府对健康保障问题的高度关注，进一步激发了全社会的健康意识和健康消费需求；其中还特别指出要通过落实税收优惠政策，促进商业保险公司与医疗、体检、护理等机构合作等具体措施来推进健康保险的发展，提出要在 2030 年实现促进现代商业健康保险服务业进一步发展、显著提高商业健康保险赔付支出占卫生总费用比重的目标。2020 年 1 月，银保监会等 13 部委联合下发《关于促进社会服务领域商业保险发展的意见》，对发展商业健康保险进行了专门的安排部署，鼓励商业保险公司完善健康保险产品和服务，提供适应消费者需求的综合性健康保险产品和服务。同一年，在 2020 年发布的《深化医保改革意见》中，再次明确了促进多层次医疗保障体系发展的政策取向，鼓励商业保险公司加快发展商业健康保险、丰富健康保险产品供给。多项政策性文件的出台，为商业健康保险的发展带来政策红利，指引了商业健康保险的发展方向、激发了商业健康保险的发展潜力。① 除此之外，新出台的《健康保险管理办法》为商业健康保险的创新发展提供了制度规范，指明商业健康保险的完善路径，倡导商业保险公司提供创新型健康保险产品，为商业健康保险带来了新的发展契机。综上而言，在当今中国国情下，商业健康保险被定位为深化医药卫生体制改革、满足人民群众多层次多样化的健康保障需求的重要角色，发展前景广阔。商业保险公司应当抓住当下商业健康保险新的发展机遇，在政策文件的支持与制度规范的指引下持续推动健康保险产品创新发展。

　　2. 我国商业健康保险业务发展迅速

　　近几年来，得益于良好的发展环境与需求端的发力，我国商业健康保险业务持续保持快速发展，保费收入与赔付支出连年增加。依据原中国保险监督管理委员会网站及现中国银行保险监督管理委员会网站公布的统计数据，2010 年以来健康险的原保费收入及赔付支出都呈逐年增加趋势。健康险的保费收入除了 2017 年因结构性调整增长率较低外，年均增长率保持两位数。2019 年我国健康保险原保费收入达 7066 亿元，2020 年达 8173 亿元，同比增长 15.67%，依然保持着较快的增长

---

　　① 参见宋占军、胡祁《我国商业健康保险发展现状及展望》，《中国医疗保险》2017 年第 4 期。

速度。而在保险赔付支出方面，2019 年我国健康保险赔付支出达 2351 亿元，2020 年为 2921 亿元，同比增长 24.25%，其增速超越了保费收入之同比增速。① 并且，我国健康险保费收入在整个保险业总保费收入中的占比不断提升，2019 年健康险保费收入占全行业保费收入的 16.6%，2020 年上升至 18.1%。② 与此同时，健康险市场的主体也在不断增加，越来越多的保险公司开始经营这一业务，也催生了一批专业性健康保险公司的出现。截至 2018 年上半年的统计数据显示，我国市场上经营商业健康保险的公司共有 150 家，其中包括 7 家专业性健康保险公司、75 家人身保险及养老保险公司和 68 家财产保险公司。③ 除此之外，根据银保监会此前公布的相关数据，我国商业健康保险的保险密度在 2018 年为 390 元/人，2019 年增长至 504.7 元/人，保险深度从 2018 年的 0.61% 增长至 2019 年的 0.71%。④ 保险密度的增长反映了随着人民群众日益增长的健康保险需求不断释放，健康险产品的消费也在不断增加；而保险深度的不断上升则体现出健康险在我国国民经济中的地位逐步抬升。

（二）我国商业健康保险发展的制约因素

虽然近年来我国商业健康保险发展速度较快，但相较于发达国家，我国商业健康保险的整体发展仍处于初级阶段，仍然存在保险深度和密度普遍较低、保费收入占整个保险业总保费收入的比重较低等不足之处。而导致我国商业健康保险发展相对滞后的原因，除了我国经济发展水平稍显不足、商业健康保险的发展起步较晚，还包括一些在商业健康保险发展过程中暴露出的制约因素。

1. 商业健康保险的创新不足、专业化程度低

目前我国商业健康保险的保费收入与赔付支出连年增加，市场经营主

---

① 参见保观察《健康险 2020：保费收入破 8000 亿元，赔付率达 35.74%》，2021 年 2 月 1 日，百度百家号网（https://baijiahao.baidu.com/s? id = 1690477744505990790&wfr = spider&for = pc）。

② 参见前瞻产业研究院《2021 年中国保险行业发展现状及产业结构分析 行业增速放缓、险种结构分化明显》，2021 年 3 月 13 日，搜狐网（https://www.sohu.com/a/455520347_120868906）。

③ 参见于莹、阎建军主编《中国健康保险发展报告（2019）》，社会科学文献出版社 2019 年版，第 3—5 页。

④ 参见保观察《2019 年我国保险深度 4.3%，保险密度首次超过 3000 元》，2020 年 2 月 28 日，雪球网（https://xueqiu.com/2573954138/142449204）。

体与健康险产品供给的数量也有所上升，但在行业产出"量"不断增长的同时，对商业健康保险发展的"质"的提升缺乏关注。我国商业健康保险的市场主体没有充分释放创新活力、创新不足，对健康保险专业化经营的能力也稍显不足，导致市场上的健康险产品存在结构不合理、同质化现象严重、缺乏针对性等问题，既对消费者缺乏购买的吸引力，又使得商业健康保险的发展不能满足消费者愈加多样的健康保障需求。

一方面，商业保险公司对商业健康保险的创新缺乏动力、专业化经营程度低，目前市场上的健康险产品结构不合理。如上文统计数据显示，我国市场上专业性的健康保险公司数量较少，经营商业健康保险的公司多数为财产保险公司、人身保险及养老保险公司，此类公司已有的机动车辆保险、人寿保险等业务能够为公司带来充足的业务量、实现公司盈利的目标，因此这些商业保险公司主动对关系复杂的健康保险业务进行创新的积极性有所不足，进而形成一种失衡的健康险市场结构。此外，商业保险公司在健康保险专业化经营能力上的不足、对报销型的医疗保险风险控制等方面的力不从心，使得商业保险公司更倾向于选择经营定额给付型的疾病保险，也是导致健康险产品结构不合理、产品功能重收入替代而轻费用补偿的主要原因。[①] 目前，我国健康险市场上的健康保险产品虽然总量较多，但其中绝大部分为疾病保险和医疗保险产品，多为定额给付型产品、短期产品以及以附加险形式销售的产品；而存在较大需求的高额医疗费用保险、长期医疗保险以及长期护理保险等产品占比极低。我国保险市场上的长期护理保险产品、失能收入损失保险产品供给严重不足，长期护理保险和失能收入损失保险的产品数量仅占2%左右，无法承担起推动老年人长期护理事业发展、通过保险解决失能问题的责任。而提供健康管理服务的保险产品种类则更少，一些商业保险公司推出的健康保险产品在产品设计上不能体现出健康保险的特色、呈现出寿险化的特征，存在通过牺牲健康保险业务的利润来捆绑销售寿险产品的现象，忽视了发挥健康管理服务的作用。[②] 可见，这种由于创新不足导致的不合理的健康险产品结构并不符合我国居民健康意识增强、慢性病人群增加、老龄化速度加快的社会趋

[①] 参见于莹、阎建军主编《中国健康保险发展报告（2019）》，社会科学文献出版社2019年版，第8页。

[②] 参见许飞琼《我国商业健康保险：进展、问题与对策》，《中国医疗保险》2019年第11期。

势，使商业健康保险的发展呈现出"小马"拉"大车"的局面，是不利于商业健康保险长远发展的。并且，由于保险产品的设计建立在积累大量经验数据的基础上，这种严重失衡的产品结构也会影响目前在市场上数量较少的长期医疗保险、失能收入损失保险以及护理保险的产品研发与推广，进一步影响这些保险产品的发展，形成恶性循环。[①]

另一方面，我国健康险行业的专业化建设仍处于起步阶段，商业保险公司缺乏创新意识与创新能力、互相抄袭借鉴，导致健康险产品同质化现象严重、种类不够丰富。事实上，商业健康保险的创新并不容易，不仅要有完善的政策予以支持，还需要市场主体秉持科学的理念、以一定的创新技术能力作为支撑。而我国缺乏保护相应产品专利的法律和政策，一些经营健康险的传统商业保险公司既缺乏主动创新的意识，也不具有足够强大的创新研发能力。在这种情况下，许多中小型商业保险公司在研发商业健康保险时并不会在产品创新、推广等方面耗费大量成本，而是会对市场上已经创新成功、经营较好的健康险产品进行模仿，在现有产品的基础上稍加改动后再推入保险市场。从而导致我国商业健康保险市场上的健康险产品大同小异、缺少特色、同质化严重，难以满足消费者多样化的健康保险需求。[②] 除此之外，健康险产品同质化现象可能会引发健康险市场中激烈的恶性竞争。由于市场上雷同的商业健康保险无法通过鲜明的特色吸引消费者，则为了抢夺更大的市场份额，商业保险公司之间可能会进行价格战，部分保险公司可能会采取故意降低保险费率等不正当手段。长此以往，一些积极进行健康险创新开发的商业保险公司反而会遭受更大的损失，恶性竞争将大大挫伤其创新积极性，最终形成恶性循环，不利于该行业的健康发展。[③]

2. 商业保险公司的风险识别与管控能力不足

一方面，从外部环境因素考虑，商业健康保险的逆向选择和道德风险问题较为突出且较难规避。商业健康保险的特点是业务关联方较为复杂，

---

① 参见王绪瑾、宁威主编《健康保险产品创新》，中国财政经济出版社 2018 年版，第253 页。

② 参见尹燕《我国商业健康保险参与多层次医疗保障体系建设研究》，《中国保险》2019年第 12 期。

③ 参见王绪瑾、宁威主编《健康保险产品创新》，中国财政经济出版社 2018 年版，第254 页。

通常会涉及医疗机构，并且影响健康险定价的是有关人体生理健康状况的疾病发生率与医疗费用支付情况这两大波动较大的因素，商业保险公司需要从医疗机构及被保险人处获取一定的健康信息来进行保险精算、风险控制工作。而我国商业保险公司面对医疗机构往往处于弱势地位，难以与医疗机构形成数据信息共享的平等合作机制，掌握的被保险人健康信息有限，无法对医疗风险进行有效的评估、检测、控制。因此，被保险人可能会隐瞒其真实的健康情况，逆向选择对其有利的商业保险产品，带病投保；或是与医疗机构达成利益共识，接受过度医疗服务、欺诈骗保，导致商业保险公司遭受到不必要的损失。[①] 此外，随着社会医疗保险不断在经办管理、医保支付方式等方面进行改革，社会医疗保险的逆向选择和道德风险问题得到了控制，则可能会使一些心怀不轨的被保险人选择商业健康保险进行骗保，给商业健康保险的经营带来了更大的风险。

另一方面，从健康保险行业自身考虑，我国健康保险业在专业化经营方面起步较晚，能力有待提高。目前，我国专业性的健康保险公司成立较晚且数量较少，专业化经营水平不高。经营健康险的商业保险公司既缺乏相关数据信息的积累，也缺乏能够有效管理数据信息的信息管理系统与业务数据平台，难以进行数据的归类、分析工作，还存在数据失真、流失的问题。并且在商业保险公司之间、商业保险公司与医疗机构及社保部门之间也缺乏有效的数据信息共享机制，阻碍了数据的流通共享。因此，商业保险公司对健康保险领域的数据利用率水平较低，很容易存在商业保险公司与被保险人信息不对称的情况，导致保险精算、风险控制等工作缺乏科学有效性。[②] 而商业保险公司在专业化经营方面的不足可能进一步加重逆向选择与道德风险问题，增加商业保险公司的赔付支出。面对此种风险，商业保险公司通常会选择以提高保险费率的方式来减少损失，则会导致健康保险产品在价格上缺乏竞争优势与对消费者的吸引力，不利于商业健康保险的长远发展。

[①]　参见熊志国、阎波、锁凌燕等《中国商业健康保险发展模式探索——兼论医疗保障体系发展的价值与取向》，北京大学出版社 2012 年版，第 89 页。

[②]　参见熊志国、阎波、锁凌燕等《中国商业健康保险发展模式探索——兼论医疗保障体系发展的价值与取向》，北京大学出版社 2012 年版，第 90 页。

二　发展模式创新：商业健康保险在"互联网+"模式下的发展

在多项政策的支持与社会需求的导向下，我国商业健康保险的发展迎来了难得的历史性机遇，在保费收入及赔付支出等方面发展迅速；但受种种制约因素的影响，我国商业健康保险的发展水平仍远远低于发达国家。面对这样的发展现状，保险业应当抓住以互联网技术为代表的信息技术日新月异的时代潮流，正视"互联网+"能够给商业健康保险的发展带来的积极影响。新发布的《健康保险管理办法》第31条指出："鼓励保险公司采用大数据等新技术提升风险管理水平。对于事实清楚、责任明确的健康保险理赔申请，保险公司可以借助互联网等信息技术手段，对被保险人的数字化理赔材料进行审核，简化理赔流程，提升服务效率。"因此，商业保险公司应当在促进商业健康保险与互联网等高新科技融合发展的基础上创新发展模式，为商业健康保险的发展增添新的动力，促进健康保险行业的重大变革。

（一）"互联网+"模式对商业健康保险的积极影响

"互联网+"的概念最早出现于2015年的《政府工作报告》，"互联网+"模式是指"互联网+传统行业"的模式。在这种模式下，互联网与传统行业两者的结合并非简单相加，而是将互联网有机融合于经济社会各领域之中，创造出互联网与传统行业融合发展的新形态，从而促进传统行业效率的革命性提升。[①]"互联网+商业健康保险"模式是指将互联网有机融入商业健康保险发展的全过程，运用移动互联、云计算、大数据等信息技术，在一定程度上改善商业健康保险出现的问题，给商业健康保险带来深刻影响。

1. 互联网促进商业健康保险产品研发、营销、运营等方面的改革

互联网与商业健康保险的有机融合，能够促进商业健康保险的创新，给商业健康保险产品的研发、营销、运营带来影响。

首先，互联网对商业健康保险产品研发的影响体现在互联网的大数据特性能够便利商业保险公司获取数据、强化商业保险公司的市场细分能力。在"大数据时代"，信息数据可以说是现代商业保险公司最重要的基

[①]　参见陈书涵《以"互联网+"推动商业健康保险发展的思考》，《福建金融》2015年第7期。

础性战略资源，对健康险产品研发的重要性不言而喻。在产品研发环节，商业保险公司需要在收集数据、积累一定量数据的基础上对数据进行处理，然后对不同消费者群体进行市场细分，进而研发对应产品。此外，在保险产品的定价过程中，同样需要大量的样本数据来进行评估分析，以防止因数据积累不足、样本有限而导致产品定价出现误差。而在互联网时代，消费者与网络的链接更加紧密，个人信息更加透明化，数据收集成本大幅下降，保险公司借助科技发展拥有了更强大的数据收集、分析和处理能力，这些变化能够使商业健康公司获取信息、收集数据的过程更加容易，突破传统信息获取渠道有限、数据采集成本高昂的制约。商业保险公司不再仅能通过在投保理赔的环节与消费者直接交流来获取信息、收集数据，还能够利用互联网等信息技术实时跟踪收集海量网络用户的睡眠信息、饮食信息、生活信息、就医信息和关注疾病信息等，将数据的收集范围扩大到消费者衣食住行等各个方面。大量信息数据的快速获取使商业保险公司能够更加全面准确地了解到每一个消费者的职业、收入、生活方式以及健康状况等信息，再依据消费者的不同特征对其进行市场细分，最终开发出专门针对不同年龄、不同性别、不同行业、不同收入群体、不同知识水平的"适销对路"的健康保险产品。商业保险公司还能够通过大数据分析合理预测消费者在新时期可能出现的新需求、利用互联网技术挖掘并实现传统保险业态下难以满足的客户需求，针对种种需求进行产品创新、研发"按需定制"的各类专属保险产品，从而改变健康险市场产品结构失衡、同质化现象严重的问题。[1] 除此之外，在互联网时代，保险公司可以利用互联网实时掌握海量的客户健康指标、日常用药与发病状况等数据，通过对海量数据进行分析处理，商业保险公司能够建立更准确的精算定价模型，尽量实现产品定价的精准化。[2]

　　其次，互联网对商业健康保险产品营销的影响体现在互联网的大流量特性能够改革保险产品营销渠道、提高营销效率、提升健康险产品的可及性和覆盖率。在商业保险公司完成保险产品研发工作后，就要着手准备产品销售的环节了。保险的传统产品营销渠道主要包括保险公司专属代理人、银行保险渠道、兼业代理渠道、电话销售渠道与专业中介渠道等，而

---

　　① 参见王绪瑾、宁威主编《健康保险产品创新》，中国财政经济出版社 2018 年版，第286 页。

　　② 参见宋福兴《互联网+健康保险发展模式创新》，《中国保险》2015 年第 9 期。

在保险业的发展进程中，这些传统营销渠道的弊端日益凸显，存在银行保险渠道成本居高不下、保险代理人不实宣传、中介机构专业性不强等问题。近年来，随着互联网及移动终端技术、大数据、云计算和新型支付方式的快速发展，新的互联网销售渠道应运而生，为解决传统保险营销渠道的危机提供了有利契机。① 商业保险公司可以通过利用网销官方平台、移动 App、第三方支付平台、第三方保险经纪平台等方式建立起与消费者直接沟通接触的互联网平台和渠道，用来销售商业健康保险产品、引导消费者积极购买。② 互联网平台能够突破保险销售时空上的限制，突破传统销售网点数量及服务人员数量、服务时间的限制，迅速放大客户的聚合量，为一对多服务提供可能性，因而这些互联网保险产品销售平台具有客户流量大、获客成本低的优势。对商业保险公司而言，一方面，通过互联网保险产品销售平台营销商业健康保险产品，既能够节省人力物力、降低营销成本，最终降低产品的附加保费、提高产品价格的市场竞争力，又能够扩大营销范围、提升产品的可及性和覆盖率；另一方面，大多数的保险需求存在于场景中，在互联网世界能够实现将健康险产品的营销嵌入与产品相匹配的互联网应用场景中的设想，从而提升营销工作的精准度、激发市场消费需求，更容易促成保险交易。③ 例如可以在众筹网站营销疾病保险、在医疗咨询网站宣传医疗保险等。对于许多消费者来说，通过互联网销售渠道购买商业健康保险是一种更加高效便捷、交易成本更低、交互性和灵活性优势更明显的方式，一切操作都可以随时在网络上进行，能够为消费者节约购买保险的搜寻成本和中介费用。并且，互联网平台上人工智能的精准推荐与线上客服等功能，能够给消费者带来更好的消费体验。特别是近年来我国互联网消费人群日益庞大，这些网络主流消费者习惯于高效、便捷的网络购物方式，并且许多网络消费者从年龄上来看正在进入对健康保险和健康服务的需求不断增加的年龄区间，则互联网销售渠道将会成为这些消费者购买商业健康保险的首选途径。④

---

① 参见李琼、刘庆、吴兴刚《互联网对我国保险营销渠道影响分析》，《保险研究》2015年第 3 期。

② 参见王绪瑾、宁威主编《健康保险产品创新》，中国财政经济出版社 2018 年版，第 288 页。

③ 参见宋福兴《互联网+健康保险发展模式创新》，《中国保险》2015 年第 9 期。

④ 参见宋福兴《互联网+健康保险发展模式创新》，《中国保险》2015 年第 9 期。

最后，在商业健康保险产品运营方面，互联网的影响体现在能够优化产品运营整体流程、提高保险服务效率。对于商业健康保险产品运营的整体流程，商业保险公司可以应用互联网技术对其进行优化改造，满足消费者对于高效便捷、信息透明度高的电子化服务的需求。具体而言，对健康险产品运营流程的优化，一方面是指对产品运营流程的简化，即利用互联网平台减少办理保险业务时需要经过层层验证和审批的复杂手续、缩短业务办理时间；另一方面是指促进产品运营流程的智能化，即提高保险业务办理的无纸化服务及自主化服务程度，使得消费者能够通过互联网渠道自主上传相关电子资料数据、随时随地办理业务，同时能够促进商业保险公司智能化办公、移动化办公，减少工作人员的案头工作。通过对健康险产品运营整体流程进行优化，能够降低保险服务成本、减少操作风险、提高工作效率，同时能够降低消费者的参与门槛与参与成本。① 保险的承保与理赔是商业健康保险产品运营的核心环节，商业保险公司可以借助互联网技术来改造健康险承保与理赔环节。在健康险的承保环节，商业保险公司可以与消费者利用互联网平台进行线上沟通交流、交换资料数据，在线完成投保单填写、转账、核保、承保等操作，双方签订实时生效的电子保险合同。在互联网平台完成线上承保环节，不仅能够给消费者提供足不出户的便利、更加流畅的投保体验；线下业务办理量的减少还有助于商业保险公司逐步简化组织架构、进一步降低线下网点机构和服务人员的成本支出。对于健康险的理赔环节，一方面，与承保环节一致，商业保险公司可以通过互联网在线服务与消费者进行沟通，完成在线理赔申请、在线理赔查询以及实时赔付到账等工作。② 另一方面，商业保险公司可以利用互联网进行消费者信息收集整合工作，或是与医疗机构信息系统进行对接，从而能够及时掌握消费者的诊疗信息以及其他相关数据，使得理赔工作的进行更加方便快捷，同时线上进行的操作也更加阳光透明。并且，健康险理赔速度的提升与操作透明度的提高有利于增强消费者对保险产品及保险公司的信任，秒赔付的理赔时效无疑会比漫长的理赔时效带给客户的体验感

---

① 参见王绪瑾、宁威主编《健康保险产品创新》，中国财政经济出版社 2018 年版，第290 页。

② 参见宋福兴《互联网+健康保险发展模式创新》，《中国保险》2015 年第 9 期。

更好，也更容易提升消费者的服务黏性和保险信任度。[1] 除此之外，商业保险公司还可以按照健康险保单的复杂程度、金额大小和道德风险的高低，筛选出标准化程度高、道德风险低的小额保单，利用互联网技术对其承保及理赔环节进一步简化；甚至可以运用新型网络系统对这些保单的承保与理赔进行自动化处理，大大缩短工作时间、提高工作效率、改善消费者的客户体验。[2]

2. 互联网优化商业健康保险风险管控

互联网时代的大数据等技术优势不仅影响着健康险产品研发等环节，还能协助商业保险公司进行风险管控，促进保险公司提升风险管控能力和优化风险管理机制。健康险领域最难以控制的风险是逆向选择与道德风险。由于保险公司与客户信息不对称的问题难以解决，在投保环节，目的不正当的投保人可能会隐瞒其真实的身体状况，带病投保；在理赔环节，被保险人与医疗机构勾结，接受过度医疗服务、欺诈骗保，或是将家人的医药费用也算在自己身上，向保险公司索赔。而互联网的发展能够大幅降低信息不对称的程度，正如上文所述，在互联网时代，商业保险公司可以运用大数据和云计算等科技手段，使其能够以更低的成本、更高的效率来获取更多、更全面的客户相关信息，对这些信息数据的分析管理也能更加精细。一方面，利用互联网，商业保险公司可以通过与第三方平台合作等方式采集到客户差异化的社交、网购、理财、人脉、偏好等多种信息，实现客户多维度全息画像，加深对客户行为动机和决策过程的了解，有利于对不同的个体实行投保端差异化定价，从而从源头上减少道德风险和逆向选择。特别是，如蚂蚁金服旗下芝麻信用此类的第三方征信机构的发展使得商业保险公司能够更加便利地了解客户的个人信用信息。商业保险公司可以与芝麻信用此类的征信机构合作，在取得用户授权后获取用户的信用分数，并将其作为产品定价、风险控制的依据，防范可能的保险欺诈行为。[3] 另一方面，商业保险公司在投保环节就可以通过互联网获取客户更

---

[1] 参见于莹、阎建军主编《中国健康保险发展报告（2019）》，社会科学文献出版社 2019 年版，第 11 页。

[2] 参见王绪瑾、宁威主编《健康保险产品创新》，中国财政经济出版社 2018 年版，第 290 页。

[3] 参见王绪瑾、宁威主编《健康保险产品创新》，中国财政经济出版社 2018 年版，第 291—292 页。

多的健康信息、提前了解投保人的身体状况，尽量减少投保人带病投保的情况的发生，规避逆向选择的风险；商业保险公司还可以结合互联网与可穿戴式的检测设备等科技，在保险合同存续期间对被保险人的身体状况、就医情况进行实时监测，防止其将家人的医药费用也算在自己身上或者与医疗机构勾结骗取保费，进而有效防范医疗欺诈行为。互联网的发展除了能够拓宽商业保险公司获取信息的渠道，还能将互联网技术与其他科学技术结合起来，进一步优化商业保险公司风险管理机制。例如新兴的基因技术、疾病早期筛查、癌症早筛、微创手术、肿瘤免疫疗法等，可以协助商业保险公司在客户没有疾病诊断的情况下提早进行风险干预，提升保险公司的风险控制能力。还有新的医疗技术能够帮助保险公司有效防止道德风险，健康管理技术的发展能够帮助被保险人预防和控制疾病的发生等。[1]

3. 互联网为构建完整的健康管理服务体系提供技术基础

健康管理是一种有效地实现管理式医疗的手段，向客户提供健康管理服务有助于降低其疾病发生率，从而能够有效地减少商业健康保险的赔付支出、推动商业健康保险的发展进步。在向客户提供健康管理服务时，商业保险公司可以以互联网为载体，运用云计算、大数据等技术来构建线上线下互动的健康管理服务体系，使得消费者享受的健康管理服务更加全面多样、更具个性化。一方面，在互联网技术的辅助下，商业保险公司可以更好地向客户提供更加全面的、突破时空限制的健康管理服务，实现对客户的健康危险因素的全面管理。商业保险公司可以运用手机健康 App、可穿戴式的检测设备等手段全面干预客户每日的生活起居，记录客户的饮食、睡眠与运动情况，实时监测客户的血糖、心跳、血压等生理指标，并向客户提出改善建议或发出健康预警。商业保险公司还可以为客户建立健康保健在线社区，为其提供互相鼓励、交流心得的平台；或者为客户建立专属的健康档案，支持客户即时查询和下载。[2] 依托互联网技术，商业保险公司还可以向客户提供更加便捷的、触手可及的健康管理服务。在互联网健康管理平台上，客户能够及时享受到全天候的健康咨询、在线问诊、影像会诊等服务，无须花费太多时间去医疗机构排队挂号；客户还能享受

---

[1]　参见于莹、阎建军主编《中国健康保险发展报告（2019）》，社会科学文献出版社 2019 年版，第 10 页。

[2]　参见陈书涵《以"互联网+"推动商业健康保险发展的思考》，《福建金融》2015 年第 7 期。

线上的远程会诊、国外知名专家第二诊疗意见等服务，足不出户即可获得全国甚至全球范围内最优质的医疗资源。另一方面，互联网技术能够为商业保险公司向客户提供更加个性化、精准度更高的健康管理服务提供支持。商业保险公司可以为客户建立电子健康档案，运用基因检测、健康数据深度分析等手段进一步了解客户的身体状况，为其提供定制的健康风险解决方案、向起提供针对性更强的健康管理服务。例如，对于没有患病的亚健康人群，可以运用手机健康 App 记录其运动情况、睡眠时间、饮食模式等信息，为其设定一定的行为方式指标，并将客户是否完成指标与健康险保费挂钩，鼓励客户养成良好的生活习惯，减少患病风险。而对于糖尿病、高血压等慢性病患者，应当对症下药，结合患者的具体情况为其设计专业性更强的服务方案，可以利用可穿戴设备等手段实时监测其各项生理指标，并在指标出现异常时自动发出预警；还可以通过远程监护服务对患者的患病危险因素进行长期的干预指导，由医生在线指导其合理用药。①

4. 互联网促进商业保险公司构建完整的大健康产业链

商业健康保险作为深化医疗体制改革的助推器，应当在我国医改过程中发挥促进大健康产业链的形成的作用。而互联网的发展能够为商业保险公司在健康产业链中扩展延伸提供技术支持，逐步打造一条功能完善、线上线下相结合、覆盖全生命周期的大健康产业链。

一方面，互联网的发展将推动商业保险公司运用新技术来整合医疗健康产业链上独立分散的客户、医生、医疗机构等资源，为商业保险公司扩展延伸线上线下相结合的健康服务链条奠定技术基础。近年来，我国许多大中型保险公司开始向医疗健康产业链延伸，着手进军医疗服务、健康管理以及养老等行业，在线下通过自建或参股医院、建立养老社区、投资专业的健康管理公司等来参与到医疗健康服务的各个环节，向客户提供从健康保健到疾病诊疗再到保险赔付的全链条服务，力图构建完整的大健康产业链。② 而除了这些在线下尝试进行的举措，商业保险公司还需要通过建立互联网综合健康服务平台来连接保险公司、客户、医疗机构与医药企业等主体，利用互联网平台实现对医疗健康资源的整合与共享，向客户提供

---

① 参见宋福兴《互联网+健康保险发展模式创新》，《中国保险》2015 年第 9 期。

② 参见于莹、阎建军主编《中国健康保险发展报告（2019）》，社会科学文献出版社 2019 年版，第 21 页。

线上、线下相结合的全面健康服务。客户通过登录互联网综合健康服务平台，既可以享受专业的线上健康咨询、健康状况评测、健康维护、慢性病管理等服务；还可以向线上的医生团队咨询病情，享受私人医生在线看诊、医院挂号预约、购买药品等服务；又可以在线完成商业健康保险的投保、理赔等操作。① 例如，泰康保险集团打造的官方 App 泰康泰生活 App 就是一个"互联网+保险医养"的综合服务平台，集保险服务、健康服务、金融服务三大功能于一身：客户可以通过泰康 App 查看自己名下的保单，在线进行理赔、保全等操作；还可以随时随地与客户经理在线沟通，享受专业的 VIP 体验；还能享有海量医疗资源，由各科室专家提供秒速咨询服务。在此类互联网综合健康服务平台上，不仅客户能够方便快捷地享受到好的健康服务，平台还能保留、积累客户的健康信息，为向客户提供持续的个体化健康管理服务、向客户推销迎合客户需求的个性化健康险产品奠定基础，打造完整的健康服务闭环。

另一方面，商业保险公司可以应用互联网技术来建立以客户为核心的统一信息系统，打破医疗健康产业链上不同环节之间的信息壁垒。在商业保险公司积极扩展健康产业链、打造跨领域综合集团的过程中，在保险集团内部实现客户信息、数据共享对于为客户提供更全面的服务、提升集团核心竞争力具有重大意义。而集团内部统一的信息系统的建立离不开先进的互联网技术，以客户为核心的统一信息系统的建立能够打破客户信息在集团旗下不同子公司之间的壁垒，不同子公司通过查询客户的账户就能够获取该客户的身份信息及其在集团旗下所有公司的服务信息，实现集团内部的客户信息共享。从客户的角度出发，统一信息系统的建立也能为客户享受保险集团下的各种服务带来便利，确保客户用一个电子账户就可以查询与自身相关的所有保单信息、在保险集团的综合服务平台上进行各种操作。②

（二）完善"互联网+商业健康保险"发展模式的建议

1. 商业保险公司应当加强技术研发与应用、培养专业综合型人才

在互联网时代，科学技术的发展正如火如荼、日新月异。如前文所

---

① 参见张浩辰《互联网与中国商业健康保险市场变革研究》，《现代管理科学》2016 年第 5 期。

② 参见王绪瑾、宁威主编《健康保险产品创新》，中国财政经济出版社 2018 年版，第 283—284 页。

述，移动互联网、大数据、云计算等技术能够赋能商业健康保险，对整个健康险产业产生全方位的深远影响，既包括微观层面的健康险产品研发、营销、运营以及风险控制、健康管理服务等方面，也包括宏观层面的大健康产业链的构建。商业保险公司置身于新技术发展的浪潮之中，应当抓住互联网时代潮流，积极运用各种科技促进商业健康保险的发展。对于商业保险公司而言，新技术的研发与应用是其强有力的竞争优势，在参与保险业激烈竞争的过程中应当着重提高自身的技术创新与研发水平。目前来看，虽然国内许多商业保险公司已经开始尝试在健康险的各个领域运用互联网、大数据或云计算等技术，但是大部分商业保险公司对此类技术的运用依然浮于表面，并没有将互联网有机融入商业健康保险发展的全过程，尚未具有技术竞争优势，缺乏对健康险产品的创新。因此，商业保险公司对科学技术的运用应当更加深入，切实发挥新技术的作用。同时鉴于保险公司的科技研发能力确实有限，则其可以寻求与专业的互联网企业、高等院校或者相关实验室的合作，由专业主体协助商业保险公司促进互联网技术与健康险的融合。此外，在"互联网+商业健康保险"的复合发展模式下，健康险的创新发展面临的首要问题是对专业综合型人才的需求，商业保险公司应当挖掘、培养一批掌握保险、法律、策划营销以及互联网知识技能的综合型人才，为创新商业健康保险的发展模式奠定基础。[1]

2. 推进统一健康数据共享平台的建设

在"互联网+商业健康保险"发展模式下，通过对互联网技术的合理运用，商业保险公司对数据信息进行收集、分析和处理的能力将得到强化，还有助于构建商业保险公司与其他保险公司、社会医保管理部门、医疗机构等主体之间的信息资源交流平台。事实上，我国各家保险公司、社会医保管理部门、医疗机构都有各自的数据信息管理平台，但差异化的系统与不统一的标准等因素导致了众多的"信息孤岛"。即使是在保险行业内部，各家保险公司掌握的数据也是各自保密的，在互相竞争的背景下，商业保险公司之间通常难以做到数据互动、资料共享。医疗机构是采集和存储健康大数据的主要机构，掌握着大量服务辐射范围内居民的健康及医疗信息，且医疗机构获得的数据较为准确、具有较高的商业开发价值，然

----

[1]　参见李洪、孙利君《我国互联网保险发展现状、风险及防范对策》，《现代化管理》2020年第2期。

而医疗机构储藏的信息处于垄断封闭状态，未能发挥其应有的价值，使得医疗机构掌握的健康大数据低市场化与商业健康服务市场的高健康数据需求形成矛盾关系。① 并且对于商业保险公司来说，由于医疗机构数量多、分布广、信息系统制式不一，商业保险公司自行与各个医疗机构一一协商进行信息系统对接并不现实，需要耗费巨大的重复谈判成本和重复建设成本，为商业保险公司获取医疗信息增添了阻碍。因此，依托于互联网的技术支持，根据国务院办公厅发布的《关于加快发展商业健康保险的若干意见》提出的"支持商业健康保险信息系统与基本医疗保险信息系统、医疗机构信息系统进行必要的信息共享"的要求，政府应当破除信息壁垒、构建统一的健康数据共享平台，实现各商业保险公司、社会医保管理部门以及医疗机构信息平台的数据互联互通。如此一来，商业保险公司能够凭借客户的身份和保单信息查询到客户的医疗信息和社会医疗保险的报销记录，并据此进行风险管理、办理理赔服务。②

3. 加强对"互联网+商业健康保险"发展模式的监管

在看到互联网的发展给商业健康保险带来一定积极影响的同时，也要认识到互联网在一些方面存在不足之处，也会给健康险消费者以及商业保险公司带来新的风险。在互联网与商业健康保险有机融合的过程中，诸如虚假宣传、线上支付诈骗以及泄露、盗用或滥用客户个人信息和隐私等侵害保险消费者利益的种种问题逐渐显现，引发消费者对于网络安全问题的恐慌，而消费者对于互联网健康险平台的不信任可能会限制商业健康保险在"互联网+"模式下的发展。因此，为了加强对"互联网+商业健康保险"发展模式的监管，有必要制定科学合理的监管政策。一方面，要不断强化通过互联网渠道销售健康险产品服务的信息披露规则，在保险责任、告知义务、免责条款等方面明确披露要求，防止商业保险公司虚假宣传、销售误导，依法保障保险消费者的知情权、选择权和保单利益，提高健康险市场透明度。③ 另一方面，应当构建保险消费者个人信息保护机

---

① 参见谭清立、张军港《数据在健康管理领域中的应用探讨》，《健康研究》2020年第1期。

② 参见陈书涵《以"互联网+"推动商业健康保险发展的思考》，《福建金融》2015年第7期。

③ 参见李琼、刘庆、吴兴刚《互联网对我国保险营销渠道影响分析》，《保险研究》2015年第3期。

制，维护消费者个人信息安全。从宏观角度而言，国家需要为网络信息安全提供立法、执法等方面的必要保障；保险监管部门应当出台保护保险消费者个人信息安全的具体办法，对于保险公司通过互联网搜集、利用被保险人个人信息的行为加以约束，并对保险公司泄露、盗用和滥用被保险人个人信息的违法行为予以相应处罚；从微观层面而言，商业保险公司也需要加大在网络信息安全这方面的投入，通过完善管理流程、改进硬件设施、提升软件算法等措施预防病毒入侵、黑客攻击、信息泄露等信息安全问题，从而有效地降低互联网的风险，保障客户的隐私信息不被泄露。[①]

三　产品创新：商业健康保险产品的升级与优化

如上文所述，近年来我国商业健康保险发展迅速，基本形成了疾病保险、医疗保险、失能收入损失保险和护理保险等险种的全覆盖。然而我国商业健康保险的发展仍有其不足之处，存在着健康险产品供给结构和需求结构不匹配、产品同质化严重、针对性弱等问题，既无法满足消费者快速发展的健康保障需求，又不利于商业健康保险的长远发展。随着互联网技术等科技的迅猛发展，我国商业健康保险在"互联网+"的发展模式下迎来了新的机遇，互联网与商业健康保险的融合也能够在一定程度上帮助改善商业健康保险存在的问题。商业保险公司在创新"互联网+"发展模式的同时，应当以消费者当下的需求为导向，对商业健康保险产品加以创新，使我国商业健康保险产品能够覆盖更多人群的健康保障需求。

针对目前我国健康险市场疾病保险产品数量占比过半、医疗保险次之、而长期护理保险与失能收入损失保险所占份额还不足 2% 等情况，商业健康保险产品的创新应当遵循辨证施治的原则，对市场上数量较多的疾病保险和医疗保险产品应当着重进行产品细分、增强产品针对性、促进其优化与升级，而对于数量较少的失能收入损失保险和长期护理保险要加大探索开发的力度、增加产品供给，从而丰富我国的健康险产品体系、平衡产品结构。[②]

---

① 参见陈书涵《以"互联网+"推动商业健康保险发展的思考》，《福建金融》2015 年第 7 期。

② 参见王绪瑾、宁威主编《健康保险产品创新》，中国财政经济出版社 2018 年版，第 294 页。

（一）医疗保险产品创新

1. 我国医疗保险产品的概述及其发展现状

依据新《健康保险管理办法》的规定，医疗保险是指"按照保险合同约定为被保险人的医疗、康复等提供保障的保险"，即由商业保险公司对被保险人因疾病或意外事故导致的伤残医治所发生的医疗费用支出和所发生的其他费用损失给予经济上的补偿的保险。与其他类型的健康保险相比，医疗保险的显著特征包括医疗保险金的给付具有补偿性、医疗保险的保险费计算依赖于对将来医疗保险损失的准确预测、难以进行风险预测及费用控制等。根据保障的费用项目和补偿内容，医疗保险可以被区分为补偿被保险人基本医疗花费的普通医疗保险、对必需的常规医疗费用进行补偿的大病医疗费用保险以及对特定的医疗费用进行补偿的补充医疗保险。一般而言，普通医疗保险与大病医疗费用保险都可以作为社会医疗保险的替代，而补充医疗保险则能够解决被保险人在社会医疗保险保障之外的需求，例如补充型高额医疗费用保险可以对基本医疗保险支付限额以上的、合理且必需的医疗费用按一定比例进行补偿。[①] 按照保险期限，医疗保险可以被区分为长期医疗保险和短期医疗保险。按照保险金的给付性质，医疗保险又可以被区分为费用补偿型与定额给付型两种类别。

我国社会医疗保险布局已基本完成，但在医疗费用支付方面，社会医疗保险认可费用范围以外的、个人需要承担的自费部分依然占据了一定比例，个人的医疗负担依然很重。并且随着医疗费用的不断上升，医疗费用保障市场的需求将继续增长，我国商业医疗保险仍有很大的市场发展空间。民众的需求推动着医疗保险的快速发展，近 20 年来我国商业医疗保险发展迅速，2018 年我国医疗保险保费达到 1848 亿元，在健康保险中占比达到 34%，同比增长 27%，仅次于疾病保险。商业保险公司抓住了开辟商业医疗保险的商机，开发出了一些较为畅销的医疗保险产品，例如多家商业保险公司都开始销售的"百万保额医疗保险"产品。然而目前我国商业保险公司的专业化经营能力有所欠缺，也无法通过监督医疗机构的医疗行为来进行控费。在这种情况下，许多保险公司不将医疗保险作为主险销售，只把件均保费低、理赔频率高的短期医疗保险作为寿险产品、疾

[①] 参见王绪瑾、宁威主编《健康保险产品创新》，中国财政经济出版社 2018 年版，第 55—56 页。

病保险产品的附加险进行组合销售，存在医疗保险产品形态落后的问题，拉低了消费者的投保意愿。[①]

2. 我国医疗保险产品创新方向

（1）创新医疗保险的产品设计

为了增强医疗保险对消费者的吸引力，商业保险公司可以着手改进医疗保险产品的保单条款，在医疗保险保单中创新采用无赔款优待条款、增加赔付预先核准条款，优化医疗保险产品。无赔款优待条款原本是专属于车辆保险的条款，可以尝试将其引入人身保险领域，应用于医疗保险产品。针对长期医疗保险，商业保险公司可以在其保单中规定：上一年在保险期限内有理赔记录的被保险人，在后一年缴纳保费时应当按照约定的均衡保费缴纳保费；上一年在保险期限内无理赔记录的被保险人，可以被给予一定的保费折扣优惠。在医疗保险产品保单中设置无赔款优待条款能够让被保险人与保险公司均从中获益。既有利于激励被保险人主动加强健康保健、提高身体素质，从而减少疾病的发生与向保险公司提出索赔的次数；又可以帮助保险公司控制被保险人的风险，降低理赔率；还能够提高消费者的投保意愿，在一定程度上提高医疗保险的销售率。赔付预先核准条款是指规定了被保险人在准备接受医疗服务之前将治疗内容和治疗方案预先报告给商业保险公司、待商业保险公司审核同意后再接受治疗的保单条款。我国的医疗保险一般采用的是传统的事后赔付机制，商业保险公司无法在被保险人接受治疗的过程中对医疗费用进行干预，只能在被保险人就医结束后通过审核一系列被保险人提供的资料来判断给付金额，容易引发道德风险、导致骗赔现象的出现。并且，互联网等信息技术的发展为保险公司提前接收被保险人的报告、进行赔付预先核准等操作提供了线上平台，使这一条款的实施成为可能。因此，针对费用补偿型医疗保险产品，商业保险公司可以在其保单中增加赔付预先核准条款，通过这种方式来有效控制医疗费用的不必要支出。[②]

（2）创新中高端医疗保险产品

随着我国居民人均收入水平以及生活质量的提高，一些收入较高、追求更高生活质量的消费者产生了对中高端医疗保险产品的需求，并且这些

[①]　参见于莹、阎建军主编《中国健康保险发展报告（2019）》，社会科学文献出版社2019年版，第8—9页。

[②]　参见刘万敏《商业健康保险产品的创新设计》，《上海保险》2010年第5期。

高端客户的数量在不断增长。然而目前我国健康保险市场上在售的中高端医疗保险产品种类较少，难以满足高收入人群的广泛需求。因此，针对高收入人群，商业保险公司应当创新开发中高端医疗保险产品。中高端医疗保险产品具有保费高、保额高、保障力度大、服务品质高的特点。在被保险人因疾病或意外事故导致的伤残需要接受医治时，相较于社会医疗保险与普通医疗保险，中高端医疗保险产品不仅可以为被保险人报销范围更加广泛的医疗费用，还可以向被保险人提供在私立医院、海外医院等高端医疗机构的就诊机会以及无限制的专家就诊一对一服务，从而让客户享受到更好的医疗环境、更高的医疗水平、更完善的医疗服务，全方位满足客户的保障需求。

（二）疾病保险产品创新

1. 我国疾病保险产品的概述及其发展现状

依据新《健康保险管理办法》的规定，疾病保险是指"发生保险合同约定的疾病时，为被保险人提供保障的保险"，即以疾病的发生作为保险金给付条件的定额给付型保险。目前我国保险市场上的疾病保险产品类型多为重大疾病保险，重大疾病保险所承保的必须是真正"重大的"、需要支付高额医疗费用的、危及生命及影响患者生活质量的疾病。重大疾病保险能够为身患重病的被保险人提供一定经济保障，维持其正常生活和后续治疗，避免疾病造成被保险人家庭经济困难、"因病致贫"，缓解其经济压力与心理压力。

1995 年，我国内地保险市场引入了重大疾病保险，最初的重大疾病保险是作为寿险的附加险进行销售、保障 7 种重大疾病。1996 年，保险市场推出了保障重大疾病终身的主险产品。2006 年，保监会明确疾病保险是指以保险合同约定的疾病的发生为给付保险金条件的保险。2007 年 4 月 3 日，中国保险行业协会公布了《重大疾病保险的疾病定义使用规范》，中国保险行业协会与中国医师协会合作开展了重疾定义的制定工作，对最常见的 25 种疾病的表述进行了统一和规范，要求各保险公司启用行业统一的重大疾病定义，同时规定保险保障范围必须包括 25 种疾病中发生率最高的 6 种疾病。[①] 随着重大疾病保险的发展，为了更好地指导保险公司使用重大疾病定义，在 2020 年中国保险行业协会与中国医师协

---

① 参见冯鹏程《重疾险产品的现状及展望》，《中国医疗保险》2014 年第 9 期。

会共同对 2007 年制定的《重大疾病保险的疾病定义使用规范》进行了修订，现已形成《重大疾病保险的疾病定义使用规范》（2020 年修订版）。在修订后的使用规范中，建立了重大疾病分级体系，首次引入轻度疾病定义；将原有 25 种重疾定义完善扩展为 28 种重度疾病和 3 种轻度疾病，并且对这些疾病的定义作了明确表述和统一规定，扩大了重大疾病保险的保障范围。① 在我国的健康保险市场上，消费者比较容易接受"罹患重疾就赔付"的定额给付概念，定额给付型的重大疾病保险发展较快、产品数量较多。在我国重大疾病保险的发展过程中，各家商业保险公司围绕重大疾病早期、中期、晚期的不同阶段，开发出了不同种类的重大疾病保险，提高了重大疾病保险的保障程度，使其能更好地满足客户的需求。起初重大疾病保险的理赔标准比较高，只向患有晚期重疾的被保险人进行理赔，而病情尚处于早期轻症阶段的被保险人往往得不到理赔，为此产生了许多因理赔而起的纠纷。因此，许多商业保险公司先后推出了带有轻症多次赔付的重大疾病保险，一些重大疾病在早期阶段也可以得到理赔。此后又出现了带中症保障、带有轻症豁免功能的重大疾病保险产品以及可以多次赔付的重大疾病保险产品，这些重大疾病保险产品的创新设计以客户需求为导向，加强了对被保险人的保障。

2. 我国疾病保险产品的创新方向

（1）推出针对部分特定人群的重大疾病保险产品

面对我国健康保险市场上的重大疾病保险产品针对性弱、商业保险公司市场细分能力差的现状，在未来的发展进程中，商业保险公司应当针对不同年龄层以及不同性别的人群进行产品细分、创新推出更多针对部分特定群体的重大疾病保险产品，满足不同人群购买重大疾病保险的差异化需求，通过设计更加个性化的产品和服务让客户拥有更适合自身情况的保险产品。按照目标人群分类，疾病保险可以被区分为以整个社会群体作为保障对象的传统重大疾病保险、专门以女性或男性为承保对象的女性（男性）重大疾病保险、专门为老年人设计的老年重大疾病保险以及专门为儿童设计的儿童重大疾病保险。市场上传统的重大疾病保险产品具有大众化特征，很难兼顾不同群体的差异化需求，因此结合我国保险市场的现实

---

① 参见《中国保险行业协会就〈重大疾病保险的疾病定义使用规范修订版（征求意见稿）〉向行业征求意见并就相关问题答记者问》，2020 年 3 月 31 日，中国保险行业协会网站（http：//www.iachina.cn/art/2020/3/31/art_ 22_ 104440.html）。

需求，商业保险公司可以推出以下几种针对部分特定人群的重大疾病保险产品：

一是适应女性需求的女性重大疾病保险产品，女性重大疾病保险产品是为女性量身定制的一类保险产品，要针对女性的特定疾病提供保障，与传统的重大疾病保险相比具有一定的细分性。东南亚国家很早就推出了女性重大疾病保险产品，我国香港地区也早在 1995 年就推出了女性重大疾病保险产品。事实上，女性重大疾病保险产品的存在具有重大意义。相关统计资料显示，不同性别群体的疾病风险偏好、主要重疾发病率等都有较大区别。《中国癌症登记年报 2018》的结果表明：在各年龄段，女性群体癌症发病率均高于男性；女性罹患的癌症除常见的肺癌、胃癌、肝癌外，还包括特有的乳腺癌、宫颈癌、卵巢癌和子宫内膜癌这些高发性的癌症；女性在 16—60 岁预计患新发癌症、乳腺癌的概率十分大。可见女性对于重大疾病的保障需求更大。[1] 并且，随着女性经济地位和收入水平的提高，女性客户对专门为女性设计的特定保险需求越来越强烈，女性重大疾病保险产品的市场在不断扩大。因此，商业保险公司应当借鉴国外及香港地区的发展经验，开发以女性特有的生理情况作为保险标的的重大疾病保险产品，填补市场空缺、满足实际市场需求。女性重大疾病保险产品的保险保障范围应当包括一些女性的高发疾病，如乳腺癌、宫颈癌和系统性红斑狼疮等；有孕期、分娩的并发症，主要包括宫外孕、葡萄胎、胎死宫内、与分娩有关的弥漫性血管内凝血、严重的惊厥症等疾病；还应包括新生儿的先天性疾病。[2] 如此才能充分利用重大疾病保险的功能，让女性从中获得切实的保障利益。

二是适应老年人需求的老年重大疾病保险产品。我国社会老龄化趋势明显，统计数据预估在 2050 年左右我国的老年人口将达到全国人口的1/3，老年人的健康保障问题不容忽视。老年人与年轻人相比，罹患重大疾病的风险加剧，一些重大疾病治疗难度大、费用高，而社会医疗保险提供的保障与实际需求间存在较大缺口，老年人需要自行承担高昂的治疗费用。并且由于历史原因，我国现阶段步入老年阶段的人群在健康保险储备

---

[1]　参见李涛、陈熙《女性重大疾病保险业务的现状、问题与发展策略》，《上海保险》2020 年第 2 期。

[2]　参见王绪瑾、宁威主编《健康保险产品创新》，中国财政经济出版社 2018 年版，第302 页。

上明显不足，购买合适的重大疾病保险产品成为当下一些老年人的重要需求，老年重大疾病保险产品的市场空间广阔。因此，商业保险公司应当积极迎合老年人的健康保障需求，开发适合老年人的老年重大疾病保险产品。韩国、新加坡等一些国家陆续推出了老年重大疾病保险产品，我国国内的一些保险公司如太平人寿、太平洋人寿等也推出了老年癌症保险产品。参考国内外商业保险公司发展老年重大疾病保险的经验，结合老年人身体状况普遍欠佳、疾病风险更高、投保能力有限的特点，商业保险公司在开发老年重大疾病保险产品的过程中，应当放宽投保年龄范围，在风险管控上主要运用保险金额限制、等待期、分层给付、定期保费可调整、再保险等手段来加强风险控制，同时应适度降低保险费率来增加老年群体的购买力。①

（2）创新设计不同给付方式的重大疾病保险产品

为应对重大疾病保险逆向选择风险大和高赔付率的特征，商业保险公司可以设计不同保险金给付方式的重大疾病保险产品，创新采用多重给付或分级给付等方式。一是引入重大疾病分级体系，创新设计分级给付的重大疾病保险产品。当被保险人被确诊为保单中列明的重大疾病时，保险公司按照疾病的严重程度对被保险人进行赔付。随着医疗技术发展和新诊断技术的出现，某些重大疾病在病情早期就能够得到诊断。例如，恶性肿瘤按不同标准可以分为 4 级，当被保险人患有 1 级疾病时保险公司给付保险金额的 25%，若病情进一步发展为 2 级时再给付 25%，直到完全给付保险金额。这一支付方式使被保险人在病情尚未加重之时就能获得保险金的支持来进行治疗、及时控制病情，在实际应用中也能够有效避免逆选择和道德风险的发生。二是设计多重给付的重大疾病保险产品，向被保险人提供两次甚至多次的重大疾病保障。多重给付是指将重大疾病按性质分成若干小组，组内疾病相关性较高，组与组之间相关性较低。当被保险人罹患保单列明的某一重大疾病后，保险公司对其进行赔付，这组疾病保障责任终止；被保险人在获得赔付后，在间隔一定时间之后若再次罹患第一次疾病所在小组之外的其他重大疾病，待等待期满后，保险公司可以按照保险合同的约定再对其进行二次赔付。这一给付方式能够在很大程度上提高对

---

① 参见刘青、冯鹏程《发展老年重大疾病保险的思考》，《上海保险》2015 年第 1 期。

被保险人的保障程度。①

（3）开发"疾病保障+健康管理"相结合的重大疾病保险产品

新修订的《健康保险管理办法》规定，"保险公司可以将健康保险产品与健康管理服务相结合，提供健康风险评估和干预、疾病预防、健康体检、健康咨询、健康维护、慢性病管理、养生保健等服务"。对于重大疾病保险，促进健康管理服务与重大疾病保险的结合、丰富产品的增值服务，既有利于增强重大疾病保险产品的市场竞争力，又有助于降低被保险人的患病风险、减少保险公司的赔付支出，是实现客户和商业保险公司双赢的重要举措。商业保险公司应当在为客户提供重大疾病保险保障的同时进行创新，向客户提供重大疾病咨询、第二诊疗意见、专家门诊及就医绿色通道等服务，提升重大疾病患者的治病效率。②

（三）长期护理保险产品创新

1. 我国长期护理保险产品的概述及其发展现状

根据新《健康保险管理办法》的规定，护理保险是指"按照保险合同约定为被保险人日常生活能力障碍引发护理需要提供保障的保险"，则当被保险人因保险合同约定的日常生活能力障碍引发护理需要时，保险人应当向其给付一定的生存保险金。有学者将长期护理保险（Long Term Care Insurance，LTCI）定义为"对被保险人因为年老、严重或慢性疾病、意外伤残等导致身体上的某些功能全部或部分丧失，生活无法自理，需要入住安养院等长期护理机构接受长期的康复和支持护理或在家中接受他人护理时支付的各种费用给予补偿的一种健康保险"③。简而言之，长期护理保险的保险责任是为被保险人因接受长期护理服务而发生的费用进行补偿。长期护理是指在一个相对长的时期内，向由于意外、疾病或衰老导致身体或精神受损而致使日常生活不能自理的个体，在医疗、日常生活或社会活动中提供支持性的服务。长期护理通常周期较长，一般可长达半年、数年甚至十几年。且不同于传统健康维护服务以治愈疾病或保全生命为目的，长期护理的目的在于尽最大可能长久地维持和增进患者的身体机能、提高其生存质量，从而使患者的情况能稍有好转或仅仅维持现状，并不以

---

① 参见冯鹏程《重疾险产品的现状及展望》，《中国医疗保险》2014 年第 9 期。

② 参见冯鹏程《重疾险产品的现状及展望》，《中国医疗保险》2014 年第 9 期。

③ 参见荆涛《长期护理保险——中国未来极具竞争力的险种》，对外经济贸易大学出版社 2006 年版，第 23 页。

使患者完全治愈或康复为目标。[①] 长期护理保险在我国是一种新型的健康保险，与其他健康保险不同，其保障的是患者在不太可能恢复健康和正常身体机能的情况下所需的服务，[②] 具有长期性、持续性、保值性、现金价值高的特点。

按照保障范围，长期护理保险可以被区分为只承保专业护理机构的护理服务的保险、承保专业护理机构和家庭护理服务的保险。只承保专业护理机构的护理服务保险只对被保险人在专业护理机构接受护理服务而产生的护理费用提供保障，如果被保险人没有到专业护理机构进行护理，那么保险人就不会对被保险人的护理费用进行补偿。而承保专业护理机构和家庭的护理服务的保险对被保险人所接受的家庭护理或机构护理发生的费用都会进行补偿。以保障形式为分类标准，长期护理保险又可以被分为独立的长期护理保险、寿险保单附加的长期护理保险、医疗费用保险附加长期护理保险、失能收入损失保险转化为长期护理保险以及递增年金式的长期护理保险。按照给付方式的不同，长期护理保险可分为实际费用补偿型保险、定额给付型保险以及直接提供长期护理服务型的保险。[③]

长期护理保险并不仅仅针对老年人，但通常来说老年人中需要长期护理的人数占总人数比例较高。在人口老龄化日趋严重、慢性病发生率与日俱增的背景下，长期护理保险作为一种能够帮助老年人为长期护理做好资金准备的金融产品，对解决老年人长期护理这一棘手问题具有重大意义。然而，目前我国的长期护理保险制度还处在起步阶段。我国社会经济发展水平还不足以完全承受将长期护理保险纳入社会保险所要支付的费用，短期内无法依靠社会保险解决长期护理问题。而我国商业长期护理保险也起步较晚、尚未发展起来，国内市场自 2006 年起才开始出现第一个长期护理保险产品。我国商业长期护理保险供给较少、市场规模仍比较小，在健康险市场上占据的份额还不足 1%。目前仅有 20 多家商业保险公司提供了约 70 款长期护理保险产品，存在产品种类少的问题。并且商业长期护理保险产品还存在产品费率较高、产品保障范围窄、给付方式缺乏多样

---

① 参见荆涛《建立适合中国国情的长期护理保险制度模式》，《保险研究》2010 年第 4 期。

② See Anne Theisen Cramer and Gail A. Jensen, "Why Don't People Buy Long-Term-Care Insurance?" *The Journals of Gerontology*, Vol. 61, No. 4, July 2006, p. 185.

③ 参见王绪瑾、宁威主编《健康保险产品创新》，中国财政经济出版社 2018 年版，第245—246 页。

性、投保条件不合理等不足之处。例如，我国目前很多保险公司将被保险人的年龄限制在 55 岁或 60 岁以下，只有少数公司将年龄上限设为 65 周岁，而事实上 65 岁以上的老年人才是对长期护理保险需求最为急迫的人群。因为这些长期护理保险产品设计的不合理的投保条件，60 岁或 65 岁以上的老年人将成为拒保对象，导致商业保险公司失去了大量的潜在客户。[①] 目前我国长期护理保险产品由于缺乏经验而存在的这些不足之处，使得我国商业长期护理保险的发展陷入滞缓，暂时无法承担推动老年人长期护理事业发展的责任。

2. 我国长期护理保险产品的创新方向

正如上文所指出的，我国商业长期护理保险产品不仅种类较少，还存在产品费率较高、产品保障范围窄、给付方式缺乏多样性、投保条件不合理等不足之处。因此商业保险公司需要在结合我国国情、参考日美等发达国家的先进经验的基础上，对长期护理保险产品进行创新。不仅要根据不同人群的不同需求研发出更加多样化的产品，创新出长期护理保险与其他类型保险相结合的形式，还要对长期护理保险的保单条款进行创新设计，优化长期护理保险产品。

（1）对长期护理保险保单进行创新设计

出于促进我国长期护理保险的发展的目的，针对目前我国长期护理保险保单条款中普遍存在的问题与不足，应该对以下保单内容进行合理的创新设计。

首先，要对被保险人的投保年龄，即保险人规定的对被保险人参保年龄范围的限制，加以改动。目前在我国保险市场上，很多保险公司在设计长期护理保险保单条款时对投保年龄的限制较为严格，将投保对象的年龄限制在 55 岁或 60 岁以下，然而美国的研究表明至少有 70% 的年满 65 岁的老年人需要某种形式的长期护理服务，[②] 我国长期护理保险保单条款的设计与 65 岁以上的老年人是长期护理保险最大需求方的现实情况不符，导致老年人护理保险实际需求与供给之间的矛盾。参考发达国家的长期护理保险

---

① 参见丁少群、陈怡迪《我国长期护理保险的迫切需求及发展方向探索》，《上海保险》2017 年第 2 期。

② See Savannah Bergquist, Joan Costa-Font and Katherine Swartz, "Partnership Program for Long-Term-Care Insurance: the Right Model for Addressing Uncertainties with the Future?" *Ageing & Society*, Vol. 36, No. 9, July 2016, pp. 1779-1780.

产品，往往将被保险人参保年龄范围的限制设定在 18—99 岁；并且结合长期护理保险的实际销售情况，55—75 岁的人消费长期护理保险产品的概率最大，因此，为了避免对该保险有需求的潜在客户因年龄限制被拒保、扩展该保险的消费群体，我国长期护理保险应该适当放松在投保年龄方面的限制，至少应将被保险人的年龄上限设定到 75 岁以上。① 其次，要对长期护理保险的保费支付方式与保险金给付方式进行完善。为了吸引年轻人等暂无较多存款的群体对长期护理保险的关注，长期护理保险的保费支付可以采取自然保费与均衡保费相结合的方式，即通过合同约定一个年龄作为分界时点，在被保险人达到约定年龄之前每年仅需缴纳当年数额较小的自然保费，在被保险人到达约定年龄之后再转为均衡保费方式。对于长期护理保险的保险金给付方式，由于我国目前没有正式的护理费用标准，难以对被保险人实际发生的护理费用进行计算，因此应当采取定额给付的方式。同时，长期护理保险还可以细化给付方式，在定额给付的基础之上采取分类定额给付的方式，即按照护理、交通、购买护理设备等费用项目的分类来给付或者按月、按季度或按年给付。② 最后，学习发达国家的先进经验，在长期护理保险的保单设计中应当设置一些保护被保险人权益的创新条款，包括不丧失价值条款、通货膨胀保护条款、保证可续保条款等，从而更好地保障被保险人的权益，提高产品对被保险人的吸引力。③

（2）将长期护理保险与其他类型的保险相结合

为满足消费者的多样化需求，我国商业保险公司可以借鉴美国、法国等发达国家的做法，将长期护理保险与其他类型的保险或一些金融产品相结合，设计出创新的复合型保险产品。

一是创新研发出长期护理保险产品和人寿保险产品相结合的复合型产品，使得对被保险人的保障功能更加全面一些。例如规定若被保险人在死亡前没有使用长期护理服务，则在被保险人死亡后，保险公司将向被保险人指定的受益人支付相应的人寿保险金。人保健康公司在 2006 年推出了"全无忧长期护理险"这一产品，其保单条款规定，若被保险人在 60 周

---

① 参见王绪瑾、宁威主编《健康保险产品创新》，中国财政经济出版社 2018 年版，第306 页。

② 参见刘万敏《商业健康保险产品的创新设计》，《上海保险》2010 年第 5 期。

③ 参见王绪瑾、宁威主编《健康保险产品创新》，中国财政经济出版社 2018 年版，第305 页。

岁以前产生了一定的护理费用，则由该产品对其进行补偿；而在被保险人60周岁之后，不管其是否发生护理费用，即使不符合领取护理保险金的条件，也会按照每年8%的比率向被保险人给付保险金，实际上相当于向被保险人支付养老保险金。

二是创新与商业抵押贷款相结合的长期护理保险产品，即将自有房屋进行抵押，以全部或部分房屋价值转换成现金来购买的长期护理保险。在爱尔兰，这样的保险产品称为"养老院贷款计划"，既可以为老年人支付长期护理的费用，也无须老年人卖掉居住的房屋。① 这样的长期护理保险产品与我国保险行业提出的"以房养老"的观点不谋而合，都可以为我国长期护理保险与商业抵押贷款的结合提供借鉴。在中国保监会2017年发布《中国保监会关于延长老年人住房反向抵押养老保险试点并扩大试点范围的通知》中，进一步强化了商业抵押与养老的紧密联系。而事实上，商业抵押与长期护理也可以联系起来，长期护理保险的被保险人在因为年老、严重或慢性疾病等原因导致生活无法自理时，也可以选择将房产作为抵押，换取其需要的长期护理服务。

（四）失能收入损失保险产品创新

1. 我国失能收入损失保险产品的概述及其发展现状

依据《健康保险管理办法》对失能收入损失保险的定义，失能收入损失保险是指"以保险合同约定的疾病或者意外伤害导致工作能力丧失为给付保险金条件，为被保险人在一定时期内收入减少或者中断提供保障的保险"。由上述定义可知，当被保险人因合同约定的疾病或意外伤害导致的健康问题造成工作能力的丧失、正常的工作收入减少或者中断时，保险人向其支付一定保险金，防止其陷入经济困境。失能收入损失保险不同于医疗保险，并不对被保险人因疾病或意外伤害而发生的医疗费用进行补偿，而是向被保险人提供收入补偿。失能收入损失保险不一定能完全补偿被保险人因失能而导致的收入损失，其提供的保险金应当低于被保险人身体受损以前的正常收入水平，从而促使被保险人在恢复身体后尽早重返工作岗位。失能收入损失保险也与意外伤害保险不同，意外伤害保险的保险金往往是一次付清的，而失能收入损失保险保险金的给付是可以按月或按

① 参见王莉《商业长期护理保险市场影响因素及发展分析》，《卫生经济研究》2018年第8期。

周分期实行的，被保险人可以根据自己的实际需要和家庭的财务状况选择分期领取。按照保险产品形式，失能收入损失保险产品既可以以独立保险产品主险的形式出现，也可以作为人寿保险、重大疾病险等成熟险种的附加险进行销售。根据保险金给付时间的长短，失能收入损失保险可以被区分为短期失能收入损失保险与长期失能收入损失保险，个人长期失能收入损失保险的最长给付时间可以延长至被保险人65岁或退休，甚至可以向被保险人提供终身保障。①

失能不仅会给个人及家庭带来陷入经济困境、生活质量下降的风险，在宏观层面上还会影响社会福利水平与经济发展。而失能收入损失保险作为一种应对失能风险的重要手段，对于个人和家庭而言，能够起到稳定生活质量、维护个人尊严的作用；对于社会而言，还能够发挥维护社会稳定、促进经济发展的作用。我国并没有相对完善的法定失能收入保障制度，仅有以劳动者为被保险人的工伤保险能够发挥一定的保障作用。但是我国工伤保险的保险责任不包含非职业伤害及非职业疾病造成的失能，且在社会上还有个体经营者、自由职业者等群体没有工伤保险，则需要商业失能收入损失保险来补充，为商业失能收入损失保险的发展留下了空间。然而目前来说，我国的商业失能收入损失保险还处于初级发展阶段，受人们对商业失能收入损失保险缺乏认知、保险公司缺乏产品开发与管理的技术与经验、理赔风险难以控制等因素的限制，失能收入损失保险在健康保险产品备案险种中供给数量最低，且多以团体形式存在，还没有发挥出其在经济发展中应有的作用。②

2. 我国失能收入损失保险产品的创新方向

（1）改进失能收入损失保险的产品设计

对于在健康保险市场中占比极小的失能收入损失保险，商业保险公司应当加大开发力度、增加产品供给。而要想开发出成功的失能收入损失保险产品，必须对失能收入损失保险产品进行合理的产品设计，进一步明确失能收入损失保险保单中的给付条件、保险金额度与给付方式等内容。

首先，对于失能收入损失保险的产品形态，可以先将其作为附属于人寿保险或意外伤害保险合同的附加险进行销售，在经过一定时间的发展后

---

① 参见王绪瑾、宁威主编《健康保险产品创新》，中国财政经济出版社2018年版，第246—247页。

② 参见陈滔、马绍东《失能收入损失保险国际经验及借鉴》，《保险研究》2010年第6期。

再推出独立保险产品主险形式的失能收入损失保险。目前，我国商业保险公司对于经营失能收入损失保险产品缺乏经验，且在精算技术等方面明显不足，因此对于失能收入损失保险产品的开发应当由简至繁、逐步推进，先将其作为成熟险种的附加险销售，在这一过程中逐步积累经营经验，再开发出真正意义上的独立的失能收入损失保险。① 其次，要对失能收入损失保险产品的给付条件加以确定，明确"失能"的界定标准。在国外，商业保险公司一般从职业性失能、工作任务、日常活动能力等方面来定义失能收入损失保险中的失能，而我国目前还没有统一的类似界定。但是上述几种对失能的定义极为严格，还需要有配套的专业机构和专业人士来进行认定，在我国缺乏实际操作基础。因此，结合我国的实际情况，对于普通的失能收入损失保险，以患有重大疾病或遭遇意外事故造成的全残或伤残引起的收入损失作为给付条件较为现实，便于商业保险公司进行操作。最后，应确立失能收入损失保险的保险金限额，对失能收入损失保险的保险金给付方式加以改进。失能收入损失保险向被保险人给付的保险金数额不得高于被保险人失能之前的实际正常收入，否则容易造成逆向选择和道德风险的发生。因此，必须对失能收入损失保险的保险金最高额进行限制。对于失能收入损失保险的保险金给付，可以采用每月按固定金额给付和一次性给付相结合的给付方式：针对完全失能的被保险人，可采用一次性给付的方式；针对半失能的被保险人，可以采用分期固定金额给付的方式，避免诱发道德风险。②

（2）创新特殊职业失能收入损失保险产品

事实上，不同职业的劳动者面临的失能风险也不同，高风险职业伴随高失能风险。由于一些行业风险太大，许多特殊高风险职业的劳动者被排除在失能收入损失保险之外，缺乏相应的保险保障。因此，商业保险公司可以设计特殊职业失能收入损失保险产品，如飞行员失能收入损失保险、高空作业人员失能收入损失保险等，以满足特殊职业劳动者的保障需求。③

---

① 参见陈滔、马绍东《失能收入损失保险国际经验及借鉴》，《保险研究》2010 年第 6 期。
② 参见王绪瑾、宁威主编《健康保险产品创新》，中国财政经济出版社 2018 年版，第310—311 页。
③ 参见王绪瑾、宁威主编《健康保险产品创新》，中国财政经济出版社 2018 年版，第311 页。

参考文献

一 中文书籍

陈聪富：《医疗机构法人组织与责任》，载陈学德主编《医疗纠纷处理之法制与实证》，元照出版公司 2015 年版。

陈文辉：《我国城乡居民大病保险发展模式研究》，中国经济出版社 2013 年版。

程啸：《侵权责任法》，法律出版社 2015 年版。

韩世远：《合同法总论》，法律出版社 2018 年版。

黄煌雄、沈美真、刘兴善：《全民健保总体检》，台北医学大学、五南图书出版有限公司 2012 年版。

贾爱玲：《环境责任保险制度研究》，中国环境科学出版社 2010 年版。

荆涛：《长期护理保险——中国未来极具竞争力的险种》，对外经济贸易大学出版社 2006 年版。

刘京生：《中国健康保险发展研究》，中国社会科学出版社 2011 年版。

吕群蓉：《医疗责任保险制度法律基础与制度构建》，中国政法大学出版社 2014 年版。

宋国华主编：《保险大辞典》，辽宁人民出版社 1989 年版。

王喜军、杨秀朝：《医疗事故处理条例实例说》，湖南人民出版社 2003 年版。

王绪瑾、宁威主编：《健康保险产品创新》，中国财政经济出版社 2018 年版。

谢荣堂：《社会法治国基础问题与权利救济》，元照出版公司 2008 年版。

辛丹：《健康保险与健康管理》，中国财政经济出版社 2018 年版。

熊志国、阎波、锁凌燕等：《中国商业健康保险发展模式探索——兼论医疗保障体系发展的价值与取向》，北京大学出版社 2012 年版。

阎建军等：《健康保险发展的逻辑》，中国金融出版社 2017 年版。

于莹、阎建军主编：《中国健康保险发展报告（2019）》，社会科学文献出版社 2019 年版。

杨燕绥、廖藏宜主编：《健康保险与医疗体制改革》，中国财政经济出版社 2018 年版。

张晓：《健康保险医学基础》，中国财政经济出版社 2018 年版。

张颖：《商业健康保险与社会医疗保险制度的对接机制研究》，中国社会科学出版社 2014 年版。

郑玉波：《民商法问题研究》（二），三民书局 1980 年版。

中国发展研究基金会：《中国商业健康保险研究》，中国发展出版社 2017 年版。

邹海林：《责任保险论》，法律出版社 1999 年版。

邹海林：《保险法》，社会科学文献出版社 2017 年版。

［美］曼昆：《经济学原理：微观经济学分册》，梁小民、梁砾译，北京大学出版社 2015 年版。

［美］伊丽莎白·罗森塔尔：《美国病》，李雪顺译，上海译文出版社 2019 年版。

［美］詹姆斯·M. 布坎南、戈登·图洛克：《同意的计算：立宪民主的逻辑基础》，陈光金译，上海人民出版社 2014 年版。

二　中文期刊

曹明哲：《健康保险合同中等待期条款的效力和裁判路径研究》，《法律适用》2019 年第 6 期。

陈灿：《健康保险合同等待期条款研究》，《湖北警官学院学报》2015 年第 6 期。

陈飞：《论我国责任保险立法的完善——以新〈保险法〉第 65 条为中心》，《法律科学》（西北政法大学学报）2011 年第 5 期。

陈建晖、易艳娟：《试论我国责任保险第三人代位请求权——新〈保险法〉第 65 条之管窥》，《金融与经济》2009 年第 7 期。

陈敏敏、陈清、冀亚琦：《企业化健康管理的现状分析及发展策略》，《中国卫生事业管理》2008 年第 8 期。

陈诺：《医疗责任保险的困境破解和路径选择》，《中国保险》2019 年第 6 期。

陈书涵：《以"互联网+"推动商业健康保险发展的思考》，《福建金融》2015 年第 7 期。

陈滔、马绍东：《失能收入损失保险国际经验及借鉴》，《保险研究》2010 年第 6 期。

陈维良：《基本医保委托管理"洛阳模式"剖析》，《中国医疗保险》2010 年第 6 期。

陈校云、孙纽云、林琳等：《我国医疗风险的研究要素和范畴》，《中国循证医学杂志》2011 年第 5 期。

陈俞沛：《疾病筛检于社会健康保险之定位》，《台湾医学》2018 年第 22 卷第 3 期。

巢健茜、蔡瑞雪：《健康中国背景下健康管理在社会医疗保险中的应用》，《山东大学学报》（医学版）2019 年第 8 期。

崔晴川、王朝昕、蒋炜：《我国单病种支付方式改革十年发展的系统回顾及效果评价》，《中国循证医学杂志》2016 年第 9 期。

邓嘉詠：《论环境污染强制责任保险的赔偿范围——以〈环境污染强制责任保险管理办法（征求意见稿）〉为视角》，《中南林业科技大学学报》（社会科学版）2018 年第 1 期。

丁峰、陈华、许宝洪：《张家港基本医保引入第三方监管服务的实践初探》，《中国医疗保险》2020 年第 2 期。

丁少群、陈怡迪：《我国长期护理保险的迫切需求及发展方向探索》，《上海保险》2017 年第 2 期。

丁少群、许志涛、薄览：《社会医疗保险与商业保险合作的模式选择与机制设计》，《保险研究》2013 年第 12 期。

董彪：《消费者权益保护视角下的互联网保险营商自由》，《国家检察官学院学报》2017 年第 2 期。

董乾、陈金彪、陈虎等：《DRGs 国内发展现状及政策建议》，《中国卫生质量管理》2018 年第 2 期。

冯鹏程：《重疾险产品的现状及展望》，《中国医疗保险》2014 年第

9 期。

符美玲、冯泽永、陈少春：《发达国家健康管理经验对我们的启示》，《中国卫生事业管理》2011 年第 3 期。

顾昕：《中国医疗保障体系的碎片化及其治理之道》，《学海》2017 年第 1 期。

广东保监局：《保险业服务全民医保的"湛江模式"》，《中国医疗保险》2010 年第 9 期。

国务院发展研究中心课题组：《中国医疗改革的评价与建议》，《经济管理文摘》2005 年第 16 期。

韩烨：《社会保障视域下商业保险与社会保险互动机制的耦合协调度研究》，《税务与经济》2019 年第 5 期。

何佳馨：《美国医疗保险制度改革的历史考察与理论检省》，《法制与社会发展》2012 年第 4 期。

何锦强、孙武军：《合作治理阈下的农村治安保险制度优化研究》，《保险研究》2016 年第 11 期。

何启豪：《国家治理现代化背景下的保险法理论新范式——以保险人作为私人监管者为中心的考察》，《现代法学》2019 年第 4 期。

何子英、邱越、郁建兴：《"有管理的竞争"在破除医疗保险区域碎片化中的作用——德国经验及其对中国的借鉴》，《浙江社会科学》2017 年第 12 期。

衡敬之：《403 例涉医责险医疗损害赔偿案件回顾性分析及完善医责险问题探讨》，《中国医疗管理科学》2019 年第 5 期。

侯琦、魏子扬：《合作治理——中国社会管理的发展方向》，《中共中央党校学报》2012 年第 1 期。

胡广宇、刘婕、付婷辉等：《我国按疾病诊断相关分组预付费改革进展及建议》，《中国卫生政策研究》2017 年第 9 期。

贾宇云：《我国基本医疗保险市场化研究》，《四川行政学院学报》2019 年第 3 期。

江朝国：《社会保险、商业保险在福利社会中的角色——以健康安全及老年经济安全为中心》，《月旦法学杂志》2010 年第 10 期。

姜南：《论责任保险的第三人利益属性——解析新〈保险法〉第六十五条》，《保险研究》2009 年第 12 期。

姜南：《公益与私益的融合——以强制责任保险法律制度为核心》，《河北经贸大学学报》2016 年第 4 期。

江苏省江阴市人民政府：《江阴模式：征缴、经办、监管、服务相分离》，《中国金融》2011 年第 4 期。

蒋伊石、邵晓军：《商业保险公司承接大病保险建立整合式医疗案例研究》，《中国卫生经济》2019 年第 5 期。

荆涛：《建立适合中国国情的长期护理保险制度模式》，《保险研究》2010 年第 4 期。

冷明祥、胡大洋、张建军等：《商业健康保险公司介入社会医疗保险的可行性以及模式探讨》，《南京医科大学学报》（社会科学版）2011 年第 4 期。

李洪、孙利君：《我国互联网保险发展现状、风险及防范对策》，《现代化管理》2020 年第 2 期。

李江、陶沙、李明等：《健康管理的现状与发展策略》，《中国工程科学》2017 年第 2 期。

李静：《论商业医疗保险的准公共产品性与保险公司的社会责任——奥巴马医保改革的启示与借鉴》，《江西社会科学》2014 年第 9 期。

李乐乐：《我国基本医疗保险支付方式改革研究——基于两个典型案例的探索性分析》，《当代经济管理》2018 年第 3 期。

李琼、刘庆、吴兴刚：《互联网对我国保险营销渠道影响分析》，《保险研究》2015 年第 3 期。

李珊珊、黄莹：《分级诊疗的本质、制度性障碍与对策建议》，《中国卫生经济》2016 年第 12 期。

李涛、陈熙：《女性重大疾病保险业务的现状、问题与发展策略》，《上海保险》2020 年第 2 期。

李玉华：《商业保险助推分级诊疗的实践与思考——基于对广东省江门市大病保险家庭医生服务模式的观察》，《中国医疗保险》2017 年第 7 期。

李珍、王怡欢、杨帆：《论新时代医疗保险公法人治理体制的创新——基于多中心治理理论》，《中国卫生政策研究》2019 年第 11 期。

林枫、鲍务新、王海荣等：《慢性非传染性疾病综合防控的镇江模式探讨》，《中国卫生资源》2015 年第 6 期。

林工凯：《分级医疗之必要性与未来——着重于初级卫生保健在台湾健康照护体系之角色与架构调整建议》，《月旦医事法报告》2018 年第 23 期。

刘承韪：《消费者撤销权制度的适用与完善》，《人民司法（应用）》2016 年第 31 期。

刘海兰：《商业保险参与社会医疗保险的实践——番禺模式与湛江模式的比较研究》，《卫生经济研究》2017 年第 6 期。

刘晴：《荷兰医改启示：有管理的竞争》，《中国社会保障》2011 年第 1 期。

刘青、冯鹏程：《发展老年重大疾病保险的思考》，《上海保险》2015 年第 1 期。

刘涛、何亮、李金辉：《基于国际经验的我国保险与医疗合作模式研究》，《管理现代化》2019 年第 3 期。

刘同芗、郭健美、唐红梅：《单病种付费改革存在的问题与对策：基于山东省单病种实施现状调查》，《中国保险》2014 年第 2 期。

刘万敏：《商业健康保险产品的创新设计》，《上海保险》2010 年第 5 期。

柳亦博：《论合作治理的生成：从控制、竞争到合作》，《天津社会科学》2015 年第 3 期。

刘玉娟：《发达国家商业保险参与社会医疗保险的经验与启示》，《改革与战略》2017 年第 2 期。

吕群蓉：《美国医疗责任保险制度困境的破解之道及其启示》，《法商研究》2014 年第 3 期。

吕群蓉、蔡川子：《论医疗责任保险保费的承担主体》，《福州大学学报》（哲学社会科学版）2013 年第 3 期。

马福云：《地方政府以商业保险协同社会救助机制研究》，《北京科技大学学报》（社会科学版）2016 年第 4 期。

马香一：《我国相互保险的实践探索与发展》，《中国保险》2019 年第 6 期。

毛明华、邹烨：《新型农村合作医疗"江阴模式"的创新与启示》，《卫生经济研究》2008 年第 2 期。

孟彦辰：《商业保险公司经办城乡居民大病保险业务现状分析》，《医学与社会》2015 年第 2 期。

倪沪平：《新时期深化医保支付方式改革的思考》，《中国医疗保险》2019 年第 6 期。

聂颖：《改革开放 40 年中国保险业的发展回顾》，《中国保险》2018 年第 10 期。

偶见：《保险人不应失语——从阜外医院"强制"患者投保案看正确理解保险自愿原则》，《中国保险》2005 年第 11 期。

潘锋：《七十年医改攻坚路，以人为本探求世界难题——访国务院医改专家咨询委员会委员、中国人民大学王虎峰教授》，《中国医药导报》2019 年第 24 期。

庞绍堂：《公共物品论——概念的解析延拓》，《公共管理高层论坛》2007 年第 1 期。

钱海波、黄文龙：《医疗保险支付方式的比较及对我国的发展前瞻》，《中国医疗前沿》2007 年第 1 期。

钱红亮：《保险社会治理功能的法学分析——以保险的社会连带性为中心》，《湖北警官学院学报》2019 年第 4 期。

乔石、李祝用：《大病保险的性质与法律适用问题研究》，《北京航空航天大学学报》（社会科学版）2018 年第 6 期。

秦启彤、石悦：《医务人员职业暴露的法律保护》，《中国卫生事业管理》2016 年第 1 期。

任自立：《中国保险费率监管制度的改革与思考》，《政法论丛》2019 年第 2 期。

任自力：《保险损失补偿原则适用范围思考》，《中国法学》2019 年第 5 期。

沙银华：《重大疾病保险"等待期"收保费合理吗?》，《上海保险》2016 年第 1 期。

沈健、杜娟：《相互保险组织与股份保险公司效率比较：国外文献综述》，《南方金融》2017 年第 2 期。

宋宝香、孙文婷：《商业保险机构参与医疗保障体系的模式比较研究——以城乡居民大病保险为例》，《中国卫生管理研究》2016 年第 1 期。

宋大平、崔雅茹：《商业保险机构参与基本医疗保险经办服务：国际经验、国内现状与机制完善》，《中国卫生经济》2019 年第 1 期。

宋大平、赵东辉、汪早立:《关于商业保险机构参与基本医疗保险经办服务的思考》,《中国卫生经济》2017 年第 6 期。

宋福兴:《互联网+健康保险发展模式创新》,《中国保险》2015 年第 9 期。

宋占军、胡祁:《我国商业健康保险发展现状及展望》,《中国医疗保险》2017 年第 4 期。

孙东雅、范娟娟:《荷兰医疗保险制度改革研究》,《中国医疗保险》2012 年第 5 期。

孙嘉尉、顾海:《国外基本医疗保险体系中的商业参与——兼论公共物品供给》,《社会保障研究》2013 年第 4 期。

孙洁:《商保经办基本医保需强化专业化水平》,《中国医疗保险》2016 年第 6 期。

孙乃翊:《挥别俾斯麦模式社会保险制度? 从德国联邦宪法法院几则判决评析德国近二十年健保制度改革方向》,《欧美研究》2016 年第 46 卷第 3 期。

孙茜:《医保商办与 DRGs:或成补救医保基金缺口良方》,《中国医院院长》2016 年第 22 期。

孙向谦、宗苏秋:《商业保险公司开展健康管理服务的发展分析》,《卫生经济研究》2019 年第 10 期。

孙雨尧:《从保险纠纷案件看我国保险业冷静期的设置》,《中国保险》2017 年第 8 期。

谭清立、张军港:《数据在健康管理领域中的应用探讨》,《健康研究》2020 年第 1 期。

谭湘渝、许谨良:《我国实行强制医疗责任保险的基本问题研究》,《保险研究》2008 年第 6 期。

汤质如、周苑、赵林海等:《商保公司经办城乡居民基本医保理论基础、运行模式与机制研究》,《中国卫生事业管理》2018 年第 12 期。

陶吉新、柴清华、杜兆欣:《从国外经验看我国相互保险面临的障碍与应对策略》,《中国经贸导刊》2019 年第 3 期。

田闻笛:《城市规划过程中的公众参与:逻辑、经验与路径优化——以社会治理现代化为视角》,《社会主义研究》2019 年第 1 期。

王欢:《医改背景下中国医师责任保险之形塑》,《牡丹江师范学院学报》（哲学社会科学版）2015 年第 5 期。

王莉：《商业长期护理保险市场影响因素及发展分析》，《卫生经济研究》2018 年第 8 期。

王端：《医疗责任保险组织模式比较研究》，《现代商业》2019 年第 7 期。

王天有：《健康保险合同等待期条款的合理性探究》，《南方金融》2019 年第 8 期。

温世扬、武亦文：《论保险代位权的法理基础及其适用范围》，《清华法学》2010 年第 4 期。

温世扬、姚赛：《责任保险保险事故理论的反思与重构》，《保险研究》2012 年第 8 期。

吴海波：《社会医疗保险管办分离：理论依据、制度框架与路径选择》，《保险研究》2014 年第 1 期。

吴海波、陈天玉、朱文芝：《税优健康险"叫好不叫卖"的深层原因及其破解策略》，《保险职业学院学报》2019 年第 3 期。

乌日图：《基本医疗保险要回归保基本的制度功能》，《中国医疗保险》2018 年第 6 期。

吴伟旋、向前：《捆绑支付对我国医疗卫生领域供给侧改革的启示》，《中国卫生经济》2017 年第 7 期。

吴亚玲：《荷兰管理竞争模式对中国健康保险的启示》，《金融经济》2011 年第 20 期。

武亦文：《基因信息在保险核保中的应用及其限度》，《北方法学》2020 年第 1 期。

武咏、武学林：《试论建立医疗意外保险制度——由一起医疗纠纷无过错赔偿案件引发的思考》，《中国卫生事业管理》2003 年第 9 期。

吴志鹏：《健康管理理念下商业保险公司参与医疗资源整合之优势》，《上海保险》2019 年第 6 期。

夏明轲：《医疗费用保险真的具有人身属性吗？——论医疗费用保险是一种保障消极保险利益的财产保险》，《上海保险》2015 年第 4 期。

谢春艳、胡善联、孙国桢等：《我国医疗保险费用支付方式改革的探索与经验》，《中国卫生经济》2010 年第 5 期。

谢明明：《我国基本医疗保险全覆盖的挑战及对策》，《中国医疗保险》2020 年第 1 期。

许飞琼：《我国商业健康保险：进展、问题与对策》，《中国医疗保险》2019 年第 11 期。

徐林南：《大病医疗再保险"太仓模式"剖析》，《金融纵横》2014 年第 1 期。

徐喜荣：《论医疗责任保险中第三人之直接请求权》，《中国卫生法制》2017 年第 1 期。

薛迪：《按病种付费的发展和管理关键点》，《中国卫生资源》2018 年第 1 期。

颜昌武：《新中国成立 70 年来医疗卫生政策的变迁及其内在逻辑》，《行政论坛》2019 年第 5 期。

杨江蓉、张玲：《洛阳市"五险合一"模式中社保服务体系的创新》，《粮食流通技术》2014 年第 3 期。

杨立新：《医疗损害责任构成要件的具体判断》，《法律适用》2012 年第 4 期。

杨立新：《非传统销售方式购买商品的消费者反悔权及其适用》，《法学》2014 年第 2 期。

杨哲铭：《全民健康分级转诊制度的胡萝卜与棒子》，《月旦医事法报告》2017 年第 11 期。

姚静静、孙强：《健康管理服务纳入社会医疗保险支付范围的路径探讨》，《中国初级卫生保健》2016 年第 9 期。

尹燕：《我国商业健康保险参与多层次医疗保障体系建设研究》，《中国保险》2019 年第 12 期。

于大川：《社会医疗保险政策效果评估的理论与实证研究动态》，《社会保障研究》2017 年第 6 期。

于海纯：《论人身保险不应适用损失补偿原则及其意义》，《政治与法律》2014 年第 12 期。

于海旭：《论医疗机构的安全保障义务》，《北京化工大学学报》（社会科学版）2013 年第 4 期。

张浩辰：《互联网与中国商业健康保险市场变革研究》，《现代管理科学》2016 年第 5 期。

张康之：《对"参与治理"理论的质疑》，《吉林大学社会科学学报》

2007 年第 1 期。

张康之：《论参与治理、社会自治与合作治理》，《行政论坛》2008 年第 6 期。

张荣芳：《共享发展理念下社会保险体系的完善》，《东岳论丛》2019 年第 2 期。

张瑞纲、余想：《我国医疗责任保险制度建设研究》，《西南金融》2019 年第 5 期。

张小娟、朱坤、刘春生：《荷兰健康保险制度改革经验及启示》，《中国卫生政策研究》2012 年第 3 期。

张晓利：《医责险：小型机构或成突破口》，《中国医院院长》2017 年第 14 期。

张彦生、王虎峰：《基于分级诊疗的公立医院功能定位探究》，《中国卫生经济》2017 年第 9 期。

张源、谭卉妍、吴洋等：《我国基本医疗保险支付方式存在的突出问题及对策》，《中国卫生经济》2015 年第 3 期。

郑功成：《全民医保下的商业健康保险发展之路》，《中国医疗保险》2012 年第 11 期。

郑功成：《多层次社会保障体系建设：现状评估与政策思路》，《社会保障评论》2019 年第 1 期。

郑尚元：《社会保险之认知——与商业保险之比较》，《法学杂志》2015 年第 11 期。

中国经济体制改革研究会公共政策研究中心、长策智库：《湛江模式的启示：探索社会医疗保险与商业健康保险的合作伙伴关系》，《中国市场》2011 年第 3 期。

中国人寿保险股份有限公司洛阳分公司：《洛阳模式：一分二合三统》，《中国金融》2011 年第 4 期。

钟宏菲、宋平凡：《商业保险机构参与大病保险的实践及前景分析》，《上海保险》2013 年第 10 期。

钟三宇、范亲敏：《家庭医生签约长效机制的落实路径——以分级诊疗为视角》，《福建医科大学学报》（社会科学版）2018 年第 3 期。

周珂、杨子蛟：《论环境侵权损害填补综合协调机制》，《法学评论》2003 年第 6 期。

周瑞、金昌晓、乔杰等：《从北京市 DRGs 试点看医保费用支付方式改革方向选择》，《中国医院管理》2013 年第 3 期。

朱恒鹏、林绮晴：《改革人事薪酬制度　建立有效分级诊疗体系》，《中国财政》2015 年第 8 期。

三　外文文献

Adam Wagstaff and Magnus Lindelow, "Can insurance increase financial risk?: The curious case of health insurance in China", *Journal of Health Economics*, Vol. 27, No. 4, 2008.

Alain C. Enthoven, "The History And Principles Of Managed Competition", *Health Affairs*, Vol. 12, No. suppl 1, 1993.

Alain C. Enthoven and Richard Kronick, "A consumer Choice Health Plan for the 1990s: Universal Health Insurance in a System Designed to Promote Quality and Economy", *New England Journal of Medicine*, Vol. 320, No. 2, 1989.

Anne Theisen Cramer and Gail A. Jensen, "Why Don't People Buy Long-Term-Care Insurance?" *The Journals of Gerontology*, Vol. 61, No. 4, July 2006.

Bailey H. T. , T. M. Hutchinson and G. R. Narber, "The Regulatory Challenge to Life Insurance Classification", *Drake Law Review*, Vol. 25, 1976.

Brian V. Nahed, Maya A. Bab, Timothy R. Smith and Robert F. Heary, "Malpractice Liability and Defensive Medicine: A National Survey of Neurosurgeons", *PLOS ONE*, Vol. 7, No. 6, 2012.

Claudia DiMarzo, "Medical Malpractice: The Italian Experience", *Chicago-Kent Law Review*, Vol. 87, No. 1, 2011.

Clifford, K. A. and Iuculano, R. P. , "AIDS and Insurance: the Rationale for AIDS-related Testing", *Harvard Law Review*, Vol. 100, No. 7, 1987.

David M. Studdert, Michelle M. Mello, William M. Sage, Catherine M. DesRoches, Jordon. Peugh, Kinga. Zapert and Troyen A. Brennan, "Defensive Medicine among High-risk Specialist Physicians in a Volatile Malpractice Environment", *The Journal of the American Medical Association*, Vol. 293, No. 21, 2005.

David Weisbrot&Brian Operskin, "Insurance and Genetics: Regulating a Private Market in the Public Interest", in Michela Betta (ed.), *The Moral, Social, and Commercial Imperatives of Genetic Testing and Screening: The Australian Case*, Springer, 2006.

Deborah A. Stone, "The Struggle for the Soul of Health Insurance", *Journal of Health Politics*, Vol. 18, No. 2, 1993.

F. Joseph Du Bray, "A Response to the Anti – Subrogation Argument: What Really Emerged from Pandora's Box", *S. D. L. Rev.*, Vol. 41, 1996.

Frederik T. Schut&Eddy K. A. van Doorslaer, "Towards a Reinforced Agency Role of Health Insurers in Belgium and The Netherlands", *Health Policy*, Vol. 48, No. 1, 1999.

Gary T. Schwartzt, "Ethics and the Economics of Tort Liability Insurance", *Cornell Law Review*, Vol. 75, No. 2, January 1990.

Guy Carrin, "Social Health Insurance in Developing Countries: A Continuing Challenge", *International security review*, Vol. 55, No. 2, 2002.

Guy Carrin & Chris James, "Social Health Insurance: Key Factors Affecting the Transition Towards Universal Coverage", *International Social Security Review*, Vol. 58, No. 1, 2005.

Hans Maarse, Patrick Jeurissen & Dirk Ruwaard, "Results of the Market – oriented Reform in the Netherlands: a Review", *Health Economics, Policy and Law*, Vol. 11, No. 2, 2016.

James Reason, *Human Error*, Cambridge: Cambridge University Press, 1990.

Jan J. Kerssens & Peter P. Groenewegen, "Consumer Choice of Social Health Insurance in Managed Competition", *Health Expectations*, Vol. 6, No. 4, 2003.

Javier García – Lacalle & Emilio Martín, "Efficiency Improvements of Public Hospitals Under a Capitation Payment Scheme", *Health Economics, Policy and Law*, Vol. 8, No. 3, January 2013.

John A. Nyman, "The Value of Health Insurance: the Access Motive", *Journal of Health Economics*, Vol. 18, No. 2, June 1999.

Jonathan Gruberab & Kosali Simon, "Crowd – out 10 Years Later: Have

Recent Public Insurance Expansions Crowded out Private Health Insurance?" *Journal of Health Economics*, Vol. 27, No. 2, 2008.

Jost T. S. , "Private or Public Approaches to Insuring the Uninsured: Lessons from International Experience with Private Insurance", *New York University law review*, Vol. 76, No. 2, 2001.

Kathy L. Hudson, Karen H. Rothenberg, Lori B. Andrews, Mary Jo Ellis Kahn&Francis S. Collins, "Genetic Discrimination and Health Insurance: An Urgent Need for Reform", *Science*, Vol. 270, No. 5235, October 1995.

Kieke G. H. Okmaa & Luca Crivelli, "Swiss and Dutch ' Consumer – driven Health Care ': Ideal Model or Reality?" *Health Policy*, Vol. 109, No. 2, 2013.

Liang B. A & Ren L. L, "Medical Liability Insurance and Damage Caps: Getting beyond Band Aids to Substantive Systems Treatment to Improve Quality and Safety in Healthcare", *American Journal of Law & Medicine*, Vol. 30, No. 4, 2004.

Lieke H. H. M. Boonen & Frederik T. Schut, "Preferred Providers and the Credible Commitment Problem in Health Insurance: First Experiences with the Implementation of Managed Competition in the Dutch Health Care Yystem", *Health Economics, Policy and Law*, Vol. 6, No. 2, 2011.

Molly Gamble, "How Much Should We Expect Healthcare to Mimic Other Industries?" *Becker's Hospital Review*, August 19, 2013.

Myron F. Steves Jr. , "A Proposal to Improve the Cost to Benefit Relationships in the Medical Professional Liability Insurance System", *Duke Law Journal*, Vol. 1975, No. 6, 1976.

Neelam Sekhri&William Savedoff, "Private Health Insurance: Implications for Developing Countries", *Bulletin of the World Health Organization*, Vol. 83, No. 2, 2005.

Nelson L. J, Morrisey M. A & Becker D. J, "Medical Liability and Health Care Reform", *Health Matrix*, Vol. 21, No. 2, 2011.

Nicole Tapay & Francesca Colombo, "Private Health Insurance in OECD Countries: The Benefits and Costs for Individuals and Health Systems", in *OECD Health Working Papers*, No. 15, OECD Publishing, 2004.

Omri Ben-Shahar and Kyle D. Logue, "Outsourcing Regulation: How Insurance Reduce Moral Hazard", *Michigan Law Review*, Vol. 111, No. 2, April 2012.

Paul K. Freeman and Howard Kunreuther, *Managing Environmental Risk Through Insurance*, Springer Netherlands, 1997.

Philip K. Howard, "Why Medical Malpractice Is off Limits", *Wall ST. J.*, Sept. 29, 2009, A25.

Robert P. Hartwig and Claire Wilkinson, "Medical Malpractice Insurance", *Insurance Issues Series*, Vol. 1, No. 1, 2003.

Savannah Bergquist, Joan Costa-Font & Katherine Swartz, "Partnership Program for Long-Term-Care Insurance: the Right Model for Addressing Uncertainties with the Future?" *Ageing & Society*, Vol. 36, No. 9, July 2016.

Soonman Kwon, "Thirty Years of National Health Insurance in South Korea: Lessons for Achieving Universal Health Care Coverage", *Health Policy and Planning*, Vol. 24, No. 1, 2009.

Stefan Gress, Peter Groenewegen, Jan Kerssens, Bernard Braun & Juergen Wasem, "Free Choice of Sickness Funds in Regulated Competition: Evidence From Germany and The Netherlands", *Health Policy*, Vol. 60, No. 3, 2002.

Stefania Moresi-Izzo, Vaida Bankauskaite & Christian A. Gericke, "The Effect of Market Reforms and New Public Management Mechanisms on the Swiss Health Care System", *International Journal of Health Planning and Management*, Vol. 25, No. 4, November 2010.

Stephen C. Yeazell, "Re-financing Civil Litigation", *DePaul Law Review*, Vol. 51, No. 2, 2001.

Tom Baker & Rick Swedloff, "Regulation by Liability Insurance: from Auto to Lawyers Professional Liability", *UCLA Law Review*, Vol. 60, No. 6, 2013.

Uwe E. Reinhardt, "The Swiss Health System: Regulated Competition without Managed Care", *The Journal of the American Medical Association*, Vol. 292, No. 10, September 2004.

U. S. Congress, *Office of Technology Assessment*, *Defensive medicine and medical malpractice*, July 1994, Washington, DC: U. S. Government Printing Office, OTA-H-602.

U. S. General Accounting Office, *Medical Malpractice Insurance: Multiple Factors Have Contributed to Increased Premium Rates*, 2003, Washington, DC: U. S. Government Printing Office, Gao-03-702.

U. S. General Accounting Office, *Medical Malpractice Implications of Rising Premiums on Access to Health Care*, 2003, Washington, DC: U. S. Government Printing Office, Gao-03-836.

Victor G. Rodwin, "The Health Care System Under French National Health Insurance: Lessons for Health Reform in the United States", *American Journal of Public Health*, Vol. 93, No, 1, January 2003.

Wanda Ronka - Chmielowiec, Anna Jędrzychowska & Ewa Poprawska, "The sufficiency of the minimum amounts in compulsory liability insurance", *Wiadomości Ubezpieczeniowe*, No. 4, 2015.

Wynand P. M. M. van de Ven & Frederik T. Schut, "Universal Mandatory Health Insurance in the Netherlands: A Model for the United States?" *Health Affairs*, Vol. 27, No. 3, 2008.

后　记

2016 年 8 月 19 日，习近平总书记在全国卫生与健康大会上指出，医药卫生体制改革已进入深水区，到了啃硬骨头的攻坚期，要着力推进基本医疗卫生制度建设，努力在分级诊疗制度、现代医院管理制度、全民医保制度、药品供应保障制度、综合监管制度五项基本医疗卫生制度建设上取得突破。在推进健康中国建设的过程中，要坚持正确处理政府和市场关系，在基本医疗卫生服务领域政府要有所为，在非基本医疗卫生服务领域市场要有活力。

商业保险公司作为市场主体之一，在经营健康保险业务的过程中不可避免地深度参与了我国医疗体制的各个方面，同时医疗体制的完善与否也深刻影响着商业保险公司的发展前景。在我国医疗体制改革滚石上山、爬坡过坎的关键阶段，作为健康产业的主体之一，商业保险公司没有理由缺席。在分级诊疗制度建设中，商业保险公司一方面参与政府主导的医保付费制度改革，另一方面参与组建了医联体，以及通过发展互联网医疗模式来提升基层医疗卫生机构的诊疗能力，为分级诊疗的有效实施提供"保险方案"；在现代医院管理制度建设中，商业保险公司投资建设医疗机构或收购医疗机构进行改建，并引进先进管理体系应用于医疗机构，促进医院管理制度的现代化；在全面医保制度建设中，商业保险公司回到开发、销售保险以分散、化解风险的"老本行"，不管是参与政府主导的基本医疗保险，还是大力发展覆盖群众剩余医保需求的商业保险，均颇有建树，成为多层次医疗保障体系的重要组成部分；在药品供应保障制度中，商业保险公司开发的"特药险"等产品为患者的特殊高额用药提供保险保障；在综合监管制度中，医疗责任保险发挥风险管理的保险价值、规范医疗机构的诊疗行为，商业保险公司参与医保基金监管，成为医保基金监管第三方力量中的重要组成部分。本书即受到商业保险公司参与医疗体制改革现有实践的启发，着眼于医疗服务与医保制度两大领域，将五项基本医疗卫生制度的建设与改革分门别类地融入其中，从已有实践中挖掘商业保险公司参与医疗体制改革的理论支撑，从理论研究中塑造规范化的商业保险公司参与行为、提供前瞻性的商业保险公司参与思路。

2022 年 1 月，银保监会人身险部向各公司下发了《关于我国商业健康保险发展问题和建议的报告》，指出健康险发展存在三个方面的问题：风险保障不足、专业经营水平不高，同时业务风险不容忽视。数据显示，近两年我国健康险保费增长率放缓，不复昔日高增长率的光彩。其中缘由固然有保费基数变大、宏观经济增速放缓等不可抗因素存在，但反观自身，保险产品同质化、保险保障无法与消费者投保需求恰当匹配、保险业务缺乏新增长点等问题才是需要保险公司深刻反思的内容。危中有机，挑战中往往蕴藏着巨大的机遇。健康险市场亦是我国消费市场的一个缩影，在经历了过去十几年高速度增长阶段后，自然会进入一种"新常态"，靠保费增长实现保险业发展已难以为继，开拓新蓝海、发掘新市场才是应然之道。"保险姓'保'"是国家也是人民群众对于保险业发展的要求，商业保险公司要"保"得广、"保"得全、"保"得好，具体到健康险市场，这就要求保险要"保"住消费者的医药支出，"保"住消费者的健康状态。因而，本书也希望借由参与医疗体制改革这一话题，依照保险业供给侧结构性改革的发展思路，为商业保险公司调整经营方向、提升经营质量、激发内生活力提供有益参考。商业保险公司主动参与到医疗体制改革的实践过程中，主动融入"健康中国"战略的实施过程中，主动服务于民生事业的保障过程中，是利国利民的有益之举，也是商业保险公司在竞争日益激烈的健康险市场中脱颖而出的必然之措。

"行之力则知愈进，知之深则行愈达。"医疗体制改革是一个颇受关注的社会问题，关系着全体民众最基本也最关心的健康需求，同时它也是一个值得深入研究的综合理论问题，横跨公共卫生学、公共管理学、法学等多学科、多领域。因此，在实践中，从中央政府的蓝图擘画到地方政府的先行先试，以及各类市场主体的大胆探索和社会责任承担，都为我国医疗体制改革的最终成功贡献着力量；在理论界，不管是深耕改革的实务人士还是潜心研究的理论学者，都在为这一伟大改革深挖细掘、建言献策。本书由武亦文负责整体构思、修订和统稿。具体章节分工如下：武亦文（第一章、第二章第四节、第三章第二节、第五章第二节）；翟晓雅（第二章第一和二节、第三章第一节、第四章）；郭丹阳（第二章第三节、第三章第三节、第五章第一节）。同时也要感谢泰康保险集团对该项研究的鼎力支持，在本书筹备阶段，泰康保险集团慷慨邀约课题组成员赴集团总部以及旗下养老社区、康复医院和纪念园等地参观调研，亲身体验泰康保险集团"从摇篮到天堂"的大健康产业生态体系布局，为本书的写作提供了创新的思路启发与生动的实践案例。本书仅仅从商业保险公司这一小切口出发，以法学学者的观察视角，整合现有实践、构建理论体系，尝试为医疗体制改革的研究提供一条新路径，必然有不全面、不深入的问题。因而真诚期待理论界、实务界的人士以及广大读者朋友的批评建议与商榷，这对于本书的理论完善与作者的进一步研究大有裨益。